人类黄金文明简史

刘山恩 ◎ 著

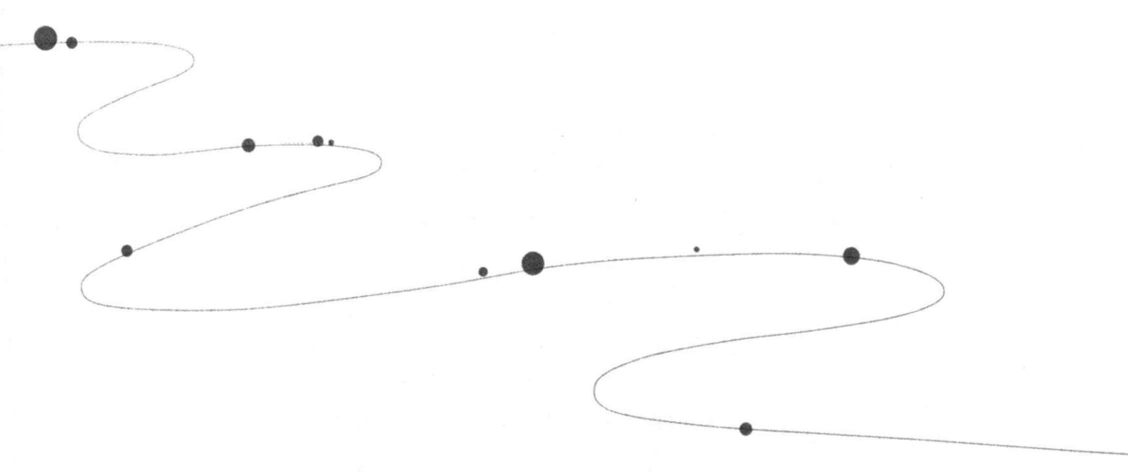

中国财经出版传媒集团
中国财政经济出版社

图书在版编目（CIP）数据

人类黄金文明简史 / 刘山恩著．—北京：中国财政经济出版社，2018.8
ISBN 978 - 7 - 5095 - 8358 - 6

Ⅰ．①人…　Ⅱ．①刘…　Ⅲ．①黄金（货币）- 货币史 - 世界　Ⅳ．①F821.9

中国版本图书馆 CIP 数据核字（2018）第 135800 号

责任编辑：张怡然　　　　责任印制：张　健
责任校对：徐艳丽　　　　版式设计：楠竹文化

中国财政经济出版社 出版
URL：http：//www.cfeph.cn
E - mail：cfeph@cfeph.cn

社址：北京市海淀区阜成路甲 28 号　邮政编码：100142
营销中心电话：010 - 88191537
天猫网店：中国财政经济出版社旗舰店
网址：https：//zgczjjcbs.tmall.com
北京时捷印刷有限公司印刷　各地新华书店经销
787 × 1092 毫米　16 开　17.25 印张　210 000 字
2018 年 8 月第 1 版　2019 年 2 月北京第 2 次印刷
定价：58.00 元
ISBN 978 - 7 - 5095 - 8358 - 6
（图书出现印装问题，本社负责调换）
本社质量投诉电话：010 - 88190744
打击盗版举报热线：010 - 88191661　QQ：2242791300

序

黄金价值需要再认识

这是一个全球反思的时代。第二次世界大战后建立的以美元为中心的国际货币体系在21世纪第一个10年出现了大问题：2007年美国次贷危机爆发，起初并未引起高度警觉，而受次贷拖累有158年历史的美国第四大投资银行雷曼兄弟于2008年9月15日申请破产，其后美国五大投资银行无一幸免，或倒闭，或重组，美国金融危机爆发。美国金融危机先是影响中小企业，进而影响到大企业，致使2009年美国陷入了经济危机。而一直隔岸观火的欧洲也未能独善其身，欧元诞生十周年的祝福声还在耳际回响就有欧债危机来袭，2010年欧洲经济阴云密布。欧美是当今全球经济的核心区，核心区出了问题后全球经济随之走入低迷，之后的数年全球经济仍在危机中蹒跚前进。

这不是一个国家或一个地区发生的局部的金融危机，而是一个全球性的金融危机。上一次全球性的经济危机发生在1929年，上次危机引发了至今仍让人谈虎色变的20世纪30年代的世界经济大萧条。痛定思痛后诞生了新古典经济学。金本位制遭到批判，被指为危机的罪魁祸首。正如新古典经济学代表人物凯恩斯所言："经济学家和政治哲学家的思想，不论其正确与否，其力量之大，往往出乎常人意料。实际上，统治世界的就是这些思想，许多实干家自以为不受任何理论影响，往往恰恰沦为某个已故经济学家最坏学说的不自觉的奴隶。"

虽然凯恩斯已逝去了70余年，但新古典经济学仍是当今主流的经济学理论而发挥着重要的影响力。因此，黄金非货币化一直是全球金融演进的方向。虽然如此，国际货币基金组织也是到 1978 年才通过了对《国际货币基金协定》的修正案，完成了黄金非货币化法律程序。从此世界才进入了一个以美元为中心的国际货币体系时代，美元成为这个新国际货币体系的稳定之锚，这也是人类第一次进入了纯信用货币时代，距今仅有 40 年。

国际货币体系的价值支撑源于美元，而美元纸币的价值支撑在哪里呢？是国家，即凯恩斯称之的“有形之手”。然而这是一个假设，设定政府是诚信的，可以用诚信为美元纸币提供价值支撑，因为政府的诚信最可靠，所以国家拥有纸币的独家发行权，赋予国家诚信的纸币作为交换中介就可以实现等价公平交易，国家发行的债券（借条）也是无风险资产。当今就是在这个假设的基础上构筑人类经济的发展基础的。然而国家却在诚信上出了问题，这是这次经济危机爆发的根本原因。

美元是美国的货币，而以一国货币充当世界货币，这一国际货币体系本身就存在着一个悖论：各个国家经济发展的阶段和周期并不一致，每个国家的货币政策都是基于国内经济发展的需要，因而美国是基于自己的需要而制定货币政策，如何与其他各国的需求相兼容呢？这是一个无解的难题。也或许根本不是问题，因为美国人早已说过：“美元是我们的货币、你们的问题。”“美国优先”是特朗普公开提出的，而实际上，这是美国人行为的一贯原则。因而，我们可以看到，以美元为中心货币的国际货币体系成了美元霸权肆虐之地。

在金本位制中，货币发行受到黄金供给的约束而节制，因而社会扩大再生产的资本来源于国民储蓄积累。而在信用货币时代，货币发行失去了节制而超发。美国更凭借美元霸权走上了借债生产和生活之路，通过举债筹集资金，或平衡财政维持政府运转，或用于军事开支。美国成为全球唯一一个可以通过发债平衡财政和外贸赤字的国家。而美国国民也几乎没有储蓄而是靠借贷维持高水准的生活。现在美国政府的负债已超过了国民生产总值。有人认为美国已无力偿还欠债，现在只能寅吃卯粮，继续借债。

美国债务型生存发展模式之所以得以持续，主要得益于美元霸权的存在。美国不仅可以向全球收“铸币税”，还可以超发美元，通过美元贬值稀释美元债务，更为重要的是，可以通过汇率操控剪全球“羊毛”获取不当得利。面对美元霸权，各国为了利益自保也随美元贬值而通通走上了持续贬值的不归路。如果我们仅是从国家间的利益博弈看，这种跟随性贬值是国家利益保护之道。而这对民众来说，即意味着财富的持续缩水，劳动成果可瞬间化为乌有。当人们摆脱了黄金羁绊之后并不是遍地光明，而是进入了一个充满了不平等和不确定的时代。

这个货币体系因缺乏对美元霸权的抑制机制，使美国的贪婪得以泛滥，成为国际货币体系不稳定之源，特别是20世纪第一个10年由美国引发的全球经济危机将这一国际货币体系的结构性缺陷暴露无遗。美国的信用权威被打破，因而抑制美元霸权、增加国际货币体系的稳定性成为这次金融危机后人类反思的主题。为此，人们开始寻找不被强权左右而有真实价值的货币。于是人们开始了造币运动，出现了一批以比特币为代表的虚拟货币，但这些带有神秘性没有广泛使用的货币，并未被广泛认可，所以距离这些货币生产者的期望还相差甚远。

黄金是已得到人类广泛认同的具有内在价值而超越国家主权的国际货币。但其国际货币的市场地位在20世纪70年代被废黜。这是人类货币制度的变化而非黄金内在价值的丧失。所以，在人类反思信用货币体系40年的潮流中出现了黄金再货币化思潮，即打造一只黄金稳定之锚成为许多人的期盼与选择。从而对黄金价值有了一次全民性的认识上的深化。

数千年人类文明塑造了黄金价值的多元性，黄金先后与神权、王权、金权、人权携手，不断地丰富了黄金文化的内涵。在人类社会共识性权力中心更替的过程中，黄金从来都不是一个颠覆者，而是为新的权力中心所吸纳，成为新权力中心的巩固、完善、调整的推动因素。因而打造一只黄金金融稳定之锚，并不是传统金本位制的回归，也不是金汇兑本位制的再建，而是在信用货币时代黄金文明的创新和发展。黄金文明的巨大包容性是黄金价值永恒的奥秘，而黄金价值的永恒是对冲信用风险的力量，从而可对国际信用货币体系对平等公平的偏离产生校正，而不是取代国际信用货币体系，这是建立黄金金融稳定之锚的现实意义。

正是由于我们没有看到这种黄金文明的包容性，所以当信用货币体系取代金本位之后，黄金无用论泛起。黄金无用论者认为，信用货币体系建立即是黄金的非货币化，黄金在货币领域已无价值。黄金的货币属性是黄金的一种文化属性，其表现会有时强有时弱，但并未消失，故即使 1978 年对《国际货币基金协定》修改完成了黄金非货币化法律程序，但黄金仍是各国外汇储备的一部分和外贸结算平衡的最后手段，黄金并没有成为失去货币文化属性的一般商品。而 21 世纪初信用货币危机的爆发，黄金货币属性呈显形化，使我们对黄金价值的认识有了再次深化：黄金走出了神秘，淡化了权贵文化而成了普罗大众的财富，为民众生活安定和社会经济的稳定提供长期保障，这是黄金对于人类的独一无二的特有价值。

有感于时代之变而开始了本书的写作，但出乎预料的是我因此开始了跨学科的学术之旅。主题是黄金文明，但黄金文明的溯根寻源却需要向人类学、天文学、考古学、宗教学、地球物理学等非黄金经济专业领域延伸。对于这些领域，我是陌生的局外人，不要说全部，即使一个专业我穷其一生也难以攀登其高峰，我只是一个在这崇高学术殿堂外偶尔窥视了一下的匆匆过客。所以在本书写作时许多情况都是大脑一片空白，因而需要先扫盲，再构思，再动笔，也还有多次推倒重来。所以本书的写作格外费力，而成为我人生中的一次难忘的经历。本书的结稿日期由 2017 年 6 月推迟到 2018 年 3 月，当我写完本书的最后一个句号后，如释重负，因我终于完成了一个预定的目标，但对黄金价值的认识和思考并没有结束，或许是刚刚开始……人类告别了黄金非货币时期而进入了黄金财富时期，因此黄金文明史又掀开了新的一页，将由人类在这新的一页上写下新的文章。

刘山恩

目　录

第一章

黄金：地球上最古老的住户

黄金从何而来？现在仍是一个推论假说，充满神秘色彩。然而人类与黄金的关系更为神秘。传说在人类最早的文明苏美尔人的楔形文字中就有记载：黄金对于宇宙中的种族十分重要，但星球大气中的黄金存量不多，为此神来到地球将人类变为奴隶为其采金以补充其星球大气中的黄金。但奴隶不喜欢采金，经常反抗，于是神改变了策略，开始让奴隶学习，开化人类智能，教人类使用工具。神不再直接管理采金，而由从奴隶中产生的祭司管理。之后由于某种原因神离开了地球，或隐藏或消失了，为了让人类仍然掘金不止，让人类接受黄金是财富、权力、地位的观念，用黄金做货币，赚钱成了人类生活的目的，因而人类仍然挖金不止。人类建立了国家之后，将民众手中的黄金全部集中到国家金库，只等神的归来打包带走。

传说充满了魅力，这仅是其中的一个。被无数传说包围的黄金不乏神秘，然而现实又是如何呢？

一、黄金的前世档案

说黄金来源于宇宙并非妄言，地球的出现晚于宇宙，地球是宇宙中的物质构成的，而黄金正是地球构成物质元素之一，黄金确实来自宇宙。

宇宙出现在 136 亿年前，百亿年之后在大约 40 亿年前，宇宙物质的聚集形成了地球。地球是茫茫宇宙中众多星球中的一个，现已发现地球上有 112 种物质元素，金元素是其中之一，有 79 个质子。

地球上的物质在地球外部和内部力量的作用下不断发展变化，日益丰富，经历了无机物—有机物—单细胞生物—多细胞生物的发展之后，250 万年前出现了人类的先祖——类人猿。

因此，黄金是地球上最古老的住户之一，而人类是一个后来者，两者同在地球上居住，但相距遥远。人类作为一个后来者，不可能亲历地球诞生的那一刻，所以，今天我们所有的关于地球诞生的学说和理论都是建立在假设的基础之上的。虽然人类对当时的描述不是亲历的记述，但也不是随心所欲、天马行空，而是根据岁月的遗存进行的合理推论。现在得到多数人认可的假设是宇宙大爆炸学说。该学说认为物质从无到有始于 130 亿年前，宇宙发生急剧的膨胀之后又迅速地冷却，于是形成了当今地球上的物质、能量、时间、空间布局。

最初的宇宙主要是由最简单的物质氢（有一个质子和一个电子）和氦（有两个质子和两个电子）组成的云团。在此基础上强大的核聚变力量使更多的质子结合形成了更大的原子，从而出现了新的物质元素。在 1869 年俄国化学家门捷列夫创建的元素周期表中，所列元素有 106 种，其中 92 种元素呈稳定状态，另外 14 种处于不稳定状态，这是构成地球的基本物质元素。

这些物质元素是分三个阶段创造出来的，第一个阶段是氢和氦元素；第二阶段在此基础上形成了 24 种新元素，直到拥有 26 个质子的铁元素；第三阶段是形成铁元素之后的其他元素，总计 80 种，其中拥有 92 个质子的铀元素是最大的稳定元素。拥 79 个质子的金元素显然是宇宙物质形成的第三阶段的产物，虽然不是最早出现的物质元素，但也有百亿年的历史。

宇宙的物质元素不断增加的同时也在逐渐聚集形成星球，宇宙中的星球分为恒星以及围绕恒星运动的行星。太阳是宇宙中的众多恒星中的一颗，而地球是围绕太阳运行的 8 颗行星中的一颗，因而地球的诞生和生存与太阳存在着密切的相关性。

据说在40亿年前后，来自太阳的第三块石头与星云中残存的物质不断碰撞。在物质聚集的过程中内部放射性物质的衰变与引力挤压的结果带来了内部压力的增加，使温度升高，融化的重金属（铁、镍）下沉形成了高密度的地核，较轻的熔岩上升最终冷却凝固为地壳，地核与地壳之间是过渡地带——地幔，从而形成今天我们看到的地球。

黄金有79个质子，属重金属，所以在地球形成的过程中，在重力的作用下有97.92%的金元素下沉到了地核之中，1.79%的金元素赋存于地球过渡带中，而只有0.29%的黄金赋存于地壳之中。基于人类生产水平的限制，还不能开采地核和过渡带的黄金，即使技术进步已可以开采，也因生产的经济性而作罢，所以只有不足千分之三的赋存于地壳中的黄金是理论上人类可以开采利用的资源。所以，黄金是一种稀有金属。

地壳中的黄金受地下力量的挤压有一小部分金液随岩浆及水从地壳的缝隙中喷发到地球表层，并随着地球的变冷而凝固成为一个稳定的存在。金元素的富集区便成为现在的岩金矿。有一部分岩金在长期水力和风力的作用下，其中的金元素与岩石实现了分离并在水缓处逐渐富集而成为砂金矿。岩金矿和砂金矿构成了当代人类社会开采金矿的基本形态。

金金属是大自然的产儿，是地球构成的物质元素，因而是地球上最古老的住户之一。

二、黄金可能是人类发现的第一种金属

马克思在《政治经济学的批判》一书中指出："黄金实际上是人类发现的第一种金属。"这一论断并非武断。黄金所具有的化学特性使其具有极强的抗腐性而可以在地球表面长期独立存在。独立存在的大的金块俗称为"狗头金"，又有一些独立存在的金粒与沙石混在一起形成"沙金"。无论是狗头金，还是沙

金都因其所具有的耀眼光泽而极易被发现，所以黄金不用复杂的技术而用捡拾的方法就可以获得。2015年我国就报道过一个新疆牧民在草原上捡到了形状似中国地图、重7.85公斤的自然金块。在中国地质博物馆也有多块7斤以上的狗头金，国外博物馆中的类似藏品也有很多。而且，地表上裸露的金块也是发现大型金矿的可靠标志。澳大利亚、南非是近百年来黄金生产大国，他们的黄金生产发展都起始于自然裸露金块的发现。

19世纪中叶世界黄金生产出现了一次突破，后50年的产量超过之前5000年的总和。澳大利亚是这次黄金生产力大突破的佼佼者，其采金潮的出现就与一块自然金块的发现有关。一天一驾赶往采金地的马车在经过墨尔本附近时，由于马车车速太快险被一块石头颠翻，车上的两个人急忙下车想移走这块大石头，没想到只有足球大小的“石头”竟纹丝不动。之后这两个人好不容易才把“石头”抬了起来，把泥污去掉，“石头”变得金黄且闪着光亮，原来这是一块重达77.6公斤的自然金块。消息传出，人们纷纷来这里搭起帐篷，开始在周围河道里淘金。1869年在墨尔本还发现了一块重95.2公斤的自然金块，取名为“快乐的来客”；1872年又发现了一块叫“霍尔德曼”的自然金块，重285公斤，含纯金93公斤；1896年9月澳大利亚还发现过一块72公斤的自然金块。澳大利亚可能是发现“狗头金”最多的国家。

南非是搭上了19世纪后半叶黄金生产力大突破的末班车的国家，但由此开创了南非20世纪百年产量之冠的历史，直到2007年才由中国取而代之。而19世纪南非金矿的发现也与自然金块的发现有关。欧洲人在1415年就进入南非寻找黄金，但此后四百年一无所获，一筹莫展。1886年2月，采金专家乔治·哈里森在家待得无聊，就去帮助一个寡妇盖房子，在挖地基时一块特殊的石头引起了他的注意，他反复观看琢磨，又打成碎块观察，他断定这块石头含金，于是他拿回去化验，不出所料这正是一块含金量极高的金矿石。后来经勘探，约翰内斯堡的黄金储量近十万吨，世界第一大金矿由此被发现。

由于存在着自然金块裸露在地表，捡拾也成了一种获得黄金的途径。在20世纪50年代还发生了一个真实的冒险捡拾黄金的故事。

美国人吉米·安吉尔是一个飞行员。1924年他25岁时，曾有一个老探险家支付了其5000美元，让其用飞机将自己送到委内瑞拉东部丛林的一个秘密之地。这名老探险家为了不让安吉尔知道确切位置，故意让他绕来绕去，最终降落在一座有2743米高的山峰的峰顶。他们俩在此后的3天里都在山顶的河床内捡拾黄金，但之后因暴风雨即将来临而不得不匆忙返回。几年后老探险家去世了，将这个秘密也带进了坟墓。安吉尔的后半生一直都在寻找那座山峰，但几次飞行探险都未能如愿。1956年57岁的安吉尔再次开始寻找黄金的探险，途中他驾驶的小飞机在巴拿马的一个机场跑道上滑行时，被一阵逆风掀翻了，他因此而受伤，不久便因脑溢血而去世。

以上我们仅是记录了当代人与地表黄金相遇的几个事例。古人同样甚至有更多与黄金相遇的机会，因此关于发现黄金有许多传说。如西方有人说第一个发现黄金的是希腊腓尼王子卡德摩斯，还有人说是古希腊陶里斯国王，更有人说是宙斯神的儿子墨丘里，而这些传说中的人物在人类的发展历程中都属“小儿科”。可以推断，过着采集狩猎游牧生活的古人，在不断流转迁徙的状态中，一定比定居生活的后人有更多的与地表裸露黄金相遇的机会，所以“第一次”称号的拥有者一定是数万年前的古人，而不是数千年前的后人，但是有关的信息并没有保存下来，或因为那只是偶然相遇，并不认为重要而需保存下来，即使认识到重要性也没有保存这一信息的条件，因而最终人类最早发现黄金的具体时间成了一个历史悬案，现在只是推断在数万年以前，但这并不是一个最重要的问题，重要的问题是人类何时开始使用黄金？

按照使用晚于发现的一般规律，人类使用黄金的历史晚于发现的历史，这是一致的认识，但要确定人类使用黄金的具体历史阶段就要依据已出土的文物进行分析判断。

三、黄金自然属性优秀但并不特殊

黄金是组成地球的112种自然物质元素之一，其自然属性是百亿年氢与氦两个基本元素相互作用发展的结果。和其他物质一样，黄金虽具有自己的特性，但同为物质并不特殊。因而在黄金自然属性中并不存在与人类特殊关系的内在基因。而我们往往只会把人类与黄金的密切关系归结为黄金优良的自然属性。伯恩斯坦在《黄金简史》中写道：

"黄金这种神秘的矛盾特征，来自其金属自身。黄金的可塑性如此之强，以至于人们可以随心所欲地将其锻造为各种形状，即使最为原始的初民，也可以用黄金制造精美的器物。而且，黄金恒定不灭。人们可以将其敷之于任何物体，或铸造为任何形态，却不能使之消失于无形。铁矿、牛奶、黄沙，甚至计算机视屏上的影像，都可以化为截然不同的、难以与初始状态相辨识的东西，但黄金却非如此。"

黄金神秘的特征是来源于自身吗？这是一个可讨论的问题。人类对黄金的自然属性已有清晰认识，其原子量196.967，密度19.32g/cm^3，熔点1063℃，沸点2807℃，硬度2.5～3摩氏。黄金有极稳定的化学特性和优良的物理特性：延展性极好，极易加工。黄金还有悦目的光泽：纯金为金黄色；与银、铂元素化合可以呈白色；与铜元素化合可以呈粉红色；与铁元素化合可以呈褐色，甚至黑色。对这些变色的黄金俗称为"彩金"。

黄金与其他金属比较具有以上突出的优秀特性，并且这些特性被视为人类垂青黄金与其建立特殊关系的理由。果真如此吗？这是一个需要回答的问题。

（一）稀有

由于金元素的地理分布十分不均衡，只有不足千分之三的金元素可以成为人类使用的资源，物以稀为贵，黄金稀有的特性会对人类产生什么样的影响呢？

黄金资源的稀有直接影响了黄金产量的增长，即使是在黄金生产力实现了大突破的 19 世纪后半叶也没有改变这种状况。漫长的时期中全球每年的黄金产量仅是个位数，到 18 世纪末产量才变成两位数，而达到百吨水平则已是 19 世纪的后半叶了。20 世纪的 1957 年全球黄金产量第一次超过了千吨，为 1006 吨。总的看来，虽然 20 世纪以来的一百多年黄金产量呈增长趋势，2015 年达到 3211 吨，是人类历史上的最高纪录，但也仅是这一历史时期白银产量的十分之一、铜产量的六千分之一、铅产量的三千分之一、锌产量的四千分之一。所以黄金仍是稀有的。

稀有是黄金魅力之源吗?

首先，稀有并不是黄金特有的属性，有许多金属均是稀有金属，甚至稀有性还甚于黄金，如铂和钯、钫、铑。但它们并没有像黄金一样让人类折腰膜拜的魅力，而且稀有也可以成为丧失魅力的原因，稀有是优势也是劣势。当今全球每年黄金产量在 3200 吨左右，以 2012 年每盎司 1670 美元历史最高价计算也仅创造了大约 1700 亿美元经济总量，在全球数百万亿美元的经济总量中占比微乎其微，仅为大海中的一滴水。因而黄金生产对人类经济总量增长的贡献并无突出的表现。我国从 2007 年开始即成为世界第一大产金国，但全行业创造的工业总产值还不足 4000 亿元，还比不上一个大型汽车制造企业，一直是国民经济中的一个小行业。稀有造成的经济规模很小还成为一些人轻视黄金工业、否定黄金社会价值的理由。

所以，稀有特性是黄金魅力生成的必要条件，而非充分条件。

（二）永恒

由于黄金具有稳定的化学特性而有极强的抗腐蚀能力，即使数千年前的黄金和黄金制品出土时仍光彩夺目。所以到 2016 年人类生产的黄金累计超过了 18 万吨，而 97% 以上的黄金还有案可稽，仍存留于世，因而黄金成了人类财富储藏的手段，可以实现财富价值的世代传承。

价值永恒是黄金特殊优良的品质，然而永恒是黄金魅力之源吗？

如果从能量守恒自然规律看，一切物质都是不灭的，变化的只是物质存在的形态，这是一个普遍性的规律，故永恒也并不是黄金所特有的。另外从社会属性看价值，只有在市场交易的过程中才能体现价值，而进入市场交易的前提是有用性。物质的有用性的基础虽是所具有的自然属性，但有用性对人类而言是一种选择，是人类赋予的而不是物质的自然属性使然。如岩石和碎石的自然属性无异，但因碎石可作为人类铺路的基石而可以买卖，而岩石只能在山峦中矗立或成为让人厌恶的绊脚石。因而黄金价值永恒的前提是有用性的永恒，而黄金有用性的主导选择权在人类，而非由其自然属性决定。与之相同的，还有白银。白银曾和黄金一样被用于货币制造，甚至白银货币在很长的历史时期里比金币的使用还要广泛。但从 19 世纪以后，因人类选择变化，扬弃了银本位而确立了金本位制，白银的有用性发生了变化，白银因丧失了货币的有用性而变成了工业原料。

所以，黄金永恒的特质也是黄金魅力的必要条件，而非充分条件。

（三）珍贵

黄金因稀有永恒而珍贵，黄金因珍贵而为人类所追求、所珍惜、所喜爱，那么珍贵是黄金魅力之源吗？

珍贵可以成为人类喜欢黄金的理由，但是比黄金珍贵的物质还有很多。现在每克黄金价值大约是 270 元（39.46 美元），而铍镁晶石是黄金价值的 560 倍，每克达 2 万美元；氚是黄金价值的 775 倍，每克达 3 万美元；硅硼铝石是黄金价值的 45 倍，每克达 1800 美元。在自然界也存在着不少比黄金价值高的金属，锎达到惊人的 68 万倍，钚是 100 多倍，铂和铑的价值也高于黄金。这些物质都具有高价值、极珍贵的特性，但并没有如黄金一样的魅力，甚至对多数人来说十分陌生而感到疏远。

所以，珍贵也是黄金魅力的必要条件，而不是充分条件。

（四）优良

黄金具有赏心悦目的金黄色光芒成为人类生产器皿和饰品的最佳材料；具有千年不朽的稳定性而成为人类财富储藏的最高形态；黄金的延展性非常好，使用现代加工手段每克黄金可以生产9平方米金箔，而金箔是高级的装饰材料；黄金具有良好的导电和导热性能而被制成导线，广泛地用于电子器件生产，成为高端仪表、通信及航天航空工业的基础性材料，被称为高科技工业的“稀土”，其重要性是无可置疑的。

优良的物理、化学自然特性可以成为人类垂青和追逐黄金的理由，更何况当今手机、计算机、卫星、火箭、航天航空器这些高端科技也都需黄金的一臂之力，这就更增加了黄金对人类经济生活的重要性。

黄金非常重要，但换一个角度，它也面临着一些问题：

黄金对于人类生存的基本需求而言并没有大的贡献。衣、食、住、行是人类生存的四大基本需求，在这四个方面，黄金并不显得那么重要。首先，黄金不是人类服装的主材料，只能做服饰的点缀；其次，黄金不能做主食充饥；黄金也只能做建筑装饰而不能筑房御寒；也不能造车代步。所以，没有黄金并不会造成人类生存危机，那么人类为何要向无用的黄金顶礼膜拜呢？当代黄金无用论之所以有很大的反弹势头，与黄金在人类生活中相对狭小的应用范围有很大的关系。

所以，黄金所具有的天然优良的品质是黄金对人类散发魅力的必要条件，也不是充分条件。

（五）避险

黄金具有价值恒定的特性，其价格与信用产品价格可逆向运动，因而成为金融市场中对冲信用风险的工具，这是当代黄金的一个重要的有用性。但是，黄金作为金融市场中的实体交易标的在交易过程中存在着运输、分割、保管的不便而广受诟病。为此黄金虚拟交易得到发展，使黄金投资也可以像投资信用产品一样交易便捷，但也因此使真正的黄金交易被边缘化。现在实金交易量仅占总交易量的 1% 左右，因此使黄金市场功能发生了异化，市场交易产生的 99% 是货币流而不是黄金物流。虽然在当今金融市场体系中黄金市场作用不可或缺，但已不是主导性的市场，交易规模大大小于外汇和货币市场。这些都表明黄金作为投资标的在金融市场中存在着极大的局限性，故金融家们一直是鼓吹黄金无用论的主力军。

所以，黄金在当代金融市场对冲信用风险的功能是黄金魅力的必要条件，而非充分条件。

分析黄金与人类形成特殊关系的原因，我们往往是将其归结于黄金优良的自然属性，但进一步分析告诉我们，黄金自然属性只是黄金魅力的必要条件，而不是充分条件。正如伯恩斯坦在《黄金简史》中所指出的："尽管黄金使人产生了难以言尽的迷恋和困扰，但究其本质而言，黄金却是极为单纯的。"他又进一步指出："诚如约翰·罗斯金讲述的那个携金跳海的故事，人们对黄金象征看得过重，黄金的光芒遮蔽了人的睿智。因耽于一时的幻想，人们迷失了自我。"在这里他指的是人类对黄金的迷恋和困惑完全是自我的迷失。然而，单纯的黄金为什么可以使人类迷失自我？人类在黄金面前迷失自我是生而具有的品性吗？回答这个问题就需我们把观察分析的视角转向人类——地球上的一个后来者。

地球的诞生已有几十亿年，据考证古猿向人猿进化始于 800 万年前，相较黄金，人类是地球上的后来者。而黄金进入人类社会与人类携手是一个更晚发生的事件，仅有数千年乃至万年的历史，也就是 99.9% 以上人类发展的进程中与黄金没有交集。对于人类的发展历程来说，黄金的出现还是十分"近代"的事。这表明人类并不是从一诞生就有黄金崇拜的特殊基因，这种特质是随着人类进化而来的，而且是人类进化的高级阶段的产物。究竟此时发生了什么，而使人类与黄金这两个地球上的邻居相遇了呢？并且使一场人类历史大戏拉开了帷幕？这就需要我们进入人类学领域一探究竟。

第二章

人类进步：从基因到文化

宇宙大爆炸完成了物质从无到有的过程，之后宇宙中的物质聚积，在 40 多亿年前形成了地球。地球在形成的过程中不断地吸纳宇宙物质充实自己体魄，同时也在不断地创造新的物质，使地球上的物质存在形态日益丰富。经过大约 10 亿年在 35 亿年前，地球上出现了生物，6 亿多年前出现多细胞生物，250 万年前古类人猿诞生。

一、人类诞生记

地球上无机物向有机物演进的假说推论是氢元素与氧元素的结合形成了水分子，水分子凝集形成水蒸气上升到地球上空形成云团，云团在大气循环中形成降雨，雨水流向低洼处形成海洋，而海洋为元素间的化学反应提供了必要条件。大约在 35 亿年前，在海洋中诞生了多细胞的复合体，即生物。生物是具有新陈代谢功能，可以在生存环境中汲取能量进行自我复制的物质存在形态，这是地球物质存在的一次质的飞跃。

生物也是不断进化的。最早出现的是微小的单细胞生物，又经过大约 30 亿年，在 5 亿年前左右出现了多细胞生物，多细胞生物的出现是地球生物圈的巨大进步。地球生物圈因此由亿年计加快到以百万年计。之后先是无脊椎动物出现，又进步到有脊椎动物诞生，此时的生物具有了脱离大海怀抱的能力，开始向陆地发展，将生物圈推进到了一个发展的历史新阶段。

又经过 1 亿年左右的进化在 3 亿多年前一批完全适应陆地生存的爬行动物出现了。但是，2.45 亿年前的一次自然灾害带来了一次大规模的物种灭绝。只有一些小型爬行动物从这次灾难中幸存了下来，并进化为小型哺乳动物。也正是在这一生物的空档期小型哺乳动物乘机进化，而出现了一个持续 1 亿年的恐龙称雄的世界。

2 亿多年前地球上出现了一个庞大的恐龙家族，大大小小的各种恐龙布满了地球各地，故现在全球各大洲都有恐龙化石的出土。但是，生物的进化并不是一条直线。大约在 6500 万年前一颗小行星对地球的撞击而产生的灾难，使体型巨大的恐龙家族灭绝。只有一些在洞穴中生活的小型动物躲过了这场劫难生存了下来，并因此摆脱了庞然大物恐龙的生存竞争的威胁，而有了更大的发展空间。此时出现了更多哺乳动物的物种和族群。

哺乳动物的出现与发展是地球生物圈的高级阶段，最终发展成一个庞大的哺乳动物家族。在哺乳动物中有一种生活在树上的灵长类动物，在大约 2000 万年以前开始到陆地上生活。这种猿类动物是人类的远祖，但与现代人类还很遥远。它们由爬行变直立又经历了 1000 万年左右。而直立行走是人类与猿类显著的区别之一，但这是十分漫长的演进过程。

在 1000 万年至 700 万年时的某一个地方的一部分古猿开始能够站立，可以用后肢走路，用前肢摘取或收集食物。这些古猿由爬行变为直立的原因，可能是为了能够观察到更远处的情况，或为了获得高处的食物，或为了引起注意更有利于寻找性伙伴，以促进繁殖。然而，并不是所有古猿都沿着直立的方向发展，在大约 700 万年前有一部分古猿没有进一步进化，所以，今天仍可以看到猿类的存在，而另一部分直立古猿则继续向人类方向发展。在 250 万年前人类作为一个独立物种与猿类实现了分离。这就是人类的远祖——类人猿。

类人猿诞生后 91% 的时间里都是地球生物圈中的普通一员，甚至是处于边缘状态，直到在 20 万年前东非智人的出现才拉开了现代人类进化的大幕——进入了人类发展的第一个历史时期，即旧石器时代。这时人类已使用火煮热食物和取暖，可以制造工具，并有了更大和更广泛的协作。严格讲，进入智人阶段才是人类历史的开始，所以智人是现代人类的直接祖先。

在 20 万年前人类是一个多物种的种群，据考证已经发现了 18 种人类。如傍人、直立人、能人、格鲁吉亚人、汉得堡人等。但到了万年前人类已由多种族群变为了单一种群，智人成为唯一的幸存者，并且逐步成为万物之王。这时智人从东非逐步走向了全球，生存活动范围先扩张到阿拉伯半岛，之后又进入欧亚大陆。大约在 40000 年至 55000 年前智人出现在澳洲，30000 年前智人进入到了西伯利亚，13000 年前进入了美洲。在人类扩张的同时，地球上的大型动物却在减少，澳大利亚和美洲可能失去了 70% ～ 80% 体重 45 公斤以上的哺乳动物物种，欧洲可能达 40%，非洲为 14%。

看来人类的发展进程并非是田园牧歌，而是在竞争中，甚至是弱肉强食的残酷拼争中前行的。但是这也为我们留下了一个巨大的历史疑团：智人凭什么成了强者，在天择中成为胜者，这个问题的答案需要我们进入人类文化学的领域去寻找。

二、人类的认知革命

在 7 万年以前有多种人类品种存在，但 7 万年以后智人一枝独秀。智人之所以能够在天择的竞争中胜出，是因为智人发生了认知革命，从而产生了新的思维与沟通模式，这是人类基于大脑的进步而实现的一次历史性进步。但为什么人类的这次突破性的进步发生在智人的身上，而不是其他种类的人类身上，至今仍是未解之谜。发生了认知革命的智人不仅提高了适应生存环境的能力，而且有了改造生存环境的能力。因此，智人取得了生存竞争优势，从而也使人类与动物区隔，走上了一条独特的发展之路。

我们曾普遍认为，能够制造和使用工具是人类与动物区隔的根本标志，但是人类学家们的更详细和深入的观察表明，制造和使用工具并不是人类的特权。人类学家简·古多尔对黑猩猩进行了10多年研究，发现黑猩猩可以把树枝的叶子摘掉，然后把这个树枝捅进白蚁窝，当抽出来的时候上面沾满了白蚁，而白蚁是黑猩猩的食物，这实际就是黑猩猩制造和使用工具获取食物的过程。不仅如此，人们还发现基于不同目的的黑猩猩还可以制造和使用不同的工具，而且不同的黑猩猩群体都有自己不同的工具，并且幼年的小黑猩猩可以通过学习使用工具。现在还发现不仅是黑猩猩，还有其他动物也会使用工具，如海豚和一些鸟类。

语言是人类进行沟通的工具，对人类社会的发展具有重要的作用，认知革命极大地提高了人类语言的沟通能力，所以语言是人类认知革命的重要成果，但语言并非人类所独有。现在我们已经知道鸟类的叫声往往都有特定的内涵，可用于同类的交流。而且一些动物也具有学习语言的能力，当然这种能力还处于低级阶段。简·古多尔对黑猩猩进行的研究还发现：

“黑猩猩没有共鸣腔和人类那种灵巧的舌头。不过，在人类驯养师的帮助下，黑猩猩能够学会一些基本的符号语言。一些7岁大的黑猩猩能够以手势表达150个词。沃肖，第一个学会手语的黑猩猩，能够表达200～300个词。黑猩猩可以使用2～3个词正确地造句，不过更长的句子往往有语法上的错误。”①

认知革命给人类带来了一系列的革命性变化，其中一直被视为最具革命性的是具有了制造和使用工具的能力和语言思维沟通能力。但是研究的结果告诉我们，这两种能力都不是人类所特有的，因而并不是人类与动物区隔的根本性标志。那么认知革命给人类带来的最根本性的变化是什么呢？这一变化对人类的影响在哪里呢？这是人类文化学的内容。

人类的认知革命是基于人类大脑的进步而发生的，也就是说大脑的进步是

① （美）大卫·克里斯蒂安等：《大历史》（刘耀辉译），北京：北京联合出版公司2016年版，第120页。

人类认知革命之源。所以，了解了人类大脑有何进步，我们就可以找到认知革命的答案。大脑是一个已经复杂到不可想象的物体。人类对于大脑的认识仍然有限，至今仍存在无数的谜。但相比较，今天人类对大脑的认识还是有了根本性的进步的。

现在人类已知大脑中有上千亿个精神细胞，它们精致地连接在一起，形成了一个思维系统，而人类的心灵思维是大脑中的一系列化学反应的结果。最新的研究成果是这些大脑细胞就是人类心灵存在，因而人类的大脑细胞越多，也就是大脑的容量越大，人类的心灵思维能力就越强，人类的心灵思维会发出指令，指导人类的行为。而无论是使用工具，还是语言沟通都是人类行为，所以这些都是人类大脑思维的产物。人类的认知革命的意义是改变了人类的行为，即人类有了可以趋利避害的选择能力。被称为 20 世纪最伟大的思想家之一的生物学家爱德华 · 威尔逊指出：

“在 300 万年当中，人类由人猿祖先发展到结构上堪称最早的智人，大约是在 20 万年前。在这期间，大脑的体积增加了千倍，而其中大多发展出现在新皮层。这个部位能够产生较高的心智功能，尤其包括语言和符号为基础的产物——文化。”[①]

心智是人类有意识和无意识的经验组合产生的密码。这个定义有些难以理解。我认为就是人类面对现实存在的事物感观印象的历史经验和未来幻想的组合。这种以心智能力为基础的发展力被称为“文化力”。人类成了有文化的人，因而人类与动物区隔走上了一条文化发展之路，也就是走上了自己的独特发展之路，这是认知革命最大的意义所在。

人类具有了发展的文化力是认知革命的成果，使用工具的能力和语言的升级都是人类文化力提高的表现，而人类的文化力内涵更为丰富。人类文化力的增长使人类社会发展进入了基因—文化协同发展的新时期，发展由亿年计加快

① （美）爱德华 · 威尔逊：《知识大融通》（梁锦鋆译），北京：中信出版集团 2016 年版，第 41 页。

到以万年、千年计。

三、基因—文化协同发展

认知革命提高了人类的心智功能，因而使人类社会的发展模式发生了革命性的变化，在认知革命以前人类的发展进步都是建立在基因变化的基础之上的。而基因变化是天择的结果，这是一个漫长的过程，可能要以亿年、数十万年计，但认知革命以后人类社会由单一的基因变化发展模式进入了基因—文化协同变化发展模式阶级。因增加了文化这个新的推动要素，人类社会发展因此进入了快车道，今天一年的变化可能会超过之前的一万年。然而为什么文化会有如此之大的神奇力量呢?

人类心智功能的提升，使人类对环境及自身变化的信息的组合和传播能力发生了历史性跨越，其功能产生了质的变化，从而影响了人类行为，极大地提高了人类行为的有效性，形成了更大的生产力，因此文化成为人类社会发展的推动力。

人类心智能力的提高使人类的思维不再停留在已发生或正在发生的事物上，而可以扩展到尚未发生、尚未出现的事物上，也就是具有了讲故事的能力。从而人类可以“无中生有”。人类开始生活在现实和想象的两个世界中，大脑中存在着现实中的森林树木、高山峻岭、河流大地，也存着现实不存在或还没有出现的事物，如神灵、传说、互联网、国家、企业等，人类的大脑愈发达，想象力就愈丰富。

想象力是人类进步的产物。拥有了想象力的人类不再满足人类已有的现实状态，而往往会想象出并不存在的更高的目标，并由此产生实现这一目标的努力行为。于是人类不再只是被动地适应环境，即具备了主动改造环境的能力，使环境更加有利于人类。并且因沟通方式的进步，人类拥有了把个体的想象变为大众的想象的能力，从而形成一个统一的社会力量对传统的存在构成挑战，促进了变革，甚至会出现摧枯拉朽的社会革命。因此，想象力是一种非常重要的人类发展推动力。

人类沟通能力的提高是以语言以及符号（主要是文字）为基础的，前者增加了人类信息的传播能力，后者增加了人类信息的传承能力，这两个能力的提高使人类的社会组织能力极大提高，从而出现了日益复杂的社会组织形态。人类具有了社会性，但起初只是一二十人的，以血统为纽带的小群体，共同采集食物并共同生活；之后出现了上千人、上万人共同生活的城市；出现了上亿人共同生活的国家。而人与人关系更为广泛和密切的社会化，又进一步推动了人类沟通能力的提高。

建立在人类沟通能力之上的人类社会组织能力的提高，使人类可以组织日益复杂的社会分工协作。做原来人类不能做或原来很难完成的目标，于是我们看到了至今仍令人感叹的古代建筑遗存。人类社会生产力的提高正是凭借文化力的提高。科技进步和社会组织能力提高是发展社会生产力的两大要素，而这两大要素皆属于人类文化范畴。

人类文化力即是人类的创造力，人类的认知革命使人类有了想象力和更大的社会沟通协调能力，前者是人类创造力的基础，后者是实现人类创造力的条件。创造力不仅提高了人类对环境的适应力，而且使人类拥有了改造环境的能力。而地球上的其他生物们都停留在适应环境的基因变化的阶段，故没有发展的主动权，而人类因为拥有了改造环境的能力由被动发展转变为主动发展。因在此之前人类的发展都属于生物学的范畴，所以人类与其他生物并无根本区别。自从文化的因素成为发展的重要动力之后，人类才与一般动物有了区隔，也得以从地球生物圈的边缘上升至顶端。

文化要素的出现也影响到人类与黄金的关系。在人类诞生之前黄金就是地球上的住户，而在人类 800 万年前诞生以后的漫长的岁月中两者也是平行的存在，并无任何交集。只是在 7 万年前人类认知革命发生以后，人类对文化产品的需求开始日益增加，生产文化产品的能力也日益增长。但首先被使用的物质并不是黄金。虽然后来是黄金成了主角，但最早被制造成人类文化信仰指令产品的是岩石、玉石和陶土，比黄金开采和冶炼技术复杂的铜的使用也早于黄金。

在人类基因—文化协同发展的进程中，随着文化的创建，人类才与黄金走到了一起，因此在人类历史的大舞台上一场黄金文化大剧上演了。黄金被人类赋予了丰富的文化内涵，具有了多重社会属性。在人类的大脑中有实物黄金和虚幻黄金两种黄金。如果说人类是因为有了文化而与动物有了区隔，那么黄金就是因成了人类文化的承载体而与一般金属有了区隔而成了一种特殊的金属。但是，被人类赋予文化内涵成为文化载体的金属并非仅有黄金，但问题是其他金属在人类社会发展的过程中被扬弃，在当今其文化属性已不复存在，如铜金属和银金属，唯独黄金在历史的大潮中屹立不倒，仍在焕发着它的文化光辉。

具有了文化属性的黄金，它是一种客观存在的物质，又是人类所确立的一个虚幻的未来前景，成为统一大众行为的工具和手段，因而实现了对其自然属性的超越，具有了更大的社会有用性和更大社会价值。所以我们说，黄金的自然属性即其物质价值是构成其社会价值的必备条件，而不是充分条件。文化价值是构成黄金社会价值的一部分，甚至是更重要的部分。黄金的社会价值变化与人类对黄金文化的需求密切相关，并且呈正相关，因而黄金文化的创新和塑造是保持和提升黄金社会价值的重要手段和必然的途径。

黄金具有文化属性，所以与一般金属区隔开来成了一种特殊金属，这是我们解读黄金谜思的切入点，但文化又是什么呢?

四、文化是什么?

文化是人类大脑进步的产物，文化极大地提高了人类的创造力，而人类的创造力与人类的想象力密切相关，没有想象力便没有人类的创造力，想象力是人类文化力的核心要素。黄金因成为人类想象力的载体而具有了文化属性，这是黄金最重要的社会价值之所在。7 万年以前人类认知革命发生以后文化因素便成了人类社会的存在。文化作为一个词汇已到耳熟能详的程度；文化作为经济现象，文化园开发已遍地开花；文化作为人文科学，文化学已成一门显学。政治家们关注文化，企业家们借助文化，民众喜欢文化，但是，要给文化一个定义却是众说纷纭没有定论的事。

在百年以前，学者们就力图给文化一个定义，但是至今没有统一，这是因为文化的内涵丰富，以不同的角度切入就会产生不同的定义概括，具体有以下五种：

1. 财富论

文化是人类有用的软性资产，而有用者即为财富，所以《现代汉语词典》中对文化的定义是："人类在社会历史发展过程中所创造的物质财富和精神财富的总和，特指精神财富，如文学、艺术、教育、科学等。"财富论可能是对文化最浅层次的认识，是从表现形态切入认识文化，但它明确了文化的财富属性，这是该定义的价值。

2. 结构论

从结构的多层次定义文化。"文化是一种复杂的整体，包括知识、信仰、艺术、道德、法律、习惯及作为社会一员的人所获得的任何其他能力及习性。"这是英国人类学家泰勒在 145 年前给文化的定义，反映了百年前人类对文化的认识水平，这一观点的影响至今仍存。这个定义把文化产品的存在形态扩展到人类能力的获得和习性的养成，这是一个更为深刻的文化定义。

3. 生活方式论

从文化对人类生存的影响的广度与深度看，有人将文化定义为"人类的全部生活方式"。美国社会学家默多克又进一步指出："文化并非是一种实际的生活方式，而是一种理想的模式，只存在于人们的心目中。"这是把文化定义为人类对高于现实的理想追求，突出了文化内涵中的想象力，把文化作为人类与一般动物区隔的标志。

4. 符号论

语言的出现是人类认知革命中一个里程碑式的进步。正是由于语言的进步，人类的社会沟通能力提高了一大步，从而使人类社会组织协调力有了一个长足的发展。而以文字为主导的符号是语言的凝固。所以有人把文化定义为“一个社会中所有象征符号的总和”，这个定义高度概括了文化产品的存在形态。文化产品的品种很多，如文艺、戏曲、出版物、广告、法规文件、品牌、科技、教育等都可以概括为“象征符号”，但这一概括并没有揭示“象征符号”的本质，所以，符号论也只是对文化表象的概括。但是这个“象征符号”的社会功能是什么，在这里并没有回答，而这是更重要的问题。

5. 指令论

我们沿着“文化是一个社会所有象征符号的总和”的思维追索“象征符号”的社会功能，于是产生了“文化是人类行为指令”的定义，这些“象征符号”是对人类行为的方向和大小做出的指示，是一种工具。所以，“文化是人类行为指令。”这是一个更为本质的概括。“象征符号”的指示并不总能使人类立即产生行为，这些“象征符号”被人类大脑接收，刺激大脑细胞做出反应并进行鉴别判断之后才会使人类产生实际行动，而大脑进行的鉴别判断也是人类的一种行为。“文化是人类行为指令。”这一定义告诉我们，文化力的本质就是人类构建、更新和传递人类行为指令的能力。行为指令是人类大脑劳动生产的文化产品，表现的形态是“象征符号”。作为人类行为的“象征符号”行为指令是多样化的，从而构成了一个文化产品的大家族。

“文化是人类行为指令。”这一定义不仅反映了文化的本质，而且具有包容性：它为财富论的合理性提出了理论依据，因为文化是人类行为指令，所以文化具备有用性，有用者即为财富；它为结构论诠释了多层次文化产品的功能皆为人类行为的标识；它为生活方式论揭示了文化与人类生活的关联性，即人类生活方式是由行为指令构成的；它为符号论展示了文化符号的根本功能。

多侧面多角度地概括定义，反映了文化内涵的多元性，对于我们深化对文化的认识是有益的，但“文化是人类行为指令”是一个更本质性的概括，更能体现人类认知革命的核心价值。

人类大脑的进步导致了 7 万年前人类的认知革命。其核心是极大地提高了人类行为指令的创新、传承、传播能力。人类行为指令质量和数量的提高，极大地提高了人类行为的效率和强度。使人类社会生产力得以迅速提高，这是人类社会发展进入快车道的根本原因。所以从对人类社会发展的重要性看，以人类行为指令构成的文化产品不仅是人类的财富，而且是高级财富，对于人类的物质财富的生产、流通与储备都有极大的影响力，所以文化成为人类社会生产力重要的构成要素。

人类行为指令是人类大脑运动的产物，而大脑是不断发展进步的。7 万年前发生的认知革命是人类大脑进步从量的积累到质的飞跃，而认知革命以后的人类大脑的进步变化也并没有停止，所以人类文化不是凝固不变的，而是在不断地创新、继承、扬弃。在这一过程中行为判据得到了不断的丰富和发展。人类就是根据这些行为判据对人类行为指令做出取舍的，因此，行为判据也是人类重要的文化产品。人类与黄金携手就是人类行为判据作用的结果。黄金作为一种超越其自然属性具有文化属性的特殊金属，其发出的指令为人类追求更高目标指示方向和行为规范，是由当时的文化指令判据决定的。这个判据内涵具有时代性，呈阶段性特征，故黄金被赋予的人类文化指令也是发展变化的。

五、人类行为判据发展四阶段

人类文化行为指令有一个创新、继承、扬弃的变化发展过程，这个过程的发生又是基于人类行为判据的变化。人类行为判据也是一种人类大脑生产的文化产品，它是决定人类行为方向、行为强度、行为取舍的依据。随着岁月的变迁、文化的沉积，人类行为判据日益丰富和深化，至今人类行为判据大致已经历了四个发展阶段。

（一）天真行为判据时代

人类的远祖可追溯到800万前出现的古类人猿，但当时与动物并无区隔，只是那时地球上众多动物中的一种，直到20万年前才开始了人类的历史，即进入了旧石器时代，而7万年前认知革命的发生使人类文明发展进入了一个新的阶段。开始从野蛮人向文化人转变，这是人类行为判据形成的初级阶段。这一阶段行为判据是语言沟通和模仿从众。在旧石器时代人类的生活方式是以家庭为单位、血源为联系纽带的采集—狩猎生活方式，已逐步学会了保存和使用火，用火取暖、煮食物以及用火驱赶猎物；有了骨制或石制的工具，虽然原始但比再早以前已有了很大进步；虽然不是经常但也出现了聚会；并在2万年前至1.5万年前时出现了定居和农业的萌芽。人类社会性的增长产生了形成行为指令和统一行为指令的需要，沟通变得十分重要，而当时语言是主要的沟通工具，模仿是主要的学习和统一行为的方法。这就是天真行为判据时代。其最大的意义是，使可能是个体偶尔发生的化物为奴的人类行为变为了一种群体性可重复的行为，这是人类文明的第一步。

（二）理智行为判据时代

经历了长期天真行为判据时期，人类文化财富不断积累和试错，人类行为指令的发生不再是模仿和从众，而增加了与以往行为经验的比较，比较后才发生了趋利避害的选择，这就是理智行为判据时代。理智判据就是人类基于个人实践经验而积累总结出的共性行为准则并成为人类群体行为的原则。也就是说，此时人类有了信仰，信仰成为人类社会的纽带。与此同时，人类的信息沟通能力也得到逐步的提高，而个人的信仰变为众人的信仰之后便诞生了宗教。在天真行为判据时期人类最重要的文化产品是语言，而理智行为判据时期则是信仰和宗教。

理智行为判据时期发端于旧石器时代后期，而盛于欧洲的黑暗时期，衰落于中世纪结束的15世纪，在这长达1万多年的时间里，人类的宗教信仰是支撑人类文明的重要力量，神权成为社会权力中心，当然后期是与王权共治。黄金正是在这个历史时期进入人类社会，因而黄金文化必然会打上深深的这个时代权势崇拜的烙印，黄金崇拜的滋生是必然的。

（三）科学行为判据时代

理智判据是以个人的经验为基础，这种经验往往停留于表面现象，使人类的行为充满盲目，必然会影响人类行为的效率。之后，人类行为判据由理智判据提升到科学判据，即行为判据要以众人实践经验总结和实验检验为基础，而不再是个人的经验，从而促进了探索事物内在发展规律的科学的发展。这是人类文化发展的新高度，人类开始由表及里地认识世界，因而进一步握有了发展的主动权。人类的行为更为符合事物发展的规律性，从而增加了人类行为的预见性和有效性。

科学行为判据时代最重要的文化财富是哲学和科学。哲学是揭示人类自身从哪里来、到哪里去的规律，科学是揭示人类环境变化的规律。科学行为判据时代大约始于 600 多年前的 15 世纪。一批科学家和哲学家诞生，这些先哲成为引领人类走出愚昧的指路人。人类走向科学使黄金在神权和王权语境中形成的文化受到了挑战，其神秘指令被扬弃，但又让其在一个新的社会权力的制高点上确立了自己的地位。

15 世纪人类进入了现代革命之门，全球性的贸易和交流网络开始形成，1405 年到 1433 年中国郑和船队七次下西洋，1492 年西班牙哥伦布远洋探险。这是两个典型案例，表明那时人类跨洋交流已迈出坚实的步伐。交流促进了贸易，贸易促进了交换，货币指令开始崭露头角，而黄金在货币指令的变迁中又开始独占鳌头。

（四）系统行为判据时代

人类社会结构日益复杂，事物的关联要素日益增多，人类行为判据需要置于社会和自然的大环境中进行多因素关联性分析比较，做利弊权衡，做趋利避害选择，但行为指令不是一个而是多个，指令有优、次优、一般、较差、差之分，根据不同的条件选择不同的行为指令，人类进入了系统指令判据时代，即现代人类社会。我们可以把 18 世纪中期瓦特改良蒸汽机，人类开始工业革命，作为这一时代的开端，至今已有 250 多年。

在科学判据的时代，基于全球性人流、物流网络的建立，交换的规模日益扩大，所以货币指令开始成为人类社会的权力中心。在这次人类社会大变革中，黄金因金本位制的发展又一次占据了人类行为指令的高端，而之后黄金货币指令面临衰退。但在系统行为判据时代，黄金货币与信用货币形成对峙，面对信用货币相对稳定性的不足，人类做系统利弊权衡后黄金又被赋予了新的文化指令而得以华丽转身。

系统行为判据时代的进步意义在于，人类行为成为全局而不是局部利弊权衡后的选择，这增加了行为的理智性，即文明性，故当代人类行为会更多地选择竞争与博弈，而不是暴力与战争。因此，虽然竞争与博弈在人与人之间、民族之间、国家之间是如此广泛而激烈地存在，但同时经济与贸易、交流与友谊亦成为人类生活的主旋律，而黄金文明正是在人类这种竞争和博弈中再次蜕变得到永生。

指令是人类大脑劳动的产物。天真行为判据的产生使人类的社会性得以光大，获得了“化物为奴”的能力，语言是这一时代最重要的文化产品。在理智行为判据时代人类最重要的文化产品是信仰，信仰成为决定人类行为的力量，对规范人生目的、追求幸福、制定社会秩序具有重要的作用。科学行为判据是把人类的行为建立在对事物本质认识的基础之上，从而提高了人类行为的有效性，对人类的物质生产、社会管理和科技进步具有重要的作用。而系统行为判据是从人类行为的关联性着眼，对人类行为价值进行评估，在大局上趋利避害，实现平衡，这是对科学行为判据的进一步发展。这表明人类的行为判据的生产形成具有阶段性，是一个不断丰富成熟的过程，但后者并不是对前者的否定。虽然当今是系统与科学判据占据了主导地位，但天真判据和理智判据不仅仍然存在，而且还发挥着重大的作用。所以当代文化是天真判据、理智判据、科学判据、系统判据的综合体。人类行为判据不断丰富发展的过程便构成了人类的文化史。

人类文化史有三个重要的历史节点：一是7万年前的认知革命；二是1.2万～1万年前的农业革命；三是15世纪的科学革命。认知革命是人类文化史的发端，而在此后数万年间人类行为是天真行为判据为主导；后来有了日益增多的理智判据，农业革命出现后理智判据逐渐成为主导；进入科学革命时代人类行为判据有了把握内在规律、从以个人体验到依靠科学的提升；而在当代，人类行为不仅追求成功率，更追求全局利益的最大化。黄金文化正是这一人类文化发展进程的组成部分，是人类天真判据、理智判据、科学判据、系统判据的综合体。

六、黄金：人类文明进程中的后来者

黄金自身的自然属性中并没有与人类结盟共舞的特殊基因，黄金与人类的特殊关系是源于人类基于大脑的进步而产生的文化力需求。人类文化发展是一个持续的过程并呈现阶段性，那么黄金谜思产生于何时，又处于人类文明发展的哪一个阶段呢？

7万年以前认知革命发生以后，文化开始逐步成为推动人类社会发展的要素，促使其进入了基因—文化协调发展时期。这时人类才逐步产生了对黄金的需求，而根据已发现的文物及考古成果，黄金进入人类社会的具体时间节点是在新石器时代的农业革命中期以后，即6000多年以前。

（一）人类古文明时期黄金是缺席者

20万年前至1万年前是旧时器时代，这是人类文明发展的第一个历史时期，这一时期也被称为“古文明时期”，但黄金是这一历史文明时期的缺席者。人类在这一历史时刻，在当时行为指令下首先使用的文化物质载体是岩石、玉石和陶土，因而文化的表现物是石制品和陶制品，这已被这个时期的出土文物所证实。

在津巴布韦发现了人类 7 万年前居住过的洞穴，其中我们发现的古代遗存是大量刻在岩洞上的描述人类狩猎的场景及动物的岩画。在这些充满想象力的岩画中，除了人类和动物外，还出现了采集使用的容器（篮子）和祭祀用的陶塑。

1955 年，在苏联松希尔发现了一处 3 万年以前的古墓群。考古发掘表明那时已有阶级的分化，一个显然是有权势的逝者的随葬品是一般随葬品的数十倍，其中有狐狸牙齿装饰的帽子，手腕上有 25 只象牙手镯，覆盖全身的是 3000 多颗长毛象牙串珠。以帽子、手镯代表权势可能延续了很长的时间。1.4 万年前西亚新月沃土区已出现了富裕的采集社会，那里出土的象征权利的仍然是帽子、手镯，还有吊丝带。

在 2.5 万年以前，从比利牛斯山到顿河流域人类已有广泛的神祇信仰，在这里发现了许多母神崇拜的“维纳斯”怀孕女性雕像，全部是用陶土制作的而不是黄金，用黄金做信仰崇拜物那已是两万年以后的事了。

在这一历史时期人类使用的工具已有很大的进步，但工具的材质仍然是石质的，并凭借今天看来十分简陋的工具生活了数万年。20 世纪 90 年代的研究表明，在石器时代的早期，非洲南部的卡拉哈里沙漠里的山族就开始了采集—狩猎生活，其使用的工具就是：一条毯子、一根皮革绳索、一件装食物和柴火的斗篷、一些小的手提袋和一根用于挖掘的木棍以及简单的浸有毒药的弓箭和一支梭镖。公元前 11500 年至公元前 11000 年间，北美土著居民使用了一种锋利而坚硬的碎石工具，可安装在木质的梭镖上通过猎人或专门的投掷手投掷出去杀伤猎取动物。这在当时已经是十分先进的了，这也告诉我们人类古文明的后期仍然停留在石器使用阶段，虽然也在不断进步。

在人类古文明时期黄金是人类社会的缺席者，还没有与人类发生联系。但也有报道说，2009 年南非安格鲁黄金公司组织了一次对南非一处石器时代的古遗址的考察，已在其中发现了开发黄金的迹象。考古学家和人类学家确定该遗址的时间在11.5万年至8万年前间。因而认为10万年以前人类就已开采黄金。这一结论因缺少更多的凭证，而不为大多数人接受。实际上，即使到1万年前左右，人类社会进入农业革命时期的前期也还难见黄金的尊容。

人类社会1万年前左右进入了农业革命时代，这是又一次突破性的进步。人类由游牧定居下来，聚集规模日益扩大，因而人类的社会关系日益复杂，致使人类行为指令日益丰富。一个重要的变化是人类使用的工具从石器发展到了金属器，但这也是一个渐进的过程。在农业革命的初期从出土文物看基本上仍是陶器、石器和玉器，而在此后的两三千年才出现了金属器，但首先大量出现的是青铜器而不是金器，铜金属是人类大量使用的第一种金属。

（二）一个青铜的时代

人类进入农业革命时代之后，使用的工具由石器和陶器发展到了金属器，并且神权和王权取代氏族权而成为社会权力中心，出现了更大规模和更为复杂的社会协作。但是在农业革命的初期石器时代的特征仍然存留于当时人类社会的方方面面，长期变化的累积才有了革命性的表现。

现在巴勒斯坦境内的杰里科在1万年以前，即人类农业革命的初期，已是可能有3000人居住的城镇，从公元前8350年至公元前7350年的1000年间均有人类居住。考古学家们从这里发现了箭头、刀片、斧头、磨石以及石灰石制的碗碟，还有与真人大小相同、与宗教礼仪相联系的灰泥像，表明当时的人类社会仍然处于石器时代。

比这一遗址晚1000多年的南美一座8000多年前的古村落遗址，考古学家们认为在公元前6800年至公元前3700年间的3000多年都有人类在此生活。有50多座圆形拱顶住房遗址，在这些住房遗址中发现的是颜料、鱼钩、贝壳和黑曜石。贝壳的出现表明那时已有了用于交换的货币。而黑曜石是当地的一种火山石，是用于制造工具的原料。

出土的文物显示，在农业革命初期虽然人类已经定居而出现了村庄和城镇，社会生产力有了很大的提高，但还没有完成由石器时代向金属时代的转变，直到农业革命的中期才出现了金属器，但大量使用的并不是人类首先发现的第一种金属——黄金，而是铜金属。因此在人类文明史上出现了一个青铜时代。

大量使用铜金属表明那时人类拥有了金属冶炼技术，这和人类制陶的历史是分不开的。《墨子·耕柱》记载："昔者夏后开使蜚廉折金于山川，而陶铸之于昆吾。"这句话透露了冶金与制陶的关联性。人类从石器时代转向金属时代，首先是青铜时代。陈设和祭祀、制作兵器也是铜金属的重要使用领域。古人云："国之大事，在祀和戎。"所以，铜金属（后面还有黄金）成为一种政治资源为国家所垄断，并被赋予最高的社会意识形态价值，被视为国家权力的象征。只有天子和诸侯才能使用铜器，并有严格的大小和数量的规定，如越规即被视为大罪而遭惩处。此时铜金属已超越自身而成为一种权力指令让人服从膜拜，这种情景之后也要在黄金身上发生。

各民族因文明的发展程度不同，进入青铜时代的时间并不同步：公元前5000年即7000年前古埃及就已有青铜金属制作的器皿和武器；古希腊于5000年前进入了青铜时代；4000多年前是西亚青铜时代鼎盛期；我国夏、商、周三朝是典型的青铜时代，大致与西亚青铜时代处于同一个历史时期。

中国铜金属的使用，传说始于蚩尤，"夫天地为炉兮，造化为工；阴阳为炭兮，万物为铜"。蚩尤因是铜兵器的发明者，才被称为"战神"，他战败后被黄帝做成了肉酱，以儆效尤。在中国留下了一个青铜时代的图腾——饕餮，相传就是由蚩尤而来。如果说这只是传说，洛阳附近的二里头古遗址的挖掘则带来了一个客观存在的事实。经考古发掘这里可能是夏王朝的首都的遗址，这里不仅发现了陶器制造厂，还发现了青铜器制造厂遗址，表明我国在4000年前对铜的使用就达到了很高水平。

人类使用铜金属为什么会早于金金属？本来就在自然界存在着自然金块，大者可达10多公斤，因而不需要提取冶炼就可以使用，虽然铜也有自然存在，但青铜时代使用的是铜锡合金，所以一定要经过冶炼，尽管如此人类使用铜金属的历史还是比黄金早数百年乃至千年。

有专家认为人类与黄金携手晚于铜金属的使用的原因在于：一是黄金的稀缺而影响了它的广泛应用，而铜的赋存量是黄金的6000倍；二是硬度，黄金的硬度是2.5～3摩氏，铜的硬度是黄金的数倍，相比之下，铜更宜做工具和兵器，而青铜时代很快被钢铁时代取代也是因为铁的硬度更大。这些理由都有一定的合理性，但一个更重要的理由是人类文化发展的阶段性需求论。

人类文化发展的阶段需求论认为，黄金不仅是人类文化的需求，而且是人类文化高级阶段的需求，所以黄金与人类携手不在人类文明创建的初期，而是在农业革命中期以后。现在我们说黄金具有深厚的人类文明赋存固然没有错，但从人类发展的历史坐标看已是十分“近代”的事了，是人类文明已发展到高水平阶段的产物，这时人类已走出了野蛮而有了一定的文化沉淀和更高的文化需求。

黄金在这样的时代背景中进入人类社会具有以下高端文化的特征：

一是黄金为社会最高权力拥有者所独占，从一开始便成为一种政治性资源。

二是黄金被赋予更高的文化的内涵成为社会最高权力的标志，铜金属因此被取代。

三是黄金首先被最先进、最富裕的民族所使用，成为社会财富的标志。因此人类社会的五大先导性文明都存在着丰富的黄金文化遗存。

世界五大古文明虽然只有中华文明没有中断而延续至今天，其他文明都已衰落，但它们的出现都具有先导性为之后更为高级的人类文明的发展提供了指引，奠定了基础。而黄金在五大文明社会亮相靓丽正表明了黄金文化的高端性。在此后人类社会的变迁中黄金文化的这一特性始终如故没有变化，黄金始终屹立时代潮头。这是因为黄金在人类文明的演进中与人类社会共识性权力结缘而成为其代表与标识。

延伸阅读（一）

文化的力量：兴因文化，衰因文化

认知革命使人类由野蛮人逐步变为了文化人。文化这个发展因素已成为当今人类社会的全面统治力量，无孔不入地渗透到了人类生活的方方面面，可以说人类社会“兴因文化，衰因文化”的故事已在日常生活中屡见不鲜。

一、文化：中华民族永恒之根

古埃及、古希腊、古印度、两河文明和中华文明是世界最早的五大文明，但中国是世界五大文明古国中唯一文化延续数千年没有中断的国家，其原因就是数千年有一个统一的文脉相贯穿。汉字诞生于四千多年前，并连续使用到今天，在历史的长河中虽不断地发生变化，但生命长青；还有孔孟哲学，虽也有磕磕绊绊，但数千年不倒。政权更替频繁，不乏非汉民族建立中央政权；但并没有因此使汉文化中断，而文脉长存保证了民族的长存。

中华民族的最后一个王朝——清王朝，是一个少数民族建立的中央政权。仅有100万人口的满族要统治1亿人口的汉族，1∶100的人口结构使满族力量颇显弱势——对清王朝政权的稳定和持续执政构成了巨大挑战。取得政权必须有武功为后盾，但战争胜负的决定因素是人心，巩固政权更必须取得民心，而要取得民心就必须得到占多数人口的汉民族的文化认同。

1631年著名的大凌河战役是清军对明王朝残存势力的最后一击。粮尽援绝的明军已到“人食人”的地步，但仍战斗不止，令清军最高指挥皇太极惊叹不已。战后皇太极发出了谕旨总结这次战役，指出明军的表现是“读书明理”产生的战斗力：“我兵之弃永平四城，皆贝勒等不学无术所致。顷大凌河之役，城中人相食，明人犹死守，及援尽城降，而锦州、松、杏犹不下，绝非其人读书明理尽忠其主乎？自今凡子弟十五岁以下，八岁以上皆令读书。”

清四世康熙帝诗云："十世周垂历，开基汉启疆。"它认为其先祖继承的是周朝开启的法统、汉朝开辟的疆域，更将自己的祖先与汉文化连接在了一起，以示与汉民族为一统。

政治强权、军事强权在文化强权面前也不得不低头称臣。自此清王朝开始立儒学为国学，宣示接受儒学为普世价值，尊儒学创始人孔子为师，入关后先后14次祭孔，超出了历朝历代。全面融入汉文化，以获得执政合法性的更多资源，取得汉民族的文化认同感，清王朝以文化认同治国终于突破了"自胡人无百年国运"之宿命。清王朝1636年至1911年国运达275年，而元朝为162年，金朝为119年，辽为59年，是少数民族政权寿命最长的王朝。

为了维持政权在文化上的趋同，以文化趋同达到国家的认同的不只是清王朝，南北朝时匈奴人刘渊公元304年建立了中国历史上第一个少数民族的中原王朝，遵蜀汉帝为考怀帝，自称汉王，宣布复国，建立了北汉王朝。匈奴人赫连勃勃建立的夏政权，自称是大禹之后。在辽、宋、金对峙时期（公元960～公元1234年），各少数民族政权都以"中国"正统自居而指斥对方"伪"，都以中华文脉的继承者诠释政权的正当性和法理性。中华民族的文明史就是一部以汉文化为主脉，多民族文化不断融合的历史。即使最引以为自豪的唐朝，是中华文明的一个历史巅峰，究其皇室血统也是一个以汉族为父系，以鲜卑族为母系的中原王朝。

民族的融合实质就是文化的融合，国家的认同实质就是文化的认同，因而文化对于一个国家长治久安具有绝对的影响力，文化建设和维护是一个政权的头等大事。因此中华民族的振兴寄希望于中华文脉的传承。

二、文化：匈奴走向没落之源

诞生在今天内蒙古河套及大青山一带的匈奴部落，英勇善战，嗜杀善饮，从3700多年前的商代就已经成为中原部落的强敌，当周武王率军渡过黄河挺进朝歌之际，其乘虚而入挺进关中，多年后周宣王派大将尹吉甫才将其赶走。战国时匈奴又频繁出没在赵、秦、燕边界，骚扰抢掠，后又成为汉王朝的心腹大患，迫使汉朝不得不“合亲”以求暂时安宁，先后涌现出卫青、李广、霍去病这些战功赫赫的名将仍难彻底扑灭边疆战火。直到公元621年唐高祖李渊派兵征讨骚扰唐边的匈奴，所向披靡，匈奴首领刘仙为保命投降，从此匈奴对中原政权的威胁才宣告解除，前后历时2000多年。

匈奴对中原中央政权威胁的消除，并不是匈奴民族的消失，他们挥师西进到达了今天的欧洲。公元354年匈奴铁骑于钦察草原打败阿兰人，374年隆冬于黑海北岸击败哥特人，战火一直烧到了多瑙河；公元447年攻入东罗马，东罗马被迫割地，进贡大量黄金；公元451年与西罗马会战于今天的法国东北部香槟平原，次年攻入了西罗马帝国心脏意大利。但是这个无比强盛的帝国在公元468年与东罗马军团遭遇被击败之后便陨落了。

匈奴民族不仅是在中国的视野中消失了，在世界的视野中也消失了。匈奴这个剽悍的民族可以横扫欧亚，称雄数千年，但最终仍是一颗划过天空的流星消失在历史的长河中无声无息了，甚至很少给世人留下历史痕迹。耀眼的武功留给世人的竟是历史的叹息，究其原因就是他们只重视马上的武功，以武力与其他民族对话，进行武力的征服，并没有学会用文化将征服者同化。甚至他们从来就不进行自己的文脉建设，没有文字，没有制度，没有经济主张，没有自己的建筑样式，习惯于破域掠地，甚至没有固定的根据地。而其剽悍好斗只是制造了日益增多的敌人，而自己却日益失去了给予民族保持永存的动力，最终必然会走向失败，匈奴人的历史也就结束了。其后裔被同化成为其他民族的一部分，但匈奴作为一个独立的民族而消失了。匈奴人的故事告诉我们没有文化根基的民族虽可以逞雄一时，但最终逃离不了被融合的命运，文脉才是民族存在发展之基。

文化力量的秘密就在于文化是人类行为指令，一个国家、一个民族形成强有力的统一文脉，就有了文化的认同，就可产生统一的行为，而成为国家、民族稳定的基石。相反破坏了文化认同，便会形成行为的不一致，而使国家、民族分裂。国家和民族是建立在文化认同的基础之上的。

马克思在《黑格尔法哲学批判导言》中指出："批判的武器当然不能代替武器的批判，物质的力量只能用物质的力量摧毁，但理论一经掌握群众，也会变成物质力量。"马克思在这里讲的是理论的力量，而理论是人类重要的文化财富，这从一个侧面论述了文化可以产生巨大的社会能量，这种社会能量可以成为摧毁原有社会结构的力量，也可以成为维护原有社会结构的力量。

三、文化：经济的强大推动力

文化是维系一个民族、一个国家强力的政治纽带，也是发展经济的强大动力。了解和认识"文化是发展经济强大推动力"这个命题，我们要从两个方面说起，一个是学者，一个是企业家，他们分别从理论和实践两个层面对这一命题进行了自己的诠释。

（一）凯恩斯的文化力量论

凯恩斯是20世纪最伟大经济学家之一，自小成长于英国剑桥的学术世家，26岁便成为剑桥大学终生研究员，有很深的经济学造诣和学术研究水平，主张国家采取扩张性经济政策，通过扩大需求促进经济发展，在20世纪30年代经济领域掀起了一场凯恩斯主义革命，由此可见凯恩斯的学术地位之高。他还是战后国际货币体系的主要缔造者之一，是新古典经济学的代表人物。这样一个经济学大家对于经济发展的观察自然会有自己权威性的结论，他指出：

"经济学家与哲学家的思想，不论其正确与否，其力量之大，往往出乎常人意料。实际上，统治世界的不过就是这些思想。许多实干家自以为不受任何理论之影响，往往恰恰沦为某个已故经济学家最坏学说之不自觉的奴隶。我确信，与思想的侵蚀作用相比，利益归属的力量过分夸大了。错误的思想使人看不清自己的利益归属。在经济与政治的哲学领域，大多数在25～30岁之后已不再接受最新理论的影响。公务员、政治家以及宣传鼓吹者们对时事的看法，不可能都出自最新的思想。然而，或迟或早，对形成善良或丑恶的观念而言，更危险的是思想，而不是利益的归属。”

当代经济学是建立在这样一个假设条件之上的，即每一个市场参与者都追求个人利益的最大化，因而利益是人类行为的驱动器。而在这里凯恩斯指出是思想，也就是文化更重要，不正确的文化就会导致人类的错误的行为，也就使之不能得到最大或最好的利益，因而文化的力量高于利益追求。思想决定了人类追求利益行为的好坏与对错，因而追求利益最大化的行为也需要在选择比较后确定自己的行为指令，即需要进行文化的创建，文化是经济发展的前置条件和重要的推动力。

正是由于文化是追求利益的前置条件，所以现在一些强权国家在掠夺弱者利益时已不再是赤裸裸的使用武力而是文化先行，建立有利于自己的文化话语环境。因为不同利益主体在博弈时，文化的浸润可以改变参与者的行为，化敌为友，或分离同盟而实现预定目标。孙子云：“不战而屈人之兵，善之善者也。”美国在新世纪先后发动了阿富汗战争和伊拉克战争，损兵折将，耗用大量金钱，而问题没有解决还派生出更多问题，至今仍困扰着美国，并影响世界迟迟不能平静下来。美国自己也不得不承认战争是失败之作。而反观美国价值观和生活方式的文化输出，已是建立美国话语和世界文化霸权的有力武器，文化的浸润胜于军事入侵和经济竞争，文化成为各国日益重视的经济发展要素。

（二）马云的企业文化实践

如何管理企业，使企业得到持续发展，这是企业管理理论研究的核心，是企业家们面临的永恒发展主题。现在已有让人眼花缭乱的专著出版而各自给出的答案并不相同，但文化的作用受到关注并成为潮流。马云应该是使用文化力推进企业发展的佼佼者。

马云是当代中国最成功的企业家之一，是最为耀眼的商业明星。他从事的不是传统的工商业，而是金融业，但又不是传统的金融业，而是互联网金融业。他的企业已在美国证券交易市场上市成为全球最大电商综合体。马云从最低的起点飞速达到了其行业的最高峰，这一切都是在不到十年的时间做到的，因而人们认为马云最能代表当代中国商业成功学。马云又是如何管理公司的呢？下辖数万名员工的马云极少插手公司内部事务，刻意与业务一线保持距离，那么马云靠什么控制管理企业？答案：文化。

马云的阿里巴巴公司建立的是权力金字塔管理结构，马云是公司的精神领袖和战略制定者，其他人都是执行者，他还不断以强化和修正公司文化的价值观加强控制力，即以企业文化的创建来维护保持公司上下的统一认识，从而形成统一的行动。即使是在企业遇到困难、发展受挫之时，马云也往往是以思想的大团结完成逆转。2011 年阿里巴巴遭遇发展的寒冬，业务大幅收缩，他的应对之策是投资 100 万元做职工培训。在企业内提倡竞争创新文化，职工从入职开始就不断被告知要保持怀疑，不要相信上司一定是正确的，入职一年就可以自由择岗转岗，双向选择。在一个有 1.4 万人的名叫“草莓”的网络媒体中，一起讨论公司的发展与人事，里面不少是评论上层管理的不当和产品缺乏新意。马云有意通过建立批评文化，产生内在的改革创新动力，实现企业发展。现实告诉我们马云的这一目的已经实现。而马云为了提升自身的管理能力，最为重视的是文化的创建和发展，为此创业的十多年间，每年他都要到道观“闭口禅”一个月左右，沉思不语。他认为文化是企业最宝贵的财富，文化是发展的前提，他说：“这世界上的钱很多，我不相信，找不到相信我们想法的钱。”

一个理论研究大家的成果和一个成功企业家的实践都印证了文化对经济发展的强大推动力，它的本质就是通过文化财富的创建，产生行为指令，形成企业统一行动而成为改造世界的能力。人类行为不应是盲目的，盲目的行为会造成重大的经济损失。因此，提高人类行为的最终效果和效率，首先就需要有正确的行为指令，而走出发展困境也首先是需要有正确的行为指令。所以在人类经济生活中文化先于利益，先于效率，因为文化是获得利益、提高效率的前提条件，所以文化是推动人类经济发展的强大动力。

第三章

人类共识性权力与黄金

根据出土文物的考证，黄金虽然是人类发现的第一种金属，但人类最早使用的金属是铜而不是金，人类使用黄金的历史始于人类农业革命的中期。古埃及人使用黄金的历史至今已有7000年，是最早使用黄金的民族，而其他先进文明使用黄金的历史均有4000多年。这时人类文明发展已进入了高级阶段时期，在这一历史时期基本上构筑起了当代人类社会的结构框架，无论是政治、军事、经济都可以从那时找到今天的源头。

在我们确定了黄金与人类携手进入人类社会的时间节点之后，我们还需要回答为什么在这个历史节点人类产生了与黄金携手的需求，这就需要我们认识人类社会共识性权力。

一、人类共识性权力的诞生

黄金在人类农业革命中期得以进入人类社会与人类共识性权力的发展存在密切相关性。社会共识性权力是人类文明进程中出现的一种新兴的社会权力。对权力的定义是：强制性的力量，而在人类学上的意义是少数人控制多数人，以及少数人占有多数社会资源的力量。在共识性权力指令的基础上又衍生出了特权及特权崇拜等行为指令，这些行为指令虽为道德学家们所不齿，但却是当今人类社会中的广泛存在。而特权指令的出现导致了人类社会阶级的出现，而阶级的出现又导致社会财富占有权的不平等。人类原始社会财富平等享有的体系瓦解了，因为每个阶级财富的占有权不同，所以，阶级成为财富多寡的标识，这在古墓陪葬品中得到印证。

对保加利亚黑海沿岸一座古墓群的挖掘中发现，在211座古墓中170座都仅有不到18件陪葬品，18座则有较多陪葬品，而一座40～50岁男人的墓中的陪葬品达1000多件，其中980件是金制品。这表明6000多年前那时的人类社会就已有阶级的划分，少数人占有大量财富和权力。在拥有5000多年历史的龙山文化陶寺遗址和城子崖遗址中发掘的墓葬也存在着相同的情况。而在这之前的古墓陪葬品并不存在如此大的差距。

为什么在历史的此刻会出现权力指令，并可延续至今而成为当代人类挥之不去、孜孜追求的目标标识呢？人类生活方式的变革和社会生产力的提高是两大主因。

1万年前左右人类生活方式开始由流动采集狩猎模式转为定居农耕养殖模式，故人类由频繁流动转变为聚集居住，因而出现了村庄、城市，并且村庄和城市的居民规模日益扩大。另外，人类认知革命使人类获得了想象力，想象力不断地将人类社会生产力推向新高度。1万年前左右农业革命是将人类社会生产力推向一个新高度的突破点。这两个变化使人类产生了许多新行为：

1. 民事调解行为

人类聚集而且规模日益扩大，使人际关系日益密切和复杂，因而人与人的关系的协调问题便突出出来。过去族权和神权曾承担协调民事权的责任，但是现在已是多家族、多信仰者的聚集，所发生的民事已超越了族权和神权的职能范围而需要建立一种新的民事协调力量。这是人类社会属性发展的必然要求。

2. 财富再分配行为

人类进入农耕社会以后，以血缘为联系纽带的家族生产单位是社会结构的主体，内部的财富分配由族长决定。而由于社会生产力的发展，有了更多的富余财富后，除用于家族储藏外有了日益增多的可用于与其他家族进行交换的财富，以换回自己所需要的财富。为了使交换能够公平安全地完成而需要有一种超越族权的社会力量做保障。这是共识性权力出现的另一重要原因。因此人类的交易需求愈强烈对这种社会权力的需求就愈强烈，而最终这种社会力量的存在成为人类社会的标准配置，并日益强大。

3. 共同防御外敌入侵行为

定居下来的人类不断聚集而形成了村庄、城市，基于生存发展的需要，村庄城市又组成了国家，国家最初的形态是城邦制，以一座城市为中心形成利益共同体。作为一个利益共同体，它的存在必然会与其他利益共同体发生关系，或是相互交流，或是财富支撑，或是冲突博弈，因而产生了保卫内部共同利益、防止外来入侵者的行为需要。为此要有一个社会组织协调力量进行人力和物力组织以及行动的指挥。

这些人类新行为是人类社会发展到一个更高阶段的产物，人类必须要适应这种变化而逐渐达成了一个共识，即愿意将个人和家族的部分权力让渡出来交给一个人或一个集团领袖行使，并服从领袖的指示，于是产生了共识性权力，从而极大地提高了人类社会组织能力。

正是因为共识性权力起初源于个人和家族权力的让渡，所以起初的共识权力的拥有者是由下而上的授权，他们的权力是建立在同意之上的，可以授权也可以收权。因此，那时领袖的地位并不稳固。但是，之后这种共识性权力则变为了一种自上而下的强制性力量。特别是国家机器的完备，领袖掌握了军队和司法机构以后，领袖取得至高无上的权力，共识性权力便成为凌驾于民众之上的强权。

如果以城市的出现为标志认识共识性权力的诞生，其历史已有万年左右，因为城市的诞生将人类社会公共管理事务提到了人类生活的重要地位，必须建立形成对社会公共事务进行协调处理的力量，以平衡日益复杂的人际关系。现在人类考古发现的最古老的人类定居城镇是现今巴勒斯坦境内的杰里科，是大约公元前9600年的古遗址，面积有2.4公顷。在公元前8350年至公元前7350年间这里已形成了超过3000人的城镇。

社会共识性权力诞生的初期更多是具有协商的性质，多在家庭内、家族内、氏族内完成协商过程，但随着社会关系广泛性和繁杂性的发展日益具有强制性，从协商到强制转变的标志——独裁王朝的建立，已有6000年历史。这是因为人类文明的先驱在美索不达米亚地区于公元前3500年前建立了城邦制国家，苏美尔人氏族首领变为国王，拥有了绝对权力，是人类历史上最早出现的王朝，而之前氏族部落是人类社会主导性的社会组织。

共识性权力指令诞生的价值是极大地提高了人类的社会组织协调能力，而这恰好是人类社会生产力发展的重要条件。但同时也使人类社会权力结构发生了巨大变化，权力平等的氏族社会变为了阶级社会。人际关系的纽带由血脉变为了权力，对权力的执行和服从成为人际关系的主题。在这个阶级的社会中不同的阶级拥有不同的权力，少数人统治了多数人。对于人类社会这样的权力结构后人并不满意，而进行了不断的批判，因而也推进了持续的社会改革，但至今没有根本性的变化。而且随着人类社会结构日益复杂，共识性权力不是在弱化而是无论从是深度还是广度都在强化之中。看来道德性的批判并不能替代现实的需求，共识性权力现在仍然深深地扎根于人类社会的现实生活之中，共识性权力指令是人类重要的文化财富。

二、人类共识性权力中心的变迁

共识性权力诞生于人类农业革命的中后期，源于人类生产与生活方式的转变和社会生产力发展的需要。在漫长的石器时代人类过着采集狩猎的生活，基本上是以家庭为单位，以血脉为纽带，以家长为领袖处理家庭内部的人际关系。而进入到人类农业革命初期，人类虽然开始定居下来，不同的家庭聚集在一起形成了村庄，但因规模小，资源少，没有富余的财富，即使有追逐权力的人也不能因此获得大的利益，人际关系的问题基本上是在家庭内或村庄内得到解决。那时共识性权力的重要性并没有显示出来。所以共识性权力可能在农业革命的初期就已出现，但农业革命的中后期才突出出来。

以家庭为主体、氏族为纽带的社会结构被打破之后，不仅是不同的家庭，而且有更多的不同氏族聚集在了一起，人际关系对于家庭和氏族来说日益具有了外部性，而需要一种超越族权的力量协调人际关系，因而开始了人类共识性权力指令的构建进程。人类共识性权力指令构建起步的时代背景是：

7 万年以前人类发生的认知革命使人类具有了想象力，这种想象力极大地提高了人类对未来世界和未知世界的认识，但这是一个试错的过程，要通过不断地试错接近真实，因而人类的行为指令也在不断调整变化。1 万年前左右，人类行为指令由天真判据时代进入到了理智判据时代，这个时代出现了日益扩大的群体行为，而联系与形成群体性共同行为的文化指令是信仰。信仰首先是人类的自我救赎，是要回答人类存在的价值何在。

我从哪里来，又到哪里去？是人类最基本的困惑，所以人类的想象力首先要对这一基本困惑做出回答，而且至今仍在寻找答案的过程之中。而那时的答案充满了假设和虚幻，但基于那时人类愚昧的现实，即使这些假设和虚幻也会有众多的信仰者进而形成了宗教。宗教是当时人类信仰的主要表现形式，宗教的核心是对某一个或某群虚构的“神”的崇拜，这些神被赋予了无所不能的法力。因而宗教成了一种统一人类行为的文化指令，成了新兴的社会共识性权力。

神权因具有更大的包容性而取代氏族权成为人类共识性权力中心，因而又产生一个新的社会阶级，即神权的实施者——巫师。巫师可能是独立于原来酋长新产生的宗教领袖，更多则是酋长集氏族权与神权于一身。而出于对神的敬畏，不同的家庭和氏族的人都必须服从于一个或一种神的领导和旨谕，并据此形成一个利益共同体，为了这一利益共同体而一致行动，甚至献身。

宗教的力量虽是强大的，但基础是神祇信仰，而神祇是一个虚幻的存在极易消失，这是神权的致命伤。因此神权为了巩固权力而必须固化神祇信仰。一个重要的途径是神祇的世俗化，使神祇不再虚幻而成为信徒可视、可触、可感知的实体存在，于是人类有了神祇标识的需求。黄金就是在这样一个大背景中作为神祇标识而与神权结盟成了神权的标识。黄金因此也成为当时社会权力中心——神权的标识，具有了权势威慑力，而成为万众的崇拜物，而且此后黄金再也没有离开社会权力中心。黄金文化正是随着社会权力中心的变化而发展。

人类社会的发展并没有因神权的建立而终止。人类的聚集规模持续扩大，出现日益增多的城市，人际关系更加复杂，不仅超越了家庭、氏族，而且超越了信仰。不同的宗教信仰的人群或因居住，或因交易，或因往来而发生了日益频繁的人际关系，因而神权对人际关系的协调不仅遭遇瓶颈，而且宗教信仰还有可能成为人际关系纷争之源。所以社会共识性权力中心调整已势在必行，要建立一个新的可超越神权的社会共识性权力中心。在大约5000年前出现了一个新兴的共识性权力指令——王权。王权是按地域而不是信仰划分的社会共识性权力，王权拥有者——国王逐渐建立了个人的威信而成为独裁者，社会共识性权力也由委托制变为世袭制。

王权这个新兴的行为指令的出现对神权指令形成挑战和冲击，所以在王权兴起时与神权也发生了冲突和博弈，但总体基本上是一个渐进的包容过程。神权成了王权的一部分，而王权的代表皇帝与国王以神之子的名义接收了神权，将王权和神权集于一身，强化了王权的正当性和权威性，在世界五大文明古国的历史遗存中都可以发现古代神庙建筑。如苏美尔文明建立了人类第一个王国，而据考证仅是在苏美尔早期城邦时期，即公元前2300年，拉格什城邦就出现了国王和祭司的矛盾冲突，但总体看苏美尔文明演变过程中呈现的还是和平的演进。王权与神权的这种关系也影响了人类与黄金的关系，黄金作为神权的标识也被继承转变为王权的标识。

王权作为人类社会共识性权力中心持续存在了数千年，直到15世纪才出现了新的情况。传统的农耕经济开始遇到冲击，直接的诱因是15世纪全球贸易体系的建立。虽然欧洲与东方的丝绸之路早在2000多年前就存在。在公元前3世纪马其顿的亚历山大大帝用武力征服了中亚，而此时中国的汉王朝势力抵达到西域，两者相遇使东西方贸易通道开始打通。中国的丝绸等奢侈品开始进入欧洲，但这条丝绸之路充满了艰辛，因而限制了其发展。而15世纪的航海冒险使东西方海路打通，打破了运输瓶颈，使东西方贸易达到史无前例的规模。15世纪航海探险的开篇之作是明朝派郑和1405年至1433年七下西洋，而收篇之作则是1492年哥伦布和1497年达·伽马的远航。至此，海路的打通将全球贸易连成了一体。

彼得·弗兰科潘在其名著《丝绸之路：一部全新的世界史》中指出："据崔溥（1454～1504年，一位朝鲜官员）的记载（《锦南漂海录》）：在距上海约70英里的苏州港，船舶'云集'，等待着将薄丝、纱布、黄金、白银、珠宝和工艺品运往新的集市。苏州城内满是富裕的商人，他们过着令人羡慕的生活。人们生活奢侈，他羡慕地写道：在发达地区，商铺可谓星罗棋布。尽管这里的商业十分繁荣，但当时世界的关键点并非中国沿海的各个港口，而是几千英里以外的伊比利亚半岛。"①弗兰科潘描述了15世纪全球贸易网络形成给这里带来的商业繁荣。然而变化不仅如此，全球贸易同时带来了人类社会的政治与文化的进步。

贸易的发展使交换日益频繁，因而交易的中介——货币的作用显现了出来。过去国家间的财富流转往往是靠暴力，发动战争去抢掠。王权之所以能成为共识性权力的中心与对外战争的需要有很大关系，因为要进行全国全部资源的统一调动协调以应对战争之需。而现在通过贸易就可以实现财富流转，而且社会成本远远低于战争，所以贸易开始成为各国获得财富的重要手段和途径。处于贸易中心地位的货币的重要性自然会水涨船高。因此货币也成为一种财富而且

① （英）彼得·弗兰科潘：《丝绸之路：一部全新的世界史》（邵旭东、孙芳译），杭州：浙江大学出版社2016年版。

是一种绝对财富，即可以获得任何财富的财富。

15世纪开启的全球化成为一个潮流，农耕经济开始被商品经济取代，交换成为人类生活不可或缺的组成部分，于是货币成为每一个人必备的生存工具、每一个家庭必需的财富储备、每一个国家富足的标志。所以，马克思在《共产党宣言》中写道："世界贸易和世界市场开始于16世纪，从那时起，资本的历史就展开了。"直到18世纪后期以瓦特发明蒸汽机为标志，工业革命开始，农业革命结束，人类历史又掀开了新的一页。

随着货币在人类社会中的重要性不断提升，货币的持有权也成为协调人际关系的重要力量，社会共识性权力中心也开始转移，王权逐渐陨落，而货币权上升，最终王权拥有者——帝王及其家族权力式微，而货币权的拥有者资本家成为社会共识性权力的主宰者，而黄金因与货币结缘使之又一次成了人类的宠儿。

历史并没有停止进步，人类社会进入资本时代的数百年里，创造了超过之前数万年、数十万年创造的社会生产力，并实现了全球经济一体化，将货币权推上了无以复加的地位。资本家作为货币权的拥有者通过"货币游戏"对人类社会的经济、政治、军事关系进行调整平衡，将人类社会的共识性权力控制在了自己的手中，这是人类社会资本时代的特征。货币权取代王权成为人类社会共识性权力中心。然而，权力中心主宰者的变化并没有改变共识性权力的性质：少数人统治多数人，不是多数人的授权而是少数人的强权。结果是人类社会迅速地两极分化，在出现日益增多的亿万富翁的同时也出现了日益增多的赤贫人群，导致了社会的不稳定，人类因此开始对资本时代的合理性提出了质疑和挑战，所以当代的先哲们纷纷提出自己的主张，开始了一场持续的改革运动。今天这一运动仍在进行之中。

共识性权力是人类社会性的需要，具有天然的合理性，先哲们主要质疑的是共识性权力拥有者的合法性和实施的合理性。共识性权力的拥有始于多数人的授权而之后变为了世袭独占；共识性权力的实施本意是维护社会共同利益，而之后变为谋取私利的手段。在资本时代这一趋势更为变本加厉，在这个时代财富的流动性增强，为强权掠夺民众财富创造了更多的机遇和手段，并且是在人们没有任何察觉的情况下发生。所以从 18 世纪开始人权的概念出现并形成了一个波澜壮阔的社会运动，以期用人权抑制共识性权力的滥用，以保护大多数人的利益。

人权，汉语词典给出的定义是“享有人身自由和各种民主权力”。争取人权就是争取自由和民主权。货币权作为一种共识性权力，它的拥有者——政府也是一种强权，所以要对政府权力进行限制。废止垄断世袭王权，建立三权 (即行政权、立法权和司法权) 分立的政府，形成互相制约机制，并实行行政首脑和议员的民主选举制度，这些是西方现在仍实行的基本的政治制度。对人权的确立，代表性的事件是 1789 年 5 月法国大革命爆发推翻了帝制，并于 8 月发表了《人权宣言》。在此之前，法国伟大的思想先驱让 · 雅克 · 卢梭出版了《社会契约论》，他认为一个完美的社会是为人民的“公共意识”所控制的，建议由公民团体组成代议机构作为立法者，通过讨论来产生公共意志。如果政府违背了公共意志，人民有权决定和变更政府的形式和执政者的权力。这一前瞻性的著作已勾勒出了当今西方国家政治结构的基本框架，后来对这一基本架构只有枝节上的修饰完善而已。因而卢梭是人权这个人类行为指令诞生的重要的“推手”和“催生婆”。

显然人权的追求者并不是否定人类共识性权力，而是反对以上而下的强权，要实现的是由下向上的民主行权，同时人类人权指令还有更深更大的目标是摆脱货币权的桎梏，达到社会财富的公平分配，也就是按需分配。这是人类共产主义社会远景。所以，在 18 世纪后期先后出现了空想社会主义欧文（1770 ～ 1858 年）和傅立叶（1772 ～ 1837 年）。而作为前导者的是托马斯 · 莫尔爵士（1478 ～ 1524 年），其著作《乌托邦》表达了对现实社会弊端的不满，并借书中主人翁拉斐尔之口说出自己的黄金谜思，实际是对以黄金代表的货币权的质疑与不解。

将共产主义由空想变为理论的最大贡献者是马克思。在法国《人权宣言》发表 59 年以后，马克思于 1848 年发表了《共产党宣言》，再过 19 年于 1867 年共产主义奠基理论——《资本论》诞生。马克思主要是人类共产主义思潮理论的奠基人，而这一理论的践行者是俄国的布尔什维克党人（苏联共产党）。

1903 年俄国布尔什维克党成立，以马克思理论为指导，以建立共产主义社会为目标。他们认为从资本主义社会向共产主义社会过渡，先要经过共产主义社会的初级阶段——社会主义社会，因而在其领袖列宁领导下于 1917 年取得政权以后便开始了社会主义社会建设的实践。在许多国家纷纷效仿的情况下，20 世纪上半叶出现了一股强劲的改革浪潮，并形成了由 13 个国家组成的社会主义阵营，但 20 世纪末发生转折转入低潮。今天人类的人权社会的争取与建立虽还是一个正在进行时而不是一个完成时，但人权已是人类明确的前行目标。

人类农业革命以来的 1 万年间，人类共识性权力由授权变为了强权而极大地增加了共识性权力的威慑性，同时随着人类社会的发展，社会共识性权力中心先后经历了神权、王权、货币权（金权）、人权的调整变化。共识性权力的诞生是人类文明进步的产物，反映了人类的社会性要求，故人类共识性权力中心的调整构成了此后人类历史的主轴。但为了使人类社会关系协调统一而诞生的社会共识性权力，也有可能是社会和谐的破坏者，因为它导致了阶级的分化和阶级斗争的出现。但是，无论是将人类社会共识权力视为天使还是魔鬼，在其诞生以后便没有退出人类的历史舞台，至今仍是一个强大的存在，人们对于社会共识权力的声讨与抗争也还没有能改变这一状况。

三、黄金：人类文明的守望者

一直与人类没有任何交集的黄金在大约 7000 多年前进入了人类社会，开始与人类携手结盟，从而开始了黄金文化的创建史，这恰是人类社会共识性权力诞生发展的历史时期，这不是偶然的巧合而是存在着因果关系的，它揭示了人类与黄金携手的秘密：黄金是人类建立共识性权力强权的需要。用人类文化学的语言说就是：黄金是共识性权力强权的标识，一种强权指令，这就是黄金的文化属性。人类崇拜黄金为之折腰，其本质是对强权的崇拜，因强权而折腰。

黄金文化的内涵随社会共识性权力中心的变化而变化，这个变化的进程便是黄金文化史。人类社会共识性权力表现持久，数千年不衰，但拥有共识性权力的领袖或领袖集团是不断变化的，因不同的人类社会历史阶段共识性权力的拥有者不同，所以每一次共识性权力中心的更替都会使人类社会的政治结构发生变化，因而黄金文化的内涵也会发生相应变化。数千年黄金文化的吐故纳新、扬弃与创新已使当今黄金文化成为一个多层次、多元素的综合体。所以黄金在当代具有多重社会功能，但其核心功能是人类社会共识权力的标识。

黄金这个人类社会的姗姗迟来者，在人类 99.9% 的发展历程中均无踪影，只是人类打开文明之门的时候它才高调亮相，而且与人类文明结缘后便没有分离。

文明这个人类大脑进步的产物使人类获得了化物为奴的能力，从而成为万物之王走上了自己的发展之路。“化物为奴”并非肆意妄为，而需要规则，也需要服从，这是人类社会性使然。人类“化物为奴”的能力虽是建立在个体能力的基础之上，但只有人类作为一个社会集体才能焕发人类的更大能力。黄金在人类数千年文明的浸润中成为一种信仰、习惯和真理，在人类共识性权力中心的每次调整变化的过程中都能在高端占有一席之地。潮起潮落，月转星移，神权、王权、货币权（金权）、人权，人类共识性权力中心不断发展变化，但使人惊讶的是黄金在历史的变革中始终屹立潮头，保持了价值的永恒。

我们说黄金永恒实际是包含了两层含义：一是指黄金具有良好的化学特性而具有极好的稳定性，不易被氧化和腐蚀因而可千年不朽。故人类数千年以来生产的黄金 97% 以上还存留于世，有案可稽，但这是黄金的物质形体的永恒，是其自然属性使然。二是指黄金价值永恒，这是以黄金文化为人类的认知判断为支撑的。黄金价值永恒的本质是黄金文化的永恒，因为只有文化才能塑造人类的灵魂而产生价值评定标准，这是高于以满足人类基本生存的物质力量之上的精神与灵魂的行为规范力。

因黄金永恒所以它成为人类文明历史信息的记录者和保存者，人类历史上许多过去的存在而在今天消失的文明因黄金这个永恒载体得以保存下来被重新发现，从而使人类文明史上缺失的链条得以衔接，使人类文明史更加完整。

“两河文明”正是因黄金文化遗存而被重新发现。公元前538年被波斯帝国征服后，两河流域的美索不达米亚文明中止，其后又经历了马其顿、罗马帝国的统治并随着阿拉伯帝国的兴起，美索不达米亚文明被淹没在了历史的长河中，离开了人们的视野。17世纪初欧洲探险家开始的考古活动才逐步揭开了7000年前就已存在的美索不达米亚文明的面貌，其主要依靠的是出土的文物，而黄金文物是重要的组成部分。这些黄金文物使我们看到7000年人类的生产与生活不同方面的现状，从而对那时整体社会有了更深入的认识。所以，黄金文化遗存成为现代人了解和窥视已经逝去的远古人们的生活与文化习性的宝贵途径，甚至是唯一途径。

黄金文物不仅弥补了当代人认识上的空白，而且即使有详细文字记载的历史也会因黄金文明遗存的出现而更加直观和生动，因而黄金文物考古是当代考古学的重要组成部分，而在人类文明史中占有重要位置。黄金是人类文明的记录者，更因与人类的最早相遇而弥足珍贵，黄金在人类文化体系中的这一特殊地位使黄金成为永恒的标识符号。因此黄金也成为人类追求永恒行为（如价值永恒、灵魂永恒）的判据而被赋予了神性，为人类所膜拜。在此判据的基础上又衍生出了人类的财富判据，黄金是财富，是永恒的绝对财富，这一判据使黄金在人类世俗社会牢牢地扎下了根，成为黄金文化中最精华的部分，至今仍深入人心具有强大的力量。之所以精华是因在经历了数千年的风雨洗礼之后，黄金财富在使人眼花缭乱的财富比拼中仍毫无逊色地拔得头筹。在神秘、神圣光环消退之后，财富成为黄金文化中最为重要的判据。

人类作为一个生命体，维持生命和延续种族是本能的追求，前者追求生活温饱，后者追求生命永恒，黄金文化指令的诞生和扬弃更多的是与后者相关，表现为黄金文化的高端性和文化渗透的扩张性，所以黄金文化有光辉的历史，而且今天还在续写新的篇章。人类文明因黄金文化而更加靓丽多彩，没有任何一种金属可以像黄金这样包含了如此丰富而巨大的人类社会文明的信息，并与人类社会文明的发展产生了如此紧密的联系。数千年来黄金文明的沉积不仅为古人所珍惜，今天，我们在追求实现民族振兴的中国梦时仍能给我们带来物质或精神需求的多重满足。

自从人类进入了基因—文化协同发展之后，文化要素在人类发展中占有了日益重要的地位，对人类生产力的发展产生了重大的推动作用，因而人类文化需求日益增加，故要求人类的文化产品生产与供给也要相应增加。在这样大背景中黄金这种金属被人类赋予文化要素而成为一种特殊的金属。当然黄金不是唯一被赋予文化功能的金属，但是，其他金属都没有像黄金一样在人类文化创建的进程中持之以恒，而是相继陨落衰微了，只有黄金成了人类文化持之以恒的守望者。当然黄金只是一种没有生命的金属，其一切有用性都是人类的选择，是人类基于社会发展需要的选择。

黄金进入人类社会7000年的时间里经历了社会共识性权力中心的多次变迁，因而作为社会共识性权力标识，其文化内涵也随之变化，而文化所具有的继承性使黄金文化在变化中不断积累而日益丰富，因此当代黄金文化已具有多元和多层次的内涵，黄金也成了具有多重社会功能的金属。黄金作为一种金属的自然属性始终没有变化，但其文化属性是不断变化的。所以，在不同的时代对黄金的定义存在着差异性，这也是对黄金产生歧见的原因。

在黄金的发展史中蕴含了丰富的人类的经济与政治的历史信息。因此黄金文化在人类精神层面占有了一个重要位置而具有普世价值。

延伸阅读(二)

金属的文化之旅

人类作为一个生命体需要消耗大自然的物质，化物为奴制造所需要的物质财富，然而人类生产物质财富的行为指令即为文化，所以文化是人类的高级财富。人类因有了文化而与动物区隔，黄金因被赋予文化成为人类行为指令标识而成为一种特殊金属。但是，黄金并不是被人类赋予文化内涵的唯一金属，这些金属最终的结果并不相同。

综观历史，金属的文化属性发展变化可分为四种类型：一种是物质属性与文化属性并存，但随着时代的变迁，文化属性萎缩，成为当今的一种一般性商品，以铜金属为代表；一种是从与人类社会联系之始便表现为单纯的物质属性的使用，而无文化的赋予，以铁金属为代表；一种是曾经表现文化属性主导，但文化属性不断消退，当今已变为由物质属性主导，以银金属为代表；另一种是在与人类为伍的历程中文化属性不断沉积，当今依然是文化属性居主导地位，代表金属就是黄金。

一、铜：曾经的贵族

黄金是人类第一个发现的金属，而铜是人类第一个使用的金属，原因是铜在地球上的存量比黄金多数千倍，更容易大范围广泛使用。另外，铜比黄金更为坚硬，更适宜制作成工具。所以，在人类石器时代结束以后开启人类金属时代的是青铜，而黄金的大量使用则晚了数百年，乃至千年。

据专家考证，铜金属在公元前5000年，即7000多年前，在古埃及就已被用于制成兵器和工具。西亚在4000多年前已进入了青铜器使用的鼎盛时期，中国大约也是在这个时期进入了青铜时代，夏代青铜器生产厂遗址已经在河南洛阳二里头考古中被发现。

这时期铜器物的大量出土，表明这一时期铜金属已被广泛使用，而这并非铜金属使用的初期，那么铜金属使用的初期可以上溯到7000多年以前，大约是人类新石器中后期。在这个时期不仅人类物质财富有了较大增长，人类精神财富也更为丰富。从氏族社会进入王权社会，等级观念成为社会的主流文化，因而社会等级标志化成为人类文化行为指令需求。

铜金属比石器有更好的可塑性，熔化后可铸造出更美观和更复杂的日用具，可生产更为坚硬和锋利的工具和兵器，很快就成为时代的宠儿。

考古学者们的考古研究表明，5000年以前生活在铜器时代的安纳托利亚人已建成了城市及军事城堡，拥有发达的农业和畜牧业。那时大城市和帝国的兴起总是和铜金属联系在一起，因而存在着大规模的铜金属生产及以后又发展到的铜合金生产，使人类从红铜时代发展到了青铜时代，青铜有更高的硬度和更好的韧性。

铜金属开始并不是用于制作工具，专家们考证认为，在铜器出现之前人类的工具原料一直是木材。因为那时人类社会已进入王朝时代，相互战争四起，铜器可能首先是被用于制成兵器，但之后更多的是用于制作礼器和祀器，其在社会文化层面上的价值得到了更大地体现，开中华文明之端，在我国历史上曾出现过一个青铜礼器时代。

铜金属不仅与当时的经济和社会进步密切联系在一起，而且也和当时社会权力相联系，成为王权的标志。在中国，中华文明初期的王朝不仅以铜器宣示富有，而且以铜铸九鼎诠释最高权力中心，于是就有了一言九鼎这个成语。王之下的各受封诸侯的铜器不仅数量要少于天子，体积也要小于天子，以铸鼎的大小、多少标识社会地位的高低、权力的大小。每当国家或家庭有大事发生时还要铸青铜器记之，青铜器的铭文成为现代人研究当时历史的重要载体。首都博物馆馆藏的青铜堇鼎内壁铭文就记载了燕侯命令一个叫“堇”的人出使宋国，即今天的洛阳，给太保进献食物，堇拿到赏钱后铸鼎纪念，这就是堇鼎的由来。

青铜器还被作为神权的标识用于人类的祭祀活动。我国长江下游地区多处出土的青铜大铙，一般有六七十公斤重，铸有饕餮纹，就是古人用于压服异族神灵的神器。大铙被埋于山顶，举行祭祀时挖出，置于圣坛之上。仪式完毕再埋于土内。这种祭祀活动也成了当时殷王朝宣示权由神授，维持统治权的一种方式。

在人类社会的青铜器时代，铜金属是制造生产工具和生活器皿的原料，同时用铜金属制作国家重器，像后来的金权、金冠、金印一样代表了王权，不同规格的青铜器也成了区分阶级的徽章。青铜器上的纹饰是重要的文化财富，包含着丰富的人类行为指令。铜金属曾被人类赋予了极强的文化属性，但岁月流逝，到今天青铜时代虽然仍是考古学者们孜孜不倦的探索领域，但这种历史的光辉已更多属于专业学者的神圣殿堂中的烛光，而对于广大民众来说也只是会引起强烈感觉的一缕夕阳，可是相比较黄金在经达数千年后仍然能引人兴奋不已。

铜金属文化性的陨落，我认为有两个原因：

一是铁金属的出现。在晚于人类发现和使用铜金属2000多年以后，人类又发现和使用了铁金属。铁金属的硬度大大高于铜金属，因而用铁金属制作工具可以有更高的效率，用铁金属制作兵器可以有更大的杀伤力。在这种情况下，铜金属从社会生产力的主体金属退居为次要金属，故对于人类生存发展的重要性降低了。

二是中央集权制的建立。以铜金属铸鼎，以铜鼎为权力和秩序标识是封建社会分封制的产物，这一制度造成了藩镇割据，各自为政，最后造成礼崩乐溃，社会大乱的局面。为此这一制度逐步消亡，而为中央集权制所取代，其制度标识也必然要变化，要升级，故更为贵重的代表大一统至高无上的金金属取代代表分封诸侯制的铜金属成为统治者的标识，这是时代的选择。铜金属作为社会权力等级标识的文化属性随之消失了，而青铜时代以后人类也没有再赋予铜金属新的文化指令内涵。

铜也曾经长期是货币材料。公元前221年秦始皇统一中国，当年下令统一全国货币，铸圆形方孔铜钱为统一货币。到汉代又铸铜“五珠钱”。铜钱流通近千年，于是就出现了用“一身铜臭”这个成语来形容商人对钱的孜孜追求和斤斤计较。但因铜的价值很低不便于大额交易，故不适应交易规模日益扩大的要求，所以从唐以后以贵金属白银做货币开始流行起来，但因白银供给短缺的原因，铜钱作为辅币一直使用到元以后，甚至到近代仍有少量的铜钱流通。可以说，铜钱的历史虽悠久，但在很早以前就已蜕变为辅助货币而被边缘化，所以在货币等于财富的文化指令形成过程中也被逐步边缘化了。因此，近代铜金属并未形成货币权势，当纸币成为流行货币后铜钱便消失得无影无踪了。

铜金属曾经是一种具有文化属性的金属，但是，岁月的流逝和变迁已使铜金属的文化属性荡然无存。因此可以说铜是一个曾经的贵族，而今天已回归于一种一般金属为人类所使用。当今铜金属仅是一种导体材料，以其优良的导电导热性能服务于人类。铜金属是金属文化性由强到弱的实证，没有文化性的金属只是人类使用的生产原料而无让人类折服的力量。因为再也不能产生使人类折服的行为指令，人类也就不会产生向铜金属膜拜的行为。

二、铁：力量的奉献者

青铜时代之后是黄金时代，而铁金属的出现更晚，早期是取自于天上的陨石。在公元前3000年赫梯人在炼铜时偶尔发现了作为副产品的铁金属。在公元前1400年左右人类了解了加碳淬火加工可以使铁成为最初的钢。之后又经过了一段铜铁混用期后，随着铁金属产量的增加和使用的扩大，大约在公元前800年左右，或更早一点时间内人类社会进入了铁器时代。铁金属的硬度和韧性都大大优于铜金属，因而铁金属在人类生产上得到了更广泛的使用，从而更大地提高了社会生产力。尤其是铁犁的出现使人类的农耕生产力达到了一个历史的新水平，这对以农为本的农业社会的意义非凡！铁器的出现不仅提高了人类的生产效率，提高了生产力，而且也极大地改变了人类的日常生活，考古学家们对欧洲铁器时代凯尔特人的生活做了这样的描述：

“当人们的木犁装上了铁头后，农民们不仅提高了翻地效率，而且还扩大了耕地面积，其中包括一些以前无法耕种的土地。同时，村落周围的树木没有了，地里的石头也沿着分界线摆放整齐，一个村庄的雏形就这样产生了。在公元前1世纪，当铁锤、凿子、钻头、钉子和锉的出现改进了木匠的建筑技术时，当菜刀、锅和烤叉使人们的饮食更为便利时，凯尔特人的工作、生活条件都得到了较大的提高和改善。”①

铁金属的使用使新的工具不断出现，被广泛地使用在人类社会的方方面面，这也使得专门的铁工具生产者大大增加，出现了专业的农具生产者、日用生活用品生产者、造船师、马车制造商以及兵器生产商，从而出现了人类社会的第二次大分工——农业与手工业的分工。农业和手工业的社会分工的出现极大地推动了当时社会生产力的发展，同时奠定了近代工业革命的基础。

钢铁从一开始便被用于制造工具和兵器，它既是人类社会的建设者，也是人类社会的破坏者。铁金属的出现把人类的创造力和破坏力都提高到了前所未有的历史高度。

首先，铁金属的出现为工业革命提供了大工业生产的物质基础。正是有了铁金属才能制造机械取代手工工具而使大批量生产方式得以实现，这一生产方式的转变产生了巨大的生产力，工业革命使人类19世纪这100年的生产力超过之前的数千年。工业革命的实现也极大地改变了人类的生活方式，自给自足的农耕经济被以交换为目的的商品经济所取代，在政治上推动了君主制的式微，民主的议会制得以发展，并最终成为全球主导性的国家体制。工业革命把铁金属对人类的贡献推上了一个历史的顶峰，从这一点讲，铁金属对人类的贡献是

① （美）戴尔·布朗：《凯尔特人：铁器时代的欧洲人》（任帅译），南宁：广西人民出版社2002年版。

其他金属无可比拟的。

工业革命是资本主义的产物，而工业革命的完成标志着资本主义的确立。资本主义萌芽发生在15世纪或更早一点，确立于19世纪，也是工业革命完成之时。资本主义是一种商品经济，而大批量生产是实现资本盈利最大化的手段和路径，故社会化大批量生产是资本主义生产方式的基本特征。当机械化生产取代手工生产成为一个必然趋势之后，18世纪出现了大量用于商品生产的各种机械，而其中动力机械是关键。瓦特发明的蒸汽机是1784年完成的。这些机械的制造需要多种金属，但铁金属是制造各种机械的主体材料，所以说是铁金属支撑起了人类工业革命的大厦，对于人类社会生产力的贡献巨大。

从16世纪中叶到18世纪末在工业革命发源地欧洲占统治地位的还是工厂手工业。工厂手工业是将不同种的手工业工人集中到一个工厂里，实行分工协作，多个工人共同生产同一种产品。19世纪初开始逐步进入了机器大工业时期，这时资本主义生产方式进入成熟阶段，各种机器取代了人工，从而也极大地提高了人类的劳动生产率，机器成为资本主义的标志。而高速运转且需极大推动力的机器，需要由大量的高度坚韧和耐高温高压的材料制造，金金属、铜金属受其自然属性的限制显然不能胜任，唯有铁金属能担当重任，所以铁金属成为最重要的生产资料，是推动大工业生产方式的最大功臣。但是铁金属对人类生产力的贡献不仅如此。

人类生产力的发展并没有停止脚步，各种铁合金的出现使铁金属在20世纪的使用达到了一个新阶段，铁金属成为人类探索宇宙和大海未知奥秘的工具；成为支撑摩天大楼的骨骼；成为制造高速列车的核心材料。与铁金属为伍已是人类生活的一部分，因而铁金属生产量成为一个国家经济与军事强弱的指标之一，是支撑工业现代化的最重要的物质基础。所以我们说，铁金属是支撑人类社会生产力的最重要的金属并不为过。

铁金属对人类生产力的进步贡献并没有转化为人类对其的崇拜，人类对铁金属的感情更多是疏远，甚至是视而不见的，原因何在？在我们了解了铁金属的使用对人类生产与生活的进步带来的正面意义的同时，我们还必须了解铁金属的使用给人类带来的负面影响。

“凯尔特铁匠技术进步的一个主要标志是，他们学会了如何制造铁轮箍，他们的铁轮箍造的比轮子小一些，因为他们知道根据热胀冷缩的原理，当轮箍被加热时会膨胀，这样木轮就可以套进去了，而等它冷却下来就会因缩小而牢牢地套住木轮。……木轮的改进使凯尔特人的轻型车更加结实，更加灵活，更具攻击性，也使他们的军队所向披靡，捷报频传。”

“炼铁术的应用使得武器的杀伤力更大，难怪大普利尼称这种金属为‘世界上最好，也是最恶劣的器械材料。’……凯尔特用这种方法铸造成的剑锋利无比，简直有些可怕。爱尔兰的传说曾对库丘林勇士手中的利剑做了如下评述：‘他的第一剑从敌人的额头劈到肚脐，第二剑拦腰将其劈成三块，当敌人倒地时，尸体还能保持完整的体态。’”

“如果说利剑的出现使凯尔特人更具攻击性的话，那么铁矛的出现则是人类的一大劫难，迪奥多罗斯·西库罗斯写道：‘这些铁矛比剑长，都有一个尖头，其中一些还有螺旋形的头，这样不仅可以刺伤敌人，而且还能将伤口撕裂。’”①

以上还是3000年前冷兵器时代，铁金属的狰狞已是恐怖，那么热兵器的发展对人类的破坏和杀伤力更扩大百倍，成为生产力的破坏者，成为强者、狂人挑起战争的帮凶。20世纪发生的两次世界大战就是铁金属消耗的比拼，生灵涂炭。铁金属不仅与进步相连，也与邪恶相连。元素表上的26位的铁元素的发现和利用引起了人类社会生产力的大飞跃，推动人类实现了第二次社会分工——农业与手工业的分离。铁元素更是近代大工业生产方式确立的最重要的物质基础，但列强也正是凭借坚船利炮打开了商品的世界市场，把资本主义体系推向全球，在这个过程中不乏邪恶和血腥；而蒸汽机、织布机等各种使用铁元素制

① （美）戴尔·布朗：《凯尔特人：铁器时代的欧洲人》（任帅译），南宁：广西人民出版社2002年版。

造的机器，创造了人类空前的工业文明，使人类生产力喷发了火山般的能量。但在它支撑起人类文明的高楼大厦的同时，它也铸造了兵船大炮，成为毁灭人类文明的利器，在人类的历史上留下了火与血的篇章。所以对于人类社会的建设和破坏，铁元素都留下了无与伦比的影响力。

铁金属对人类社会作用的两重性，影响了人类对铁金属的评价，不能完全与人类世界光明追求相一致的铁金属始终是人类利用的工具，为人类所使用，是人类的奴仆，而没有变为人类崇拜的图腾。另外在人类的货币等于财富的行为指令的形成过程中由于自然属性的制约，铁金属是被人类最早扬弃的金属，因而对于当代人来说早已没有了“铁是货币”的概念，但铁金属也曾作为货币材料，时间极为短暂。

在人类社会第一个千年的时候欧洲开始追逐“金钱”，而中国那时流行的是“铜钱”和“白银”，但五代十国时期后蜀发行的是铁钱，在北宋时的四川仍然使用。“铁钱”沉重不便流通，而且抗氧化和抗腐性能力差，不易储藏，这两大弊端表明铁金属不是最佳的货币材料，其退出货币流通是一个必然的结果，现在看来并不奇怪。

据《宋史》记载，那时一贯铁钱即达25斤8两，买一匹丝绸付铁钱即达130斤，支付的货币重量数倍于购买的货物，使用十分不便。形势所迫，数十家商人联合起来把铁钱集中一起储存，以此发行等值的交易凭证——交子，用交子做流通支付的工具，交子也就是世界最早发行的纸币。当今纸币已成流行，而铁钱的消失至今已达千年。

我国在春秋战国时就已进入了铁器时代。中华民族是人类较早使用铁金属的民族之一。在汉代中国铁的年产量达5000吨，居世界第一。那时西汉桓宽《盐铁论》中写道：“农，天下之大业也；铁器，民之大用也。”足见汉代铁器用之广泛。10世纪末中国的铁产量达到了12.5万吨，而且直到18世纪之前中国一直执世界之牛耳，但之后落伍了。到19世纪洋务运动一项重要的内容竟是向西方学习从零开始兴办冶铁业，这是历史的悲哀。

铁金属对人类物质财富生产贡献巨大，但并没有被人类赋予强大的文化力，铁金属对于人类是冷冰冰的，没有亲近感，所以当我们碰上一块铁金属时可踏上一脚，而没有任何珍惜，远远没有金金属那样让人感到神圣和激荡人心。铁金属是缺乏文化力的实证案例。

三、银：当代的失意者

银本是一个文化属性十分强烈的金属，在这一点上可以说与黄金是孪生兄弟。在自然品质上，金与银除颜色外有许多相似之处，比如金银都属于稀有金属，导热导电性都很好，质地都比较柔软。在近代金与银都是主要的制造货币的材料，金银双本位制是近代主要的货币制度。所以在古埃及传说中造物的大神左眼是太阳，右眼是月亮，而黄金和白银分别是太阳和月亮在人世间的现实标识物；拉丁美洲人认为黄金是太阳的光芒，白银是月亮的眼泪。但是，金和银的现状存在很大的差异性，银是当代文化的失意者。

银与金在特性上比较还是存在很大差异的，尤其是在稳定性和抗腐蚀性上银远远不如黄金，极易变黑而失去光泽，其显然不具有作为人类永恒文化标识的素质，因而在人类文化指令体系中处于下风。所以，在帝王等社会权贵的陪葬品中主要是玉和金而非银。银在人类社会中的文化属性发展呈弱势，所以在后来的发展中不是扩张而是萎缩。作为货币，白银曾存在悠久的历史，有2000多年，之后就陨落了。

在人类社会发展的第一个千年左右的时期，全球两大经济板块是欧洲和中国，那时欧洲大约是罗马帝国崩溃以后，而中国正是宋王朝时期。欧洲对黄金的使用减慢了下来，直接原因是当时黄金紧缺，欧洲货币开始大量使用白银，而用铜金属做辅币，只少量使用黄金。同期在中国的宋朝，商品经济已发展到相当高水平，货币需求旺盛，但不仅缺金，也缺银，所以只能用铜钱和铁钱，也用纸币，而到元朝又建立了最早的也是最完备的纸币制度。中国直到16世纪中期才建立了银本位制，并且这样的货币制度一直延续到20世纪初的清王朝时期。而欧洲则于19世纪选择了金本位制，扬弃了银本位制。这两种币制的不同选择反映了近代政治与经济格局的深刻变化，也决定了白银的命运。

为欧洲银本位建立贡献最大者是公元757年至796年在位的麦西亚王国的欧法国王，他是英格兰当时的强力君主。英格兰的金矿很少，但白银储量丰富，于是源源不断地铸造出许多银币。欧法国王发现和使用了三个著名的银币生产商和设计者——伊奥巴、巴芭和乌德。他们铸造的银币质量上乘，品质极佳，很快便流行于全欧洲，英国在金属制币领域开启了领导者之先河。到公元1000年英国已有70家造币厂，虽然在公元700年英格兰发行了金币，但只流通了70年左右便将高币值的铸币改为白银，而以铜币为辅币。即使欧法死后英格兰四分五裂，但欧法的便士银铸币仍处于英格兰货币体系的核心地位，直到13世纪仍是支付的主要手段。

银本位制在中国建立是在16世纪明朝时期。明朝开国皇帝朱元璋曾下令禁金银，并明令恢复铜本位制，但却没有足够铜金属制币，造成货币供应不足，不得不印发纸币——大明宝钞。而无节制地发行造成纸币严重贬值，纸币受到了日益广泛的抵制，在1552年初被下令废止，惨淡维持了不到200年。1435年明英宗即位下令“驰用钱之禁”，铜钱的使用得以恢复，第二年诏令全国“驰用银之禁”，标志白银禁令废止，到1525年嘉靖四年官俸也用白银发放，标志中国白银本位制的完全建立。

此时中国白银本位制的建立是当时国际贸易大格局变化的产物。有人说世界史是从15世纪开始的，这是因为在此之前世界各大洲极少联系，互不来往，都是各自孤立发展的。15世纪欧洲兴起航海探险活动，地理大发现打破了人类地域的藩篱，当然15世纪人类开展远航探险的不仅欧洲，还有1405年到1424年中国郑和的七下西洋的远航活动。和西方殖民者的疯狂杀戮掠夺不同，郑和远航是以宣扬大明朝的权威富足，耀强域外为目的。但两者殊途而归，都与要获得金银有关。

15 世纪的地理大发现促进了贸易的全球化，使 16 世纪成为全球经济发展的分水岭，中国与欧洲走上了不同的发展之路。中国的茶叶、丝绸、瓷器成为中国输入西方的大宗商品，而自给自足的中国对西方商品需求很少，因而西方出现了大量贸易逆差。此时西方殖民者在拉丁美洲发现了金银矿，全球金银产量大增，而据统计 16 世纪到 18 世纪全球 80% 的白银和 70% 的黄金产自拉丁美洲。在西方与中国存在巨大贸易逆差的情况下，有人估计这些白银的三分之一至三分之二最终流向了中国。白银的流入使中国有了实行银本位制的物质基础，而银本位制的实行又极大地促进了白银的需求而拉高了银价。在中国当时的金银比价是 1∶5.5 ～ 1∶7.0，而欧洲的西班牙是 1∶12.5 ～ 1∶14，也就是说中国白银价格是欧洲的两倍。这种金银价差的存在又诱发了白银走私，使白银成为输入中国的重要商品，这也就是 16 世纪中期明朝所谓倭寇活跃成害的原因。美国经济史学家汉密尔顿曾指出："与 1591 ～ 1600 年相比 1641 ～ 1650 年间美洲输入欧洲的黄金数量减少了 92%，白银减少了 61%，这一减少与中国对外贸易的扩大有关。"

16 世纪以后世界白银流向了中国，造成了欧洲白银的短缺，这对欧洲金本位制的改革产生了直接影响。首先进行金本位制改革的是英国，而具体的操作推动者是名声赫赫的大科学家，万有引力定律和三大运动定律的发现者，微积分、经典力学的创建者牛顿。1696 年 3 月，牛顿结束了他的大学学术生涯就任英国皇家铸币厂总监，1699 年 12 月就任铸币厂厂长，开始了长达 30 多年的金融家的工作历程。

牛顿就任造币厂时的情况是英国实行金银双本位制而因金币几尼不断升值，所以可以用进口金铸币兑银币，然后将银币熔化为银块出口到东方盈利。这种套利行为扰乱了货币供应，造成了币值的波动而不能长期持续下去，甚至是不能容忍的。针对这一情况牛顿在进行各国金银币比价对比之后建议金几尼价由22先令下降到21先令。英国政府接受了这一建议，于1717年12月22日英国财政部发布公告，禁止任何人按照不同于21先令的价格收购金几尼。在当时这一价格仍然偏高，套利活动虽减少但仍在进行，直到30年后才最终使金本位制得以确立，银币退出了货币流通领域。又经过了近百年时间在19世纪末主要的经济国家全部放弃银本位制而改为了金本位制。

因白银的大量持续流入，在我国明朝之后的清朝仍实行的是银本位制，直到20世纪初。欧洲在19世纪完成了工业革命，欧美成为全球经济的领头羊和世界政治经济规则的制定者，因而金本位也成为全球经济的主导性金融法则。而中国此时却陷入了百年贫弱，在世界经济格局中地位发生变化，也致使银本位制在全球经济格局中被边缘化，银本位制的生命在中国的延续并不能挽回其最终没落的命运。

银金属文化属性由强到弱，最后基本消失，有其自然属性的原因，也有人类社会经济与政治格局变化的原因，正是这种变化使银金属失去了凌驾于其他金属之上的社会权势。而金金属则在人类社会不断变动中保持了自己的社会权势，成为持久保持文化属性的金属，续写了数千年黄金文明。这是金金属与其他金属的根本区别。

关于金属的文化属性变化的分析告诉我们，金属的文化属性可以生成，也可以消亡。这一事实告诉我们，文化指令具有传承性，但并不是不变化的，这种传承性是通过不断创新和维护实现的，所以文化需要创建，也需要维护，而创新是最好的维护之道。

第四章

神秘：以信仰为基的黄金文化

农业革命的中后期，人类文化的创建已由天真判据进入到了理智判据时期，这一时期人类重要的文化成果是信仰，共同的信仰者聚集起来，便产生了宗教。宗教以神祇崇拜为核心因而神权成为人类社会共识性权力的中心。作为人类共识性权力中心标识的黄金首先实现了与神权的结缘而开始了黄金文化的创建。那么黄金第一个文化指令是什么？

一、人类神祇信仰的神秘与世俗

20 万年前人类逐步告别了茹毛饮血、赤体洞居的生活，开始有了住房甚至出现了小型村庄，拉开了人类历史的帷幕。虽然那时生活方式还是采集狩猎，基本上是以血缘为纽带的小型氏族家庭社会，故那时人类的社会形态也很简单，但比之前古猿人时代已有了很大的进步。此时人类的最大的进步是大脑的发达使人类有了更强的思维能力。人类对于自己的生存环境的变化不再茫然而是开始有了疑问。如对天空，为什么下雨？为什么打雷？对大地，天际线在何处？为什么有四季之变？对江河，为什么奔腾向前？为什么有枯竭泛滥？等等。发生在人类身边的变化让人类应接不暇，而且大自然的变化往往会成为灾难，让人类充满恐惧。那时人类的智力尚不能对大自然变化做出正确的判断，因而也不能有效地对自然灾难做出应对。但那时人类大脑的进步已开始使人类有了想象力，可以想象一个不存在的虚构世界，寄希望在那里能有一种超然的力量为人类启智解惑，并保佑人类的安全，于是想象力产生了神的理念。

神的理念诞生于人类文明的初期，但人类文明高度发达的今天仍然存在着，这是因为人类至今始终面临挑战而不断遭遇困惑，而想象力是人类走出困惑面对挑战的有力武器。人类文明进步需要想象，想象可以挖掘人类潜能，而神是人类想象中能够主宰一切的力量。神的理念可能是诞生于个体人类，但那时因天真判据行为指令使人类通过语言的交流传播逐渐变为群体性的信仰，于是，便产生了宗教，从而也产生了理智判据。

宗教的产生源于人类对于大自然的恐惧，但并不具有唯一性。人类除了对生存环境变化不解之外，更大的不解是对自身的不解，“我从哪里来，又到哪里去”，至今仍是一个众说纷纭的哲学问题。早在 2000 多年前就有了屈原的《天问》，而屈原的名篇《离骚》是以 4 个问句开篇的：

“我是谁？为何忧伤？为何孤独？为何流浪？”

宗教是对人类自我求索的回应，既有对神祇的膜拜，也有人类自我的救赎，所以即使人类社会进入了科学时代之后，对自然已由茫然变为了理性的探究，坦然应对代替了恐惧，但人生的基本哲学求索还在进行之中，所以宗教仍在，虽然其社会权势已大大弱化。

那么神在哪里呢？人类所能感知的首先是自己生存的环境，而人类所产生的困惑和恐惧也正是发生在自己生存的环境之中。所以人类开始把人类生存环境中存在的一切，如山、石、树、河流、山峰、动物等都视为神灵予以膜拜。伊本·法德兰在《伏尔加保加尔游记》中写道：“我来到突厥部落……看到一些人在崇拜蛇，一些人在崇拜鱼，还有一些人在崇拜鹤。”①

突厥民族兴起于公元 6 世纪，因而该游记是记录了 1400 多年前该民族的宗

① （英）彼得·弗兰科：《丝绸之路：一部全新的世界史》（邵旭东、孙芳译），杭州：浙江大学出版社 2016 年版。

教信仰情况，而实际人类对物的宗教信仰产生要比之古老得多，突厥人并非先行者。宗教圣典《圣经》编撰于近3000年前，即公元前8世纪，《圣经》中就有这样的记载：

摩西上西奈山聆听上帝谕旨归来，发现他的臣民们正在崇拜一只小金牛，不信奉上帝而信奉牛，这使摩西大发雷霆而大开杀戒，并愤而将从西奈山携回的十诫牌匾摔得粉碎。

对牛的崇拜今天在印度仍存。神祇从一开始都是具体而实在的，都是将具体事物赋予神性，所以宗教神祇起步于世俗。

宗教神祇起步于世俗是因为所有的宗教所要回答的核心问题都是我们现实的世界从哪里来？未来到何处去？这个核心问题的本身，就是世俗的。在4500年前居住在高加索大草原上的雅利安人，他们把暴雨、狂风、树木、江河都视为有人格、有意识的存在，他们认为是神灵经过7个步骤创造了世界。

首先，神用圆形贝壳状的巨石制成了天空，然后水在壳底聚拢形成地球，而后他在地球中心安置了三个生物：一个人、一头公牛、一株植物，最后创造了火。但这一切都是静止的，没有生命，直到神灵进行了三次献祭他们才产生了后代，世界才有了生命，暗喻只有奉献才有进步。第一个人诞生了有生命的人类，公牛诞生了动物，植物诞生了花卉、农作物、树木。因为是这三个原型生物的自我牺牲换来了生命的繁衍永续，所以地球上的每一种生物都是神圣的。

宗教对于信徒而言，需要有一个信奉的理由，而且这个理由是具有魅力的，只有这样才能有宗教的忠诚性，从而保持宗教的生命力。

对于现实世界中“物”的崇拜，是十分朴素的原始宗教，被称为“拜物教”。世俗化的“拜物教”的神祇就是存在人类身边的景物而缺少神秘感，但神秘感恰是宗教吸引和凝聚信徒的要素，是宗教生存发展不可或缺的。所以，人类信仰的神祇由世间上升到天空，诞生了“上苍之神”。另外“拜物教”产生于对大自然的敬畏，虽然敬畏大自然到今天仍然是人类生存的原则，但人类有别于其他生物而拥有创造自然的要求，因而也需要出现一种超越“拜物教”的更强大的神祇，这就是“上苍之神”诞生的又一个理由。所以，之后所有的神祇都是“上苍之神”，如果信奉的神祇是诞生在人世间就要让他的“灵魂”升天变为“上苍之神”。

人类创造的最初的“上苍之神”是一个无所不能的万物创造者，而大自然的存在是多样化的，变化是频繁的，所以人类的信仰也是多元的，因而唯一的一个“上苍之神”难以做出一一对应，于是在之后的岁月里不断地创造出新神祇形成了一个多神祇的信仰体系，每一个神祇分别承担不同的责任，故而人类的“上苍之神”信仰就由一个神祇变为了多个神祇。古埃及人是拥有多个“上苍之神”的信仰的一个代表，信仰的神祇在其古文献中有详细的记载，这一古文献就是 4800 年前的埃及《亡灵书》。

《亡灵书》是公元前 2800 年埃及抄录员为亡灵们所做经文的汇集，但这些赞歌、祷文、咒语可能在公元前 3700 年时就已使用，因而为我们记录下了 5000 多年前古埃及人的宗教信仰图谱。古埃及人认为“特姆”是制造之神，其在天堂时还没有天空、大地、山川、河流，是特姆神创造了这一切，因而特姆成为诸神的首领。这个地位之后被太阳神“拉”所取代，除太阳神“拉”以外，有名之神还有 30 多位，分别主管生命、死亡、土地、尼罗河、法律、经文、光明、审判等事项。古埃及人是一个“上苍主神”和多个“上苍副神”组合的多神祇信仰体系。

多神祇信仰体系不仅存在于古埃及，稍晚一点，南美洲 4500 多年前出现的玛雅文明也是一个多神祇信仰体系，甚至达到了登峰造极的程度。被形容为公共偶像（神祇）比玛雅人的房子还多。有人说玛雅人信奉的神祇有十万之众，甚至有人说有百万之巨。这是因为玛雅人的神祇信仰与其日常生活密切相关，神祇信仰出于生活的需要。如玛雅人的主要农作物是玉米，玉米是其主要的食物来源，所以在众神信仰中主要神祇是玉米神吁姆·卡虚，而且玉米神不仅守护玉米，还守护着各种农作物和森林中的各种植物。所以，玉米神是玛雅农夫的守护神，而具有崇高的地位。

无论是古埃及人，还是玛雅人，多神祇崇拜与初始的“拜物教”都有了一个很大的变化。在人类的多神祇崇拜中出现了主次之分，如古埃及人信奉的主神祇是太阳神，而玛雅人的主神祇是玉米神，也就是出现了诸神的领袖。多神祇崇拜反映了人类多元化信仰的需要，而神祇分主次则是人类共识性权力发展的要求。共识性权力作为一种人类社会中的现实存在的权力，表现出日益集中的趋势从而推动了社会阶级的形成，反映在人类的信仰中就是神祇也有了高低主次之分。这也是宗教为强化人世间帝王神圣权威地位的背书。

人类共识权力对人类宗教信仰的影响是，当代主要宗教都变为了“一神教”，即都有一个信奉的主神。但在确立主教的权威地位的同时也不否定多神祇的存在，如佛教释迦牟尼外，还有形形色色的菩萨、罗汉的存在；而基督教不断地“封圣”是其教义的一部分。

当代“一神教”和原始的“上苍之神”也有所不同，其教主不再是存在于人类想象之中的虚幻景象，而是一个曾客观存在于世的人，但又不是存在的一般人而是被神化了的人，从而其才有了神圣的地位。

释迦牟尼是公元前6世纪印度迦毗罗国的王子；耶稣是生于伯利恒的殉道者，诞生于公元1世纪；他们都是被神化了的人，而不是虚无缥缈从天而降的“上苍之神”，这一现象隐含着宗教发展的一个内在要求。

宗教的存在在于教义和教主的稳定性，而神祇是人类的想象，不是现实的存在，极易消失，“上苍之神”的出现虽增加了神祇的神秘感，但更增加了神祇的不稳定性。所以，初始的“上苍之神”极易被人类遗忘，因而增加神祇在现实世界的存在感成了宗教信仰的一项基本功。要使神祇成为现实社会中可现、可触的存在就是建立神祇的标识。标识形形色色多种多样，或是神祇的形象，或是神祇生活的殿堂，或是神祇的生活遗存，或是神祇的祭坛，或是记录神祇的典籍。当今世界三大宗教的主神由人变神也是增加现实神祇存在感的措施之一，我们将宗教信仰的这一特征称为神祇的世俗化。宗教世俗化为人类文明留下了丰富的历史遗产。世界东方四大奇迹：印度泰姬陵、中国长城、柬埔寨吴哥城、印度尼西亚的婆罗浮屠，除长城外皆为宗教标识，具有各自的宗教意义。宗教标识的建设极大地增加了宗教的生命力，即使教义已被扬弃，但许多宗教标识仍存，作为人类的文化遗产瑰宝昭告后人，宣示信仰的永恒。所以现代的主流宗教信仰没有重蹈历史的覆辙，而是实现了千年不衰，宗教标识的存在是一个重要原因。

在这里我们用了很大篇幅记述了人类宗教信仰的变化，因为这是黄金崇拜形成的源头。正是人类宗教标识的需求拉开了人类社会的大门，黄金才能得以登堂入室。也正是黄金与人类宗教信仰的结缘，而使之后黄金文化的塑造留下了深刻的宗教基因，黄金的神性源于人类的宗教信仰，但和宗教一样以神秘为基础的黄金文化也在不断地推进世俗化，在现实的世界中不断扎根取势，不但是宗教的标识，而且成为共识性权力的标识，在人类社会权力中心占有了一席之地，因而黄金文化指令即是神秘的，也是神圣的。

黄金与宗教的结缘始于宗教标识的创建，而宗教标识的创建不仅有一个由小到大、由简到繁的发展过程，也是一个使用材料由低级到高级的发展过程。

宗教标识的创建从宗教诞生的初期就已开始，已有数万年的历史，而黄金宗教标识的出现仅有数千年的历史。现发现的最早宗教标识是 1.2 万年以前在岩上雕刻的岩画。反映史前宗教信仰的岩画已有多处被发现。之后的宗教标识是用陶土烧制雕像，再发展到使用石（玉）制作祭祀器和陪葬品。人类进入金属时代后首先也是使用铜金属制作宗教标识，并开始用多种材料搭配建起了寺庙殿堂，而黄金最后才取代铜金属成为宗教标识的最高配置，这大约是在 6000 年前。而且从此以后黄金在宗教标识制作中的地位没有再被动摇。黄金是诠释教义的共同要素，是不同信仰者的共同认知，因此，黄金文化的创建始于宗教标识创建的需要，而且是宗教标识提升到高级阶段的产物。

宗教信仰是一种虚幻的想象，但是，凡是人类的困惑和恐惧之地便有宗教的生存、生长之机，无论是贫穷的社会还是富裕的社会都可以看到宗教。因宗教与终极真实虽有很大距离但它又是对现实的超越，然而这恰是人类心灵的基本特征。人类一直是在追求对现实的超越，从认识论的角度看，在这个过程中想象力总是走出现实困惑所需要的。

宗教标识的需要是黄金进入人类社会的理由，所以神秘是黄金第一个人类文化指令。而黄金是宗教标识高级阶段的需要决定了黄金进入人类社会的时间节点的后滞性，于是回答了我们对于人类社会来说为何黄金是姗姗来迟的。黄金稀贵的特性造成了其价值的高昂，而这又是其社会地位高端性的基础。然而人与黄金的关系的主导者是人类而非黄金，为黄金折腰、对黄金膜拜实际都是人类“化物为奴”的行为，是人类自身生存发展到高级阶段的需要。

二、太阳神崇拜与黄金神性化

“拜物教”的局限性使其很快退出了人类宗教信仰的主流，而成为人类信仰的支流，于是人类从对身边地面上的物体的想象转向了天空。远离大地的天空即可以有更大的想象空间，而且又充满了神秘感，天空上的什么最能引起人类的遐想呢？无疑是星辰，而在星辰中太阳又是重中之重，因为太阳对于人类是须臾不能分离的，没有太阳人类便不能在地球上生存，因而崇拜太阳是人类的一个必然选择。

人类为了生存首要的任务是要获得食物，以使人类生存所需的能量得到不断地补充。动物、植物是人类食物的基本来源，而太阳是万物生长之源，所以太阳不仅给人类以光明和温暖，而且是人类生存不可或缺的唯一，人类依赖太阳，崇拜太阳，奉太阳为神，是一个必然的选择。而且一万多年以前地球正在经历最后的冰河期，人类渴望温暖而对太阳有一种自发的追逐崇拜，于是出现了太阳神偶像信仰，进而成为一种宗教。

太阳神偶像最早是抽象化的图案，我国安徽凌家滩古遗址的考古挖掘表明，在 5500 年前这里是有墓葬区、祭坛区、作坊区、居住区的划分，是一个具有行使公共权力的部落中心。遗址面积达 160 万平方米，并且考古发现这个失落久远的中国灿烂文明与两河苏美尔文明存在文脉关系，因为在凌家滩遗址中发现了许多与苏美尔文明同源的文物，一些学者据此认为这是苏美尔人的海外开拓地。

凌家滩古遗址出土了一件玉权杖，与苏美尔乌鲁克时期的八芒星太阳轮权杖相似。八芒星是古苏美尔文明的一个重要符号，而相似的八角星纹在我国早期的红山和良渚文化中都有发现。在凌家滩古遗址中还出土了具有八芒星纹饰的玉八卦，八芒星纹饰中间的圆代表太阳，而向外延伸出的八个角表示射向东南西北四个方位的光芒，再进一步演变就诞生了原始的八卦图。八芒星做杖、做卦表明太阳崇拜在人类文明的初期便已产生，是人类最早形成的文化之一。

世界各民族的信仰多元，但太阳神崇拜具有普遍性，而且是许多民族的主要信仰体系，只是名字可能有所不同。非洲的古埃及人、迦太基人，美洲的玛雅人、印加人、兹特克人，亚洲的美索不达米亚人、古蜀人，欧洲的古希腊人、古罗马人都是黄金的崇拜者，并都信奉太阳神。而且太阳神崇拜还成为国家宗教，成为一个国家的共识性权力中心，成为人类世界观的诠释者，占据了人类文化的最高端。

埃及《亡灵书》中对太阳神的记述是：太阳神“拉”是制造神特姆的儿子，是特姆创造的第一个神祇。他每天乘两艘船从天空划过，早晨乘一艘船（曼特切特）出去，傍晚则乘另一艘船（舍姆科特特）归来。夜晚，在他到达西方的天空以后，他会变形进入图阿特（亡灵之所）为亡灵带去光明、空气和食物。翌日再变回原来的模样出现在天空。清晨太阳神离开图阿特时总会有一个叫阿普的怪物在蛇的帮助下干扰拉上升天空，于是拉用咒语将其制伏并使其俯首就擒。最后怪物被拉的随从碎尸，用火焚烧。在中国的太阳神的神话中也有类似故事。

《山海经》说十日是帝俊和羲和的儿子，它们是具有人和神双重特征、长有三足、会飞翔的太阳鸟。它们每天都在汤谷中洗浴并栖息在扶桑树上，每日轮流从东方的太阳神树扶桑飞向西极的太阳神树若木。也就是太阳每天早晨从扶桑树升起，化作金鸟或太阳神鸟在天空中飞翔，到了晚上落在若木神树上。古人就是用太阳鸟的神话诠释太阳升落的自然现象。2001 年成都苏坡乡金沙村出土了 1300 余件商周文物，其中就有一件是以远古十日神话写照的大型青铜神树。

青铜神树分为三层的树枝上共栖息着九只神鸟，表现的是“九日居下枝”情形，神树顶部出土时已断裂，应还有“一日居上枝”的神鸟。栖于树枝上的神鸟都长着鹰嘴与杜鹃的身子，这就是古人们对太阳形象的想象。十日神话流传很广，在后来的汉砖上可以看到许多轮金鸟图；长沙汉马王堆汉墓出土的帛画上亦有用图形彩绘的方式表现的一轮画有金鸟的太阳。关于太阳神的传说广泛而悠久。

美洲玛雅人的太阳神信仰与古埃及和古蜀国有所不同。这个 4000 多年前诞生，大约与我国夏朝同期的古文明认为，地球上分四个世界：第一个世界是矮人世界，他们只在黑暗中工作，太阳一出来便变成了石头，因而太阳是矮人的克星；第二个世界是入侵者的世界，但他们闯入人类社会以后被洪水淹没；第三个世界是玛雅人的世界，同样也被洪水淹没；第四个世界是现在的世界。玛雅人惧怕矮人，不能与之生活在同一个世界。矮人害怕太阳而玛雅人热爱太阳，因为所幸有太阳的帮助玛雅人才能躲避矮人，所以，玛雅人视太阳为救星。为此玛雅人建有多座用于祭祀太阳神的金字塔，其中科潘大金字塔台阶前就有巨大的太阳神雕像。玛雅人还留下了历史遗迹——死亡球场。玛雅科潘王朝遗留下来的传统是从本城邦勇士中挑选两支球队比赛，这是奉献给太阳神的比赛，获胜一方的队长才有资格把自己的身体贡献给太阳神。球赛只是一次祭祀活动，胜利一方队长被砍头后血喷射得越高表明他与太阳神越近，而与太阳神接近则能保佑国家风调雨顺。

公元13世纪印加文化在拉丁美洲得到繁荣，印加人特意在现在秘鲁南部3400米海拔的高原上建立了首都，起名为库斯科，含义是："离太阳最近的城市。"在印加传说中印加王朝是太阳神的儿子阿亚尔的四个兄弟和四个姐妹开创的，在库斯科建有一个宏伟的太阳神庙，占地400多平方米，用巨大而平坦的石板砌成，四壁用金片银钳，正面是太阳神像，周围环绕着用黄金制成的光芒和火焰。在太阳神神庙的西南部，有一座献给太阳神的黄金花园：园中的花草树木、飞禽走兽以及人物全部是用黄金和白银制成的，连撒满黄金的土地里的玉米也是用黄金制作的。太阳神广场的5个喷泉也是由黄金制作的水管引入的，泉水盖也是由黄金制成并雕刻有太阳神像。

人类的历史还有许多赞颂太阳神的诗作和歌曲，古埃及祭司们为太阳神写下了以下赞美诗，称太阳神是众神造物主，是众神中的神主：

啊！尊敬的太阳神拉，
你来到天堂，成为众神的造物主，
坐上神主之宝座。
你的驾临，照亮了纳特圣母，
圣母伸出热情之手欢迎你，
玛努和玛特也与你热情拥抱，
愿你带来繁荣、荣耀、真诚和神圣。

阿努对奥西里斯大神说道：
啊，所有赫斯的神灵，
他们称量天地之轻重，

把祭品赐予亡灵。
四方诸神的创造者塔特恩，
把生命、力量和健康赐予天堂之神。

感谢你，大神拉，
你使我们乘上了阿特之舟；
感谢你，大神拉，
宙斯和玛特为你指引了天堂之路。
他们扫清了你道路上的劲敌——
蛇魔被投入了火中。
它的前足被铁链锁住，
后足也被大神拉带走。
热乌阿特的后裔也无法翻身，
神灵们的住所一派喜庆景象，
欢歌笑语回荡于殿梁。

太阳神拉登上了宝座，
它的笑脸照亮了世界，
众神为之欢呼，为之沸腾。
拉踏上了行程，一直走到玛努，
你的降临让大地每天都充满光明，
你重新走到昨日的地方。

啊！太阳神拉，我愿得到你的保佑，
让我看看这美景，让我环游世界！

让我击败厄运之神，让我除掉蛇魔，
让我在安特之舟上捕捉阿伯努鱼神，
让我来牵引色克特之舟和玛特之舟的绳索，
让我看看太阳神，看看月亮神，
让我的灵魂自由地出游，
让我的英名与接受祭品的神灵刻在一处，
将奥西里斯的祭品也分些予我，
正如对待何露斯那般。

太阳之舟启航时，请留一个座位给我。
让我跟着奥西里斯去世界的神圣之境。

信仰产生宗教，宗教需要偶像，故太阳神作为一个重要的宗教信仰也需要实现偶像化，将冥冥想象中的太阳神人格化、现实化。因而在地球上人类建造了许多太阳神偶像。这些偶像都是要显示太阳神的力量、永恒、威猛。因此，古希腊太阳神偶像就是健壮无比的阿波罗，希腊修建了许多高大的阿波罗大理石塑像和富丽堂皇的阿波罗神庙。位于欧洲爱琴海旁的罗德岛公元前 490 年被波斯人入侵，但最后波斯人被打退，胜利之后罗德岛人决定铸造阿波罗巨像以镇海疆。人们将被遗弃的武器熔化用于建造塑像由雕刻家哈里塔斯设计监制的巨像高达 30 多米，由大理石支撑，外包裹青铜，头戴太阳光芒的冠冕，右手持火炬，左手持神鞭，于公元前 202 年建设完成，历时 12 年，被同时代哲学家安蒂培特称为“世界七大奇迹”之一。但是，只存在了 56 年，在公元前 227 年因地震而倒塌。古埃及人建造的著名的金字塔也是太阳神的象征，最初为平顶但最终金字塔由平顶变为三角形尖顶状，就是象征着射向天空的太阳光芒，现在埃及有金字塔遗存 97 座，而在全球各地（包括我国）还有许多金字塔古代遗存，反映了太阳神崇拜的普遍性。

太阳神信仰中的神祇表象是光亮、炽热、永恒，虽建造太阳神偶像材料有很多，但地球上哪一种物质最具有太阳的特质呢？欧洲文艺复兴时代文学巨匠达·芬奇一言中的："黄金是地球上唯一具有太阳光芒的物质。"正是黄金的这一特征使人类把地下的黄金与天上的太阳联系起来，黄金成为太阳在人类脑海中人间的现实物质表象。在梵语中黄金意为"闪光"，在意大利语中意为"黎明之光"，在日耳曼语中有"明亮"的意思，可见把黄金与太阳联系在一起认识黄金，世界各民族具有相似性。正是因为人世间最能表现太阳特质的物质莫过于黄金。它有与太阳一样的黄色光泽；它与太阳一样永恒，千年不朽；它与太阳一样珍贵稀有。黄金的这一切都十分容易与太阳联系在一起，而成为人们寄托对太阳崇拜敬畏感情的具体表象物。

1844年在法国西部的一个小村庄发现了一个公元前1500年至公元前1250年欧洲铜器时代中期的一件文物，这是一个18英尺的金制锥体。专家们考证后认为这就是古代太阳黄金象征体。而在我国成都金沙遗址出土了太阳神鸟的金箔饰，这件金饰外径12.5厘米，内径5.29厘米，重20克，圆形，整个图案由四只飞翔的金鸟组成，如同布局均衡的一幅剪纸图案，整个构图充满了动感，以黄金表现的金鸟翱翔宇宙动感激荡心扉，让人联想翩翩。图案表达的内涵较为丰富，第一层含意是它以旋转的火轮作为太阳四射的光芒，表现了以四只飞翔的金鸟为象征的太阳在宇宙中的运动；第二层是以四飞鸟寓意帝俊后裔役"使四鸟"表达"君权天授"之意；第三层是以12道旋转光芒和四飞鸟象征12个月，用四方四季，对宇宙进行诠释；四是中间内层漩涡形图案如同旋转的火球，象征太阳。这只太阳鸟黄金图案已被国家文物局确定为中国文化遗产的标志物和成都市的城市标志。

到此黄金成为太阳神标识也就水到渠成了。

在地球上制作太阳神偶像的物质不只是黄金，而有多种，但使用黄金具有普遍性，不仅在全球各地都有黄金太阳神偶像遗存发现，而且在所有太阳神祭祀场所的祭器中都有黄金要素存在。黄金进入人类社会源于人类宗教信仰的需求，直接的源头是太阳神崇拜，而太阳神崇拜在人类神祇崇拜中的中心主体地位使黄金与其他神祇也建立了关联性，因而黄金的偶像功能外溢成为所有神祇的偶像物，黄金的神秘性得到了进一步光大。

另外，太阳神是一个“上苍之神”，并是上苍之神体系中的主神，而之后一切宗教都是在一元上苍神的方向上发展的，因此太阳神信仰对不同的神祇信仰宗教都存在着内在的关联性。所以，即使当今教义完全不同的宗教的教堂、寺庙，经堂中都有黄金的存在。

《黄金简史》的作者彼得·伯恩斯坦对此写道：“所罗门与耶和华都不是第一个以黄金作为获取他人敬畏的手段的人，古埃及人可能为以后宗教生活确立了基调，并被犹太人所仿效。犹太人信奉一个上帝的神教，很容易与膜拜着2000多位神灵的古埃及人的众神教相比。埃及神教中的许多神灵，都或多或少与全能太阳神有关。大量黄金的使用，是为了使人们确信2000位众神无所不知，无所不能。然而，只信奉一个上帝，但有数千位元圣人需要膜拜的基督徒也面临着类似的问题。”

伯恩斯坦在这里将太阳神、多神教、一神教、黄金之间的关系做了分析，指出黄金从宗教标识进一步发展到权势标识，而宣扬权威、树立崇拜是宗教的共同追求，因而黄金成了不同宗教的共同选择。黄金与宗教的这种密切关系还可以在犹太人信仰圣典《圣经》中得到佐证。

在《圣经》中有400多处提到黄金，这可能与当时埃及盛产黄金有关，所以那时黄金可以在埃及社会中有较广泛的使用，黄金在那时已成为埃及上层家庭的财富储备，所以在历史叙事时往往会涉及黄金，但“上帝”对黄金的青睐有更深的内涵，摩西上西奈山聆听“上帝”谕旨，“上帝”不仅要求传播“十诫”，而且明确指示要建造教堂举行礼拜，为此，要在教堂内设置神龛，并详细提出神龛的设计细节："汝当覆以黄金，内外包以纯金，四周镶上金牙边。"甚至要求插花的花瓣也要用金箔制作，而且要求家具、器物、饰品也都要用黄金装饰。这表明，上帝已把黄金与其教义置于了同等重要的地位，但这并不是唯一的特例。

拜占庭皇帝查士丁尼（公元 526 ～ 565 年）于公元 532 年建成的圣・索菲亚教堂，动用万人，历时 12 年耗用黄金 12 吨。公元前 1470 年上台掌权的古埃及女法老哈特谢普苏特决定为底比斯的主神——阿蒙神（主生命和生殖之神）建一座纪念碑，为此要竖两根 100 英尺的黄金柱，在大臣的说服下才从简而由花岗岩石柱代替，但仍在柱尖以黄金装饰。现在的参观者仍感叹："难以想象我们的先人是如何建造如此庞大的金山的。"人类在宗教的发展历程中也不断创造黄金的传奇。

三、黄金与上苍之神相通

历史之舟行进到数千年之前，人类行为指令从天真判据时期进入到了理智判据时期，这标志人类心智的进步，但又尚未达到科学判据水平，所以并未摆脱愚昧，使人类对于生存环境的任何变化都充满好奇而又不得其解。因而必然会寄希望于想象而产生了神的理念，将解惑的希望寄予虚无缥缈的神祇。所以，崇拜神祇成了人类行为的选择，宗教成了人类重要的文明构成部分。

人类的困惑需要神祇解答，人类的行为也需要要获得神祇的谕旨，因而人类需和神祇沟通，于是出现了两个现实的问题：一是需要有可以听懂神祇谕旨的人类代表，于是诞生了人类社会中的巫师及祭司等专业从事法事的人。由于这些人拥有了与神祇沟通的特权，因此也就成了当时共识性权力的最大拥有者，居于社会权势的最高端。二是需要与神祇沟通的通道。上苍之神在高高的天堂之上，与生活在大地上的人类相距遥远，因而人类与神祇对话必须相互接近，要么让神祇走出天堂接近人类，要么人类上升到天堂接近神祇，因此人类与神祇都需要有一条相互联系的通道。既然神祇是虚幻的，那么人神互通的通道也是虚幻的。这条虚幻的人神沟通之路如何建立呢？

最初是人类将自己向神祇垂询的事宜用文字和图识表示出来刻在龟壳或动物的骨头上，然后用火烤，使这些龟壳或骨头炸裂出现裂纹，由部落的巫师依规做完法事后，对这些裂纹的形状布局做出诠释。这些诠释便是神祇的旨意，所以，人类是根据巫师或祭司们的诠释选择和决定自己的行为，这就是占卜。在我国古文化遗址中，如龙山文化遗址和齐家文化遗址就有许多古人占卜使用过的龟壳和兽骨出土。

神祇是人类的想象，并不存在，因而所谓占卜向神祇的请旨实际上是巫师的自言自语，或者可以视为是对人类行为进行的预测分析，而预测未来尚未发生的事，也不能是随心所欲，要有判断的标准和对规矩的掌握，但那时并不具有这样的条件。龟壳和兽骨的裂纹也没有一定的规律性，只能是巫师的自圆其说，并没真正的指导意义。我国 3600 多年前的商朝人相信他们的命运依赖于祖先的护佑，所以要“宾祭”自己的祖先，用占卜的方法向神灵汇报请示是否吉利，是否有好收成。之后，由卜官进行记录，现已发现的卜文有 15 万片之巨，但之后证明占卜的结果多是错误的，所以，之后停止了占卜而逐步转向了占星术。

占星术就是观天术，根据天空星辰变化进行预测，人类信仰中“天”的地位变得更为重要。神祇居于天堂俯视地下芸芸众生，充满神秘感，故“拜物教”逐步变为了对“上苍之神”的崇拜。占星师根据天上星宿变化来预测人类未来，决定人类的行为选择。而太阳是天上星辰运动的中心，因而太阳神崇拜在占星术中得到进一步强化，黄金在人类宗教信仰中的使用也进一步扩大。

茫茫宇宙，朗朗天穹虽然星移斗转隐喻待解，但都是客观的存在。占星术在满足人类宗教信仰需求的同时也促进了人类天文科学的进步，使人类迈开了从神学向科学转变的步伐。当时农耕是人类最重要的生产活动。祭司为了指导民众农耕活动必须了解天文变化，掌握天气，所以现在存在着数千年的古观象台遗址，天文学是人类最早发展起来的科学之一，许多古代宗教建筑也都有天文学的意义。神祇的信仰与天文学的探究日益混杂在了一起。

2000多年前，在今天墨西哥诞生了阿兹特克文明，崇尚太阳神——威齐洛波。他们建立了太阳历法，以365天为一年。在阿兹特克神话中，人类历史上曾先后出现过五个太阳纪年。他们建设了高64米，底南北222米、东西为225米的巨型太阳金字塔用于太阳神的祭祀，每年5月17日和7月29日太阳会直接从这个金字塔顶部经过。在太阳金字塔周围有366个羽蛇神的雕像，象征着周日的年份。这也是一个崇尚黄金的民族，黄金是太阳神的标识物，国王出行戴金冠，披金饰，乘黄金肩舆。

黄金成为太阳神的偶像标识，进而太阳神崇拜的外溢功能使黄金成为众多神祇的标识，同时黄金在人类与神祇沟通对话的法事活动中也有了新的用途，即制作金祭器和金法器，前者是用于祭祀陈设，后者是巫师手持的器具。

从成都三星堆金沙遗址挖掘看，那时的祭祀活动非常频繁，有日神祭、求雨祭，可能还有天地祭、社祭、山神祭、祖先祭、鬼神祭等，为此建立了专门的祭祀的庙宇和固定祭祀场所多处，甚至可以用“繁多”一词来概括。而这还不是登峰造极者，两河文明中的苏美尔人遗址中神庙遗迹就达3500多座，所以需有大量黄金用以制作祭祀器具。

使用黄金祭祀器具，一是为了表示信徒的虔诚而给神祇的奉献。所以我们从陕西法门寺地宫中出土的不仅有佛牙的金棺银椁，而且还有许多金锭、金饰、金币以及丝绸等。二是认为被赋予神性的黄金是人类与神祇实现对话沟通的通道，所以巫师、祭祀们在做法事时使用黄金器具做手执工具。

考古学家和盗墓者都在哥伦比亚史前文化的废墟中发现了无数珍宝，其中许多都是用黄金精心制作而成的器物，而这都与祭祀神灵存着某种联系。这些器物表明，印第安人有一种根深蒂固的观念，认为疾病和死亡都是由神灵决定的。为了与神灵世界取得联系，祭司手持黄金法器，并求助于致幻作用的物质，使人产生幻觉。这种恍恍惚惚的状态，就是祭司通过黄金通道走向神灵世界的最佳状态，用于调整致幻剂的器皿也都是用黄金制成的。哥伦比亚的昆巴亚地区出土的一件黄金挂架：上方的人物脸上显露出被催眠一样的表情，所描述的正是处于兴奋状态的祭司，下面有几片闪闪发光的金片，可以晃动发出叮当的声响。在举行祈祷仪式上，祭司认为通过把注意力集中在这种叮当作响的黄金饰物上，可以加强致幻剂的效果。他们还认为闪闪发光的黄金可以将其中所蕴含的能量传到观看者的体中。

人类以太阳神信仰为中心而形成的神祇信仰体系反映了人类生存对“天”的依赖和敬畏。“天”的面前人类是一个弱者，虽然人类力图摆脱这种被动，而不断地加强了自己“化物为奴”的能力，但总会受限而不能随心所欲，所以“天人合一”、“天人感应”是人类的唯一正确的选择。古人总结道：“与天地合其德，与日月合其明，与四时合其序，与鬼神合其吉。先天而天弗违，后天而奉天时。”（《周易》）人类与“天”的沟通对话对于人类至关重要。今天人类与天对话的深度与高度在科技的推动下达到了人类历史的顶峰。而在古代人类科技欠发达的情况下，人类与天的对话更多的是依靠信仰，在不断试错的过程中实现了从神学到科学。而在这个试错的过程中，被人类赋予神性的黄金就成了神的标识，而作为人类宗教信仰载体又成为尚在愚昧状况的人类与神祇沟通的工具。黄金对于神权的意义是多重的。

人类每一个个体的生命都是短暂的。而追求生命的永恒又是人类的终极目标，虽然这是一种虚幻的不能实现的目标，但人类仍为此做出了不倦的努力。而对于帝王们来说，生命的永恒还包括了一个权力永恒的诉求。从 4000 多年前埃及古王国第五王朝至公元前 3100 年美尼斯统一埃及建立中央集权制国家，经过了 800 多年。当时的情况是那时贵族和祭司形成了对法老的强大挑战，对于法老派出的收税员也可不予理睬，因此不断发生冲突甚至战争。法老经过多次平叛才恢复了权威，但也因此产生了一个质疑：法老获得的权威能够永久持有吗？于是祭司们迎合法老的需要开始大力推动和宣扬来世转生的理念。在对法老歌功颂德的同时，也保证他们的权威在法老死后仍然存在。这个理念在祭司们的鼓噪和宣扬下逐渐也被一般民众接受，成为普通众生的来世转生理念。这也不是古埃及人独有的思想理念，可能古埃及人只是来世转生理念的一个先行者而已。

人类生命的永恒首先表现是生命肉体的永恒，也就是长生不老。因此在中国道士炼丹制造不老神丹为帝王们所热衷，即使已经死亡，也要追求尸体不腐，于是古埃及兴起木乃伊制作之风，而在中国出现了帝王陵中的金缕玉衣。但是，长生不老只能是人类的希望，在现实的世界中是不存在的。人类每一个个体的生老病死都是常态。既然不能实现人类肉体的永恒，那么就要追求让灵魂从今世进入来世，不断地延续下去。灵魂的永恒是人类无力改变身体衰亡而对人类生命永恒的慰藉。

来世概念的产生使人类不仅有今生求生存的需要，而且有了来世生存的要求，但来世有天堂也有地狱，要上天堂而不要下地狱，就要在今生行善积德。故来生转世概念也成了宗教约束信徒行为的普遍性教规教义。然而为让人的灵魂从今生进入来世，入葬时要用玉堵住死者的口与肛门，以免死者的灵魂逃脱，同时还要为这个灵魂打通一条通往来世的道路。这条通往来世的道路就是由黄金铺就的，所以墓葬中会有许多黄金陪葬品。

产生“黄金是今世与来世相通之路”的理念，是因黄金被视为可以与神祇通话，是太阳神偶像的神秘物质。人类又将黄金与上天和来世产生了联想。所以黄金又被视为人类灵魂从人世走向来世，实现永恒的通道。而且只有社会顶层的权贵才能有这样的选择。

为了追求灵魂永恒，人类的第一个行动是为死者建造陵墓。中国帝王从上位之始便开始造陵。第二个行动，是为了让死者能够过与生前一样的生活而下葬大量的陪葬品。三是为了让死者灵魂走向来世而下葬神祇偶像，以期死者灵魂在神祇偶像的护体下平安永生。下葬的神祇偶像先是骨器、木器，再是玉器，最后才是黄金。用于陪葬的骨器、石器已有一万多年的历史，玉器有七八千年的历史，而黄金只有四五千年的历史。

用黄金作为人的灵魂走向永恒的通道最典型的事件是墓葬中金面具的出现，其代表是公元前 16 世纪的迈锡尼阿伽门农的黄金面具。这个面具距今已有 3600 多年的历史，而公元前 1361 ～ 1352 年在位的古埃及第五王朝法老图坦卡蒙的金面具更是超人一等。并且墓葬中金面具的出现是一个普遍性存在，考古挖掘在非洲、亚洲、美洲、欧洲的古代墓穴中都陆续发现了金面具。这些金面具都是放在死者面部上的，金面具的主要功能并不是为了留下死者的尊容，而是为了让死者的灵魂能够通过黄金顺利进入未来的世界。金面具的普遍存在，表明了把黄金视为人类灵魂与未来世界相通的观念在古代具有普遍性。实际上，古代墓葬用大量黄金的原因也在这里，所以古代黄金大部分是出土于墓葬。

通过黄金让死者灵魂走向永恒，这一理念的进一步发展是黄金陪葬品的增加，不再局限于金面具。1989 年在伊拉克底格里斯河旁发现一座古墓，发现者在讲述当时的情况时说："我举起灯来，金子的反光不断刺激着我的眼睛。墓内除尸骨外，大量的黄金珠宝在灯光下耀耀生辉。珠宝旁有大批细小的重瓣金玫瑰，是追悼者在盖棺前撒在尸体上的。"考古工作者从墓中发掘了重约 31 磅的 80 件黄金物品，这是古亚述帝国三个皇后的墓。四个月后又发现了估计是亚述西尔帕二世王后之墓，出土黄金制品 440 件，约 51 磅。要知古代世界黄金产量极低，黄金十分稀有的，但历代帝王仍竞相用如此大量的黄金入葬，对此仅用贪婪奢侈来解释是不够的。经考证帝王随葬黄金更深的内涵就是他们把黄金视为与神灵相通的特殊物质，只有通过黄金人的灵魂才能进入来世，求得生命的永恒，所以有大量的黄金陪伴帝王入葬。当然在这方面登峰造极者还当数古埃及第五王朝的图坦卡蒙法老。文物考古学家在 1922 年打开其墓后，看到了惊人的一幕：

“……第二天，第二道门打开了，当电线接通，灯光通明之后，满屋金光闪耀，三张镀金的卧榻，一张镀金宝座，两座大而黑的雕像，一些雪花石制的瓶和若干形状奇怪的动物投影，一条金蛇从一个神龛开启的门中向外窥视着，两尊国王的雕像哨兵似地面对面站着，他们穿着金制的裙和鞋，手里持着权杖和皇节，额上盘着眼镜蛇，保护国王。”

图坦卡蒙的陵寝长 5.18 米、宽 3.35 米、高 2.74 米，全部用黄金装饰，不仅有一个人类历史上空前绝后的金面具，还有一个重达 110 公斤的金棺。显然图坦卡蒙墓葬充满了宗教的气氛，以期图坦卡蒙能够获得永生，灵魂永恒。

人类的宗教需求是变化发展的，黄金在人类宗教中的作用内涵不断得到扩充：先从太阳神偶像扩展至众神祇偶像，受到不同宗教的共同崇拜；又再一次扩展到与神祇对话通道和灵魂永恒的实现路径。正如彼得·L. 伯恩斯坦在《黄金简史》中指出：“使用黄金来制作熠熠生辉的镶嵌物和装饰品，并作为宣传教会权威的一种手段，从意大利、西班牙，甚至到最为荒凉的西伯利亚大草原均屡见不鲜。”所以所有的宗教教义都不排斥黄金，所有教堂寺庙等宗教场所都使用黄金。

人类宗教信仰对黄金的崇拜创造了黄金文化第一个行为指令：神秘。这一文化指令的建立使黄金超越了其自然属性而成为一种特殊金属，并随着宗教在人类共识性权力中心的地位逐渐提升。宗教在信仰的崇拜中产生了权力敬畏力量，所以为宗教标识的黄金其神秘文化中又出现了权力化趋势，进而成为社会共识性权力的标识，并从此再也没有从这一社会地位上消失。

四、黄金神秘文化的权力化

黄金与人类宗教信仰结缘：或作为神祇偶像，或作为与神祇对话的通道，或作为灵魂进入来世之门，这些文化的赋予使黄金成为一种特殊金属而具有了神秘性。神秘性是黄金魅力的构成要素。但是由神秘性支撑的黄金魅力，因缺乏现实社会中的物质支撑力只能在一个狭小的人类精神世界中存在。但实际的情况是，黄金魅力在人类社会中广泛存在。这表明黄金文化又有扩展，这是宗教在人类共识性权力格局中地位持续上升的结果。黄金魅力不仅源于神秘，而且源于权势，黄金成为人类社会共识性权力的标识，其意义重大，我们称之为黄金神秘文化的权力化。

在农业革命以前，人类社会基本上是一个以血缘为纽带的氏族社会，社会组织的主要形式是家庭或多个家庭组成的部落。那时聚集人群规模不大，而且与外部联系很少，故人际关系简单。所以，没有很大的共识性权力需求。再加上当时社会剩余财富很少，相对人际间的纠纷不多，因而人类对于社会共识性权力的需求和愿望都不高。但是，随着聚集规模的扩大人际关系日益复杂，于是产生了日益增加的社会共识性权力需求，这是人类社会化发展的产物，因为要保持一个人类社会的和谐发展就必须要处理好一个社会内部及外部的人际关系，以形成统一的认识和行动。

社会共识性权力是多数人向少数人的权力让渡，这种让渡过程的发生：一是出于自愿，二是出于被迫。然而神祇崇拜的本身就是信徒个人权力的让渡而对心中偶像的折腰。所以从某种意义上讲，宗教作为一种社会共识性权力，它既有基于信仰的个人自愿权力让渡，也有基于神权的威慑而被迫做出的个人权力让渡。这种信徒个人权力的让渡使宗教成为一个命运共同体，变为可能。因此，宗教也可以成为社会共识性权力。历史上神权填补了人类社会需求的空白，成为新的社会共识性权力中心。在当代神权作为社会共识权力中心的地位已陨落，但宗教调整平衡社会人际关系的功能仍存。

宗教的存在是基于信仰的同一性，而同一的信仰可以产生统一的行为。宗教信徒对于信仰的认同即意味着信徒愿舍弃个人的意愿而认可服从于宗教教义的权威，特别是某种宗教成为国家宗教之后，这个宗教便成了一个国家全体民众的共同信仰而成为国民行为的准则和是非的标准。这个宗教的领袖便成了这个国家共识性权力的最大拥有者，占据了这个社会阶级分层的最高端。存在于人类想象世界中的信仰成为人类现实社会中的强力存在反映了神权成为人类社会继氏族权之后第二个社会共识性权力中心。主管宗教事务的祭司、教主们便成为人类社会共识权力的拥有者，充当起人类社会的管理者角色，也成为社会财富的最大拥有者。神权的标识物黄金的文化内涵也因此突破了神秘指令诞生了权势指令。

人类文明多元，各有特色，各有千秋，但其发展的进程中都存在过一个神权主导的历史时期。

幼发拉底河和底格里斯河流域诞生了人类最早的文明社会，被称为美索不达米亚文明。拉开美索不达米亚文明序幕的是7000多年前就来到这里的欧贝德人。但500多年后的公元前4500年苏美尔人在此定居。欧贝德人已拥有较发达的制陶和冶铜技术，已进入了农耕时代，但很快被拥有更高文明的苏美尔人所融合。苏美尔人迅速地成为美索不达米亚的统治者，也在此创造了人类历史上若干个“第一”。这个人类文明的黄金期存在了2000多年，直到公元前2006年闪族的埃兰人消灭了苏美尔人的乌尔第三王朝后，苏美尔人才逐渐消失在人类历史舞台的大幕之后。

苏美尔人在6000多年前建立了人类历史上的第一个神权主导的国家。这是一个城邦制的国家，神权是最高的社会共识性权力。虽然已经出现了国王，但仍是低于神权的存在。祭司拥有最高权力，有最多的社会财富。

苏美尔文明早期的第一主神是安神，也就是“天空之神”。但1000多年后，风神恩利尔也成为主神，居第三位的是生育女神胡尔萨格。苏美尔人崇拜的神祇数目达万种以上。除以上主神外，每一个城邦都有自己的保护神，每一个家庭也都有自己的神祇，如门神、灶神、家神等。苏美尔人广泛的神祇信仰，造就了祭司的社会权力基础。苏美尔人还创造了人类历史上第一药典，出现了医生，并把医生称为“阿苏”，“阿苏”治死扶伤，而苏美尔人认为祭司中的巫师拥有的力量比“阿苏”还要大。

由于宗教具有强大的共识性权力，所以，宗教可以成为一个民族、一个国家的强大凝聚力，并拥有社会公共秩序的维护管理能力。

在工业革命，即300年以前，虽然王权逐渐在人类共识性权力中心中占了下风，但神权在数千年的历史中一直是人类社会政治的重要力量，并对人类经济活动产生了重大影响，甚至是规范信徒日常生活行为的推手。

神权对人类世俗社会政治、经济及人类生活、意识的广泛介入，使神秘而遥远的宗教在人类现实的世俗世界里获得了显赫的社会权势。与神权结缘成为神祇标识的黄金也因此进入了人类社会共识性权力中心，故神秘的文化指令并没有使黄金远离世俗世界，而成为被人遗忘的过眼烟云。这是因黄金神秘文化的权力化使黄金在世俗社会中具有了现实的物质力，这现实的物质力使黄金成为一种人类的财富。黄金财富文化指令的形成影响至今而成为黄金文化中最有价值的部分。这一文化指令使黄金在世俗社会中有了更大的有用性。同时，也进一步强化了黄金对神权的影响力，使黄金在三个层面与宗教信仰发生了联系：

一是作为神祇的偶像的标识和宗教的标志；

二是作为与神祇沟通的通道或工具；

三是作为信徒向神祇表示虔诚的贡奉。

黄金与宗教在第一、第二两个层面上的联系是基于黄金神秘文化指令的建立，而第三个层面上的联系是基于黄金财富文化指令的建立。

美洲印第安族的国王的加冕礼都要在黄金湖畔举行，王位继承人全身都要涂上金粉，然后在湖中游泳洗去金粉，金粉沉于湖内，然后臣民们纷纷献上自己的黄金及宝石堆在新帝的身旁，新帝将黄金全部丢进湖中，作为对上天神祇的奉献，以求神祇对自己王朝的护佑。因这种仪式多次举行，湖里储集了大量黄金而引起了后人的觊觎。从16世纪以来，打捞黄金湖财宝的探险活动始终没有停止。

为神祇奉献黄金不仅是社会上层帝王们的行为，更是一般信徒的选择。锡克教徒生活清贫，缺衣少食，但他们艰苦修行，为表示对神祇的虔诚而向神祇大量奉献黄金，将他们的最神圣的哈里神庙装饰成了黄金之庙，总共用金达300吨。当代世界各地富有的锡克教徒又捐赠大量黄金，以保护这座历史悠久的神庙使其在未来的500年仍能熠熠生辉，将会又有200吨黄金添加进来。信徒们就在缀满珠宝的天棚之下诵读锡克教徒圣典日夜不息，来自全球各地的信徒川流不息。

奉献黄金以示虔诚的不仅是锡克教徒。印度教徒同样如此，每年十月灯节是印度的一个重要节日，灯节是纪念和祭祀财富女神拉克斯米的，传说她会在灯节时闲游于乡间，要想把她留下来就要打扫干净房间，用熏香清新空气，在祭坛上供奉女神像，在女神像周围供奉鲜花、糖果、纸币。在灯节当天晚上人们要在牛奶中投放金币，牛奶是献给众神祇的食物，而金币则是献给众神祇的贡品。

以信仰为基的神祇崇拜而产生了黄金神秘文化，而使黄金在人类宗教发展史上留下灿烂的篇章。但是，黄金并没有在宗教信仰中止步。这仅是一个起点，黄金文化的创新使黄金在更广泛的领域闪烁出光辉。

第五章

财富：以权势为基的黄金文化

如果神秘文化指令是黄金文化的第一块基石，那么财富文化指令则是黄金文化的第二块基石。在某种意义上讲，黄金财富文化指令的产生是黄金神秘文化权力化的结果，从而使黄金文化摆脱了虚幻而在世俗社会现实的土壤中扎下了根，并在世俗社会的土壤上绽放了绚丽的人类文明之花，成为人类文明史中的重要篇章。权势给黄金财富带来了支撑力。

黄金因与神权的结缘而进入了人类社会，并成为人类社会共识性权力中心的标识，成为一种具有社会权势的金属。而之后神权的式微、王权的兴起也没有对黄金的特殊地位造成威胁，原因是王权对神权具有包容性，最终形成了神权、王权合二为一的社会共识性权力中心。黄金被王权接收又成了王权的标识。其社会权势不仅没有消失反而随王权的强化而增强。

王权对神权而言是一个后来者，在形成的初期是一个弱者，居于神权之下，但后来发生逆转，王权成为主导者，并且将由下而上的授权变为了由上而下的强权，全面提升了社会共识性权力的社会影响的广度和力度。而有了王权这个强权背书，黄金财富的威望也达到了空前的高度，赢得了更大的尊崇，因而黄金财富在人类社会中有了更广泛的使用。

一、王权的兴起与神权的让渡

神权存在的基础是信仰，共同的信仰是人类产生共同行为之源。所以，神权成为一种人类社会共识性权力，并一度成为人类社会共识性权力中心，但这一地位被王权所超越。

（一）新兴王权的兴起

神祇产生于人类的想象因而是一种虚幻的存在。但是，宗教世俗化的推进使宗教成为可以协调人类社会人际关系的社会共识性权力，但这种社会共识性权力的基础是信仰。而信仰具有内敛性，是以每一个人自我约束形成一致的集体行动。因此神权作为社会共识性权力中心，在协调平衡社会人际关系时存在以下两个弊端：

一是内敛型的自我约束在面对一个激烈而紧迫的社会冲突时所具有的阻赫力严重不足。

二是一致的信仰是神权发挥社会共识性权力的前提。神权在协调不同信仰的人群间的人际关系冲突时会失灵，不仅不能解决发生的冲突，反而可能是加剧冲突的因素。

随着人类聚集规模的扩大，在形成村镇的基础上又出现了城市，不同民族、不同信仰、不同阶级人群的聚集，使人际关系日益复杂而出现了国家这个人类社会组织形式，并延续至今。国家这个强权的建立是为了增强社会共识性权力协调人际关系的能力以实现人群的安宁，保证生产生活秩序的正常。但是，国家这个强权又制造了更大的人际关系危机，产生了新的纷争，这就是国家间的纷争。国家之间的纷争将人际关系危机的规模和深度都推上一个新阶段，因而需要有更强大的社会共识性权力，要求这个社会共识性权力具有对世俗社会资源有全面调控力以应对全局性的社会危机。但是，神权却表现出了其严重的局限性而难以满足这种扩权的要求，神权作为社会共识权力中心的角色受到挑战。

人类的信仰是多元的，每个国家的主导性信仰都不同，信仰不同也会成为国家纷争之源和民族纷争之源。如 11 世纪末到 13 世纪末的 200 年间先后发生了 9 次十字军东征，就是罗马教对伊斯兰教的讨伐之战。而当今世界动乱之地发生的一次次动乱与战争，时时都可以看到教派之争的幽灵在游荡。信仰的差异导致了人类纷争甚至暴力丛生，因而人类社会的稳定需要社会共识性权力实现对神权的超越，这就是王权的出现并最终取代神权成为人类社会共识性权力中心的时代背景。

人类社会权势中心最早在以血统为纽带的氏族社会中是集中于辈分最高的族长手中，他们拥有公共事物的最大话语权。而神权超越了氏族宗亲权成为维系有共同信仰的多个氏族社会的纽带，用信仰统一不同氏族的行为，公共事物的话语权也就集中到神权代表巫师、祭司、教主、占卜师的手里。出现了不同血缘、不同信仰人群混合的国家以后，就需要一种超越血缘、超越信仰的公共事物管理者，这就有了国王并产生了王权。但是，王权出现的初期并不是主导性的社会共识性权力，王权取代神权经历了一个渐进的发展过程。王权的出现可上溯到 7000 年以前，而国王拥有绝对的社会共性权力那已经是 1000 多年以后的事了。这个过程还是比较长的。

两河文明的苏美尔人建立了人类第一个城市，这就是埃利都城，拥有 4000 多名长住居民，建有大量公共设施如城墙、庙宇、共公道路及排水设施等，距今已有 6000 多年的历史。在城市发展的基础上，公元前 3600 年左右这里出现人类第一个国家——乌尔王朝，产生了国王。乌尔王朝是一个城邦制国家，是多个城市的联合体，所以国王是推举产生的，因而国王并不拥有绝对的权力，国家是分权治理结构。这一点与欧洲第一个千年以前及中国秦王朝建立以前的情况有些相似。

最初的国王是由苏美尔氏族的领袖转变而来的，他的亲近者成为贵族，其中一部分成为掌握神权的祭司。国王和贵族是统治阶级，占有大量土地，而部落平民变为农民，农民向国王和贵族租用土地，剩余农产品要上交国家和贵族。国家的治理结构是三权分立，即国王、祭司和议会。

国王是国家名义上的最高领导人和主持国家政务的君主、战争中的最高领袖，但无权决定是否开战，这个权力属于议会。祭司是神权的代表，替天行道，握有的权力有时甚至大于国王，议会对祭司的约束力也大大小于国王，但有时也是可以与国王抗衡的力量。议会拥有政策和战争的批准权，国王的任何政策的推行都必须得到议会的批准，否则无法理依据。如果议会不同意，战争也无法进行。也就是说，国王无宣战权，虽然国王是国家的元首，但在祭司和议会的约束之下是处于弱势的一方，神权的代表祭司仍是最大的权力拥有者。这种社会权力结构也表现在社会财富的占有和分配上。

苏美尔王国土地分为三种，神庙土地、公社土地和私人土地，国王和平民的土地属于私人土地而要交税，神庙土地则有免税特权。国王征战获得的战俘和战利品都必须先贡献给神庙，由神庙的祭司们先挑选。他们还有知识垄断权，只有神庙才能开办学校，由祭司担任校董和教师。因而祭司积累了巨大的财富和与国王相匹敌的权力。甚至祭司还有“初夜权”，某个祭司看中了某个女子就可以神的名义和这个女子发生关系！而国王没有这个权力。

（二）权力同源的王权与神权的博弈

任何大的变革都会引起社会的震动，王权的出现是社会共识性权力升级的需求，但对神权是一个现实的挑战。神权为了维护自己的利益必然要对王权进行打压和排斥，因而两者的博弈、纷争、冲击必然发生。王权作为一个新兴权力要在与神权博弈中占据主动，首先就需解决一个法源问题，即国王的权力从何而来？神权源于神祇，因而可以接受和传达神谕的祭司也就是神权的代表而在社会中占据了崇高地位享有特权。于是针锋相对的，就有了“君权神授”之说，这是帝王神化自己的包装，也使王权在法源问题上，在与神权争夺正统上取得了主动。另一个重要影响是，因法源同流而使神权和王权成为一个合而不同的利益共同体。

在这次人类社会权力中心转移的过程中，基于双方利益的得失，王权的代表国王与神权的代表巫师发生正面碰撞虽十分激烈，但是，这也是一个磨合过程。王权与神权在碰撞的博弈中有了更多的相互融合，博弈的结果虽然王权最终成为最高社会权力，实现了权力中心的转移，但神权并未消失而是和王权结盟，成为王权的补充或合伙人。

王权是一个新兴的社会共识性权力，之所以可以和神权共处一个利益体内不仅因权力同源，而且也与王权的自身发展也需借助神权有关。从社会共识性权力发展看，社会共识性权力诞生源于人类的社会性需求，而社会共识性权力中心，即代表和执行者的产生起初是推举而来，由民众公认的权威担任，从而体现了社会共识性权力是由下而上授权的。这包括了之前族长、酋长、教长及国王的产生，但王权最终废除了推举制而变为了世袭制。因而王权权力的来源的正当性便成了问题，于是王权借助神权解决了这个难题，提出了“君权神授”之说。

“君权神授”是说君主、国王的权力是神给的，这样不仅回答了王权的来源问题，而且也为权力由授权变世袭提供了依据。更为重要的是，将神权与王权的关系变为了法源同一的利益共同体，并取得竞争的先机，变被动为主动，实际最终发展是王权在很大程度上把神权变为了王权的一部分，因为对王权的神化是巩固王权的普遍性套路。为什么王可以获得神的授权呢？于是又有了“天子”之说，即说王是神的儿子，如果说巫师、祭司是因可以与神祇沟通而成为神祇的代表，那国王、君主则与神祇有着直系血缘关系，从而使国王、君主比巫师、祭司与神祇有了更为密切的关系。这就使王权在与神权的竞争中占有了优势。不仅天子成为我国历代国王的别称，在世界各国也莫不如此，“王”即使不是“子”也是“兄长”“家人”。王权上位离不开神权，也需要神权。所以，王权成为人类社会权力中心，而神权并没有消失只是式微成为一种辅助性的社会共识性权力，并成为巩固王权的工具。

“君权神授”是对存在于人世间王的神化，王权披上了神权的外衣，不仅增加了正统性并拥有了权力的法源基础，而且可以借助神权增加威慑力。因此包容神权是巩固王权之道，只有神权威胁到王权生存时，王权才会施以重手，予以打击。所以王权与神权并存并相互影响是我们在人类文明史上看到的普遍性现象。总的来说，王权取代神权成为最高社会权势是人类生活方式变化、公共事务管理权日益提升的结果，不是王权对神权排斥、强力讨伐的结果。在更多的时间里王权与神权是一对利益共同体，共同维持社会的稳定。

古埃及的历史就为我们留下了一个王权与神权斗而不破，不断博弈的案例。

古埃及是仅次于苏美尔人创建人类文明的先驱。古埃及的文明受到了苏美尔文明的影响，但也有很大差异性，苏美尔文明是从城邦制国家建立起步的，国王是推举产生的，因而国王并不拥有绝对权力，长期是祭司、议会、国王三权分立。而古埃及国王从一开始便是一种强权，王权包容神权合二为一，神权是王权实施统治的工具，虽然王权与神权也有碰撞斗争。

在公元前 5000 年左右美索不达米亚地区的铜器就传入了埃及，使古埃及人从石器时代进入青铜时代，再加上尼罗河的滋润出现了发达的畜牧业和农业，因而经过了 1000 多年的发展，诞生了古埃及文明。大约在公元前 4000 年埃及由部落变成王国，并于公元前 3100 年实现统一，到公元前 332 年被马其顿国王亚历山大征服，这一古代文明前后存在了 2700 多年。埃及是人类最早的文明创造者之一，它为人类留下的文化遗产至今仍让人叹为观止。

古埃及王权并没有像苏美尔王朝一样经历了上千年的磨合期，而从一开始就是一个王权神权合一的奴隶制国家，法老王拥有最高的社会权力。第四王朝法老胡夫为了加强王权统治，甚至要求祭司们神化王权，从此之后法老成为神的使者，且不是一个神的使者，而是诸神的使者，以确立法老的最高统帅地位，因为古埃及是多神崇拜的国家，崇拜的神祇有 100 多个，甚至上千个。王权对神权的接收是全面的。

古埃及法老是国家权利的代表，而祭司阶级也是一个重要的存在，因而王权与神权关于社会权力主导权的博弈时有发生。一方面是神权对王权的渗透，从而使祭司阶级可以获最大利益。另一方面是为了维护王权而发生的法老对神权的挤压排斥。在古埃及史中王权与神权的博弈一直是重要的篇章，两者博弈的结果甚至决定了古埃及的历史走向和王朝兴亡。

古埃及是多神崇拜者，但太阳神占有重要地位，是诸神中的主神，名字为“拉”。古埃及第四王朝二世法老胡夫为了树立法老的权威和永生而大兴土木，建筑金字塔。而建筑金字塔需有神的旨意，故需要祭司的支持配合。因法老有求于祭司而使祭司权力膨胀，到第五王朝时祭司将太阳神拉立为主神，每一个法老的名字前都要加一个“拉”字，因而法老不再是神的绝对化身，而只是太阳神的儿子，虽然法老仍然是神，但只是一个神，王权被限制了，要与诸神的代表祭司分享权力。神权开始参与政治，甚至取而代之，如第十二王朝的开国之君阿蒙内姆哈特就是十一王朝的最后一任宰相。在此后的一千多年的时间里古埃及不断地上演着法老与祭司斗而不破的剧目，参与的演员不断变换，而剧目的主题始终如一。

第十八王朝的第三位法老，著名的图特摩斯一世，出征北方前来到底比斯城东北的卡纳克兴建阿蒙神庙，并向祭司们保证“阿蒙神庙永享繁荣”，以此向祭司示好。在祭司和贵族的支持下，图特摩斯一世征战时后方十分稳定，但阿蒙神庙的祭司们的特权也膨胀起来，因此面对威胁的十八王朝第七位法老阿蒙霍特普四世埃赫那顿排除阻力而推进了宗教改革，其根本目的就是要压缩和挤压膨胀的祭司权力。

为了表示改革的决心埃赫那顿决定放弃首都底比斯，在迁都之前封掉了所有阿蒙神庙，没收了其全部庙产。他发誓埃及只有一个神，那就是阿顿神，他掌管着太阳、空气和人间万物，法老就是阿顿神的代表。接着他带着大批人员前往新首都，新首都位于埃及中部，取名为“阿顿普照之地”，他把自己的名字由阿蒙霍特普四世改为埃赫那顿。在新首都建设了阿顿神庙后，埃赫那顿不问朝政，每天只带着妻子儿女参拜阿顿神。埃赫那顿的宗教改革及施政极大地伤害了古埃及的国力，失去了对殖民地的控制，激化了国内矛盾。埃赫那顿两次遭暗杀，反对声四起，最终郁郁而终。他的后继法老图坦卡蒙继位后又重新恢复了阿蒙神庙的特权，埃赫那顿的宗教改革以失败而告终。这仅是古埃及两千多年中王权与神权博弈中的片段。当到第二十王朝拉西美斯三世时，祭司们占有了全国十分之一的土地和五分之一的羊群，是当时国家财富最大占有者，但最终是与这个国家一起走向了灭亡。

（三）中华文明对神权的包容

中华文明的出现晚于古埃及文明和两河文明，但仍是人类最古老的文明之一，以夏王朝的建立算起已有4000多年，若上溯到远古传说时期已有5000年的历史。可能是中国人有太多的人文思考，早在3000多年前诸子百家学说便把中国人的精神领域充实得满满的而没有给宗教留下太多的空间：一部《周易》把大千世界洞若观火；一部5000字的《道德经》将人生哲学表达得淋漓尽致。一个人即使终其一生也难解透某一个诸子深邃之思想。可能正是因为如此，中华大地上并没有为神权提供更丰厚的滋生土壤，在中华大地上并没有诞生一个占主流地位的本土宗教，而今天存在的主流性宗教追其渊源皆为舶来品。

中华文脉延续数千年的历程中，中国人追求正统而疏离信仰偶像，历代君主帝王都自称“天子”，以“君权神授”为法源，但更强调血脉正统，因嫡庶之争而大动干戈、兵戎相见的事例比比皆是。因此，中华文明建立了最为稳固的王权制度。从公元前221年秦王朝建立，中央集权制的国家体制一直持续至今，并没有因政权的更替而发生制度的变化，为世界所罕见。所以在中国，神权始终没有成为社会权力的中心，而是王权的补充和助手，从属于王权。王权包容神权是中华文明王权取代神权的历史特征。

中国王权强大到不仅可以向宗教开放，包容宗教，而且包容得又是那样大胆，那样执着。典型的案例是诞生在印度的佛教在中国的传授发展：

据传说汉明帝曾梦见一个头顶有光的高大金人，于是询问群臣，被告之那应该是西方的佛，于是在公元 64 年他派出 12 人到西域求法。三年后这些人和两名印度僧人一起返回洛阳，并用白马驮回了佛像和经书，为此建立了洛阳的白马寺，成为佛教进入中国的第一祖庭。今天佛教在其诞生地印度已经式微，而在中国则发育得根深叶茂，成为当今全球佛教中心。中国的帝王是以极度渴望的心情将佛教请进了中国，而之后发生的事情更不可思议，君主帝王们为得到一个重要佛的教学者不惜发动战争。

在佛教进入中国 300 年以后的公元 379 年，在长安（今西安）的前秦统治者苻坚发动了一次攻打今天河南襄阳的战争，目的是要得到当时的佛学大师道安。道安当时已 80 多岁，苻坚达到目的后被告之真正应被请到西安来的应是印度僧人鸠摩罗什，而鸠摩罗什远在龟兹，即今天的新疆库车。让人没料到的是，苻坚为了得到鸠摩罗什竟于公元 382 年派吕光率大军出发攻打龟兹。第二年吕光攻克龟兹抢到鸠摩罗什返回西安了，但半途得到苻坚已死政局有变的消息，于是吕光拥兵自重，在今天的甘肃武威割据，因而使鸠摩罗什在武威停留了 16 年，并在此期间又学会了汉语。

苻坚死后新帝继位即派人来请鸠摩罗什，吕光不允。不久又有一新帝继位，再派人来请，又遭拒。于是新帝便派兵讨伐，终于将鸠摩罗什抢到了西安，就是这样鸠摩罗什在中国开始了译经工作，今天我们看到许多经文就是那时鸠摩罗什的劳动成果。在中国的历史上也曾发生过数次灭佛事件，但总的来看，佛教进入中国是帝王直接推动的结果。王权给予了佛教相当高的社会地位，佛教也成为巩固王权的重要措施。但是中国信仰多元，多宗教并存，难以形成强大统一的宗教力量，使宗教难以形成对王权的重大挑战。故在社会权力中心从神权向王权转变的过程中王权始终占有主动权，是神权的包容者，并通过对宗教的包容使王权得以巩固。

（四）发生在欧洲的“茶壶里的风暴”

我们还必须谈谈欧洲的情况，因为欧洲是人类文明链条中的重要的一环。欧洲宗教的势力比中国大得多，教廷还可以向君主挑战，新帝继位需主教加冕才能拥有法统。因而在欧洲曾多次发生王权与神权的激烈博弈，但从总的形势看，仍是属于磨合性质的博弈。公元 284 ～ 305 年在位的古罗马帝戴克里是奴隶之子，崛起于行伍，凭借其文治武功建立起的个人权威，以采用东方专制君主的宫廷礼仪为先，废止了古罗马的共和制转向了专制君主制，确立了王权的权威。203 年他宣布敕令，清洗基督教徒，没收基督教会资产，极力清除神权。其继任者是君主坦丁大帝，却在 10 年后的 313 年大转向奉基督教为国教。

对于神权与王权的关系，15 世纪航海冒险家哥伦布给西班牙国王伊莎贝拉王后的信中写道：

“尊敬的陛下，你决心使那些土著人归化为基督徒。因为我相信……您将会把我们绝大多数信奉的神圣信仰教化于四海，同时，你亦将以西班牙的名义获得大量的统治权、财富和臣民。”在此王权与神权的联姻已是跃然于纸上，但是似乎还有深入一步分析的必要。

欧洲的历史上曾发生过多次教廷与宫廷的斗争，甚至十分激烈，但也同时存在着基督教与伊斯兰教的激烈斗争，以致引起了让全欧洲沸腾的讨伐异教徒的十字军东征。这是人类在冷兵兵器时代的大屠杀，最终以失败告终，但这一运动成功地转移了社会矛盾的焦点，由内部转向了外部从而强化了欧洲王权，缓解了王权与神权的矛盾。

基督教兴起于古罗马时期，主张上帝是唯一的宇宙人世主宰，其他的神祇全是骗子，这种信仰的排他性，与当时各宗教平等共处的罗马政府要求发生了矛盾，不久又拒绝对罗马皇帝表示敬意和服兵役，于是帝国动用警察干预，但信徒仍宁死不屈。另外在频繁的外敌入侵，罗马军队无能为力时，又是基督徒挺身而上宣讲和平福音，制止了战争。公元 452 年罗马教皇利奥一世只身前往战场说服匈奴统帅阿拉堤退兵，挽救了西罗马帝国而使基督教更加名声大起，也使罗马皇帝认识到基督教可使帝国有更大的益处，开始给予基督教与原有宗教同样的权力。到公元 313 年，基督教被君主坦丁大帝奉为国教是这一潮流的必然结果，基督教这个欧洲最大的神权组织最终成了王权的一部分。欧洲各国开始大量修建修道院，国王赠给教会大量土地。因此教会势力不断扩大，到第一个千年，已至可以驱逐、废黜国王的程度。因国王严重依赖于教会，甚至将国王驱出教会、废其教籍是一种后果十分严重的惩罚。因此从公元 11 世纪后期到 13 世纪后期的 200 年里发生了数次教会与国王的激烈冲突。而此时也是十字军东征时期，因社会矛盾的向外转变而在一定程度上减削了两者冲突的激烈程度。到公元 1273 年鲁道夫当选德意皇帝千里迢迢赶到罗马接受加冕，教皇没有反对，这意味着双方和好。欧洲皇帝和教皇的斗争表现有时十分激烈，但目的都是教皇为将一个“好皇帝”扶上台，或者是皇帝希望一个“好教皇”执政，以便更好相处，或能得到更大话语权，因此我们把欧洲王权与神权的博弈称之为“茶壶里的风暴”。这种风暴可以是铺天盖地，响声很大，但过后一切如故什么都没有变化。

皇帝与祭司的明争暗斗、博弈碰撞一直是吊人胃口的故事素材，所以一说到王权与神权的矛盾就会想到密室谋划、刀光剑影。而当我们对王权与神权博弈的历史过程做了一个粗浅但全面的观察以后才明白“君权神授”概念的创立使王权和神权找到相同的生存根系，国家成为王权和神权的共同承载体，共同的利益使王权和神权的博弈皆是“茶壶里的风暴”。王权上位，神权式微，人类社会共识性权力结构形成王权主导、神权辅助的格局。因而从神权向王权过渡的社会共识性权力中心的变革，虽是人类社会的一次重大的革命性进步，但缺少了一些革命的色彩。

王权对神权的包容，致使作为神权的标识物黄金也没有被抛弃而又为王权所接纳，成为王权的标识物，仍然保有了其社会权势。王权与神权的博弈大剧演出得惊天动地，剧情跌宕起伏，但总会归于平静以携手互容落幕，而黄金为双方所争夺、所接受。这是因为黄金在这次历史变迁中并没有从人类共识性权力中心陨落，而且因与王权的结缘使黄金的权势在人类世俗社会中得到进一步确立，并且黄金权势因王权由授权向强权的发展而得以扩大，也就是王权自身权威的加强也带动了黄金权势的提升，从而为黄金文化注入了新的内涵——超越了神秘文化指令，塑造了财富文化指令，这是黄金文化的重大发展。

（五）王权由授权到强权

王权最终取代神权也标志人类社会共识性权力中心的产生由授权到强权的转变。社会共识性权力的中心由推举制，向世袭制的转变，意味着人类社会共识性权力由公变私，因而王权也变为了由上而下的强权。为此，国家建立了军队、警察、法庭、监狱等强力机构。

王权从授权到强权的变化的根本原因是随着人类社会的发展，人类之间关系的规模、强度及复杂性日益增长，因而对人类社会共识性权力的强度和效率有了更高要求，而王权由授权变强权适应了这种要求。拥有世俗社会资源控制权的王权不断地强化，而使王权的代表——国王和君主们成为社会共识性权力的最高拥有者和执行者，从而也完成了社会共识性权力中心从神权向王权的过渡。但王权向国家中央集权的过渡时间很长，有两三千年，全面超越神权拥有社会共识性权力绝对权威的第一人当数古巴比伦王国第六世王汉穆拉比，其权威正是建立在强权之上的。

苏美尔人退出美索不达米亚历史舞台之后，一个名为阿摩利的闪族部落逐渐崛起。公元前 1894 年这里建立起了闻名至今的古巴比伦王国，将美索不达米亚文明推上了一个新的历史巅峰，通天塔、空中花园、古巴比伦城是这一时期人类文明的巅峰之作。其第六世王汉穆拉比是一个具有远见的政治家，他先后征服了伊新、拉尔萨、马里等城邦国家，统一了美索不达米亚的大部分地区，为建立强权打下了基础。

汉穆拉比依靠自己的武功建立起强大的个人权威而开始大力限制祭司的权力，以“君权神授”的名义建立了自己的绝对独裁统治，控制了军政大权并管控了神权。他设立了中央政府，全国所有的官吏全部由汉穆拉比任命；对被征服的大型城市委任总督管理，小型城市由行政长官管理。因而在公元前2000年的后期在人类历史上第一次出现了中央集权的国家，王权成为社会权力的中心，实现了王权主导的社会权力的格局，这是人类社会的一次大变局。之后中央集权模式的国家成为主导而延续了数千年，直到19世纪才逐步为民主议会制所取代。

汉穆拉比公元前1792年登上王位后的1571年，即公元前221年秦国建立，这是中国第一个中央集权国家，是我国历史上一个重要的朝代。巴比伦国的汉穆拉比王、秦国的始皇帝嬴政都是开创历史的人物，能做到这一点有其个人特质，与其个人的雄才大略和精明远见有密切关联，但形势比人强，应把这历史的变化放在人类社会发展的大局看，这是人类生产力发展的必然。人是生产力中的最重要的要素，而这一要素力量的充分发挥有赖于社会组织能力的提高，以持续提高社会大兵团作战的能力。在这一方面王权比神权显然具有更大的优势。中央集权后汉穆拉比可以统一管理全国的水利设施，并开凿了一条惠及整个美索不达米亚南部的运河，大量荒地变成了良田，使巴比伦国达到极盛期。再看我国仅存两世的秦朝，在很短的时间内便实现了统一的法律、货币、车轨、度量衡和文字；修驰道，筑长城，击匈奴，定百越，戍五岭完成了全国统一，实现了民族融合。秦朝开创了中华民族历史的重要篇章。强权的诞生是组织更大的社会协同行动的需要，这是其正面的社会价值，但也带来负面的意义而影响至今。

王权由授权向强权的发展是人类社会资源由共享经济向私有经济发展的过程。在人类剩余财富日益增加的情况下，社会共识性权力可以成为获得、占有甚至掠夺社会财富的工具。强权就是特权而使人类社会进入了少数人统治多数人的阶级社会。国王开始就是由原来的氏族首领转变而来的，他的近亲一部分成为贵族，一部分成为祭司掌管神权，他们成为国家的统治阶级，占据了大量土地。而部落的平民变为了农民，除耕种自己的土地外，要租用国王和贵族的土地，为此向国王和贵族交纳租金。同时也出现了手工业者阶层通过劳动生产商品用于交换。还有战争的战利品——奴隶阶层，只是无偿的劳动力，在古埃及、古罗马时期的黄金主要是由奴隶生产的。

少数的统治者因握有强权而占有了最大份额的社会财富，多数人只拥有少数社会财富，出现了“朱门酒肉臭，路有冻死骨”的不平等社会，并由世袭制又固化了这种不平等，所以社会阶级矛盾开始日益显现。

社会共识性权力由授权变为强权是社会生产力需要更大社会协调力的要求，同时也是人类阶级社会的推动力。社会共识性权力是个人权力的让渡，因而对于这个权力让渡应得到公平的回报具有天然的合理性，所以追求公平日益成为人类追求的一个崇高目标，而王权不断强化的强权阻碍了人类对公平的追求，所以建立在阶级社会基础上的王权在其蓬勃发展成长时就已埋下了被抛弃的因子。虽然社会共识性权力如何实现回报的公平，是一个数千年来仍未解决的问题，但人类并未放弃努力而使之成为历史社会运动的诉求，并是历次王朝更替的重要推手。

王权与神权的权力同源，为黄金从神权的标识物过渡到王权的标识物打通了道路，而开始了黄金文化创建的新阶段。而黄金与王权结缘，王权的强权化为黄金注入了权势文化。在阶级社会中权势具有价值是一种社会财富。具有权势的黄金财富在人类社会中的有用性表现出了夺目的永恒光辉，让人类孜孜追求。

二、黄金：帝王的生存资源与嗜好

王权的诞生是人类社会共识性权力需求的升级，王权神授理念的确立使王权与神权有了共同的法源基础，本是同根生，因而出现了王权与神权并存的人类社会共识性权力结构，变化的是这两者主次位置的调整，因而神权的标识黄金为王权所接受又成为王权的标识。黄金不但是神的金属，现在又成了王的金属，为帝王所专有。正如伯恩斯坦在其所著的《黄金简史》中所指出："在埃及，使用黄金是一种王室的特权；除了法老，他人不得染指。这样的结果，便于法老承担类似上帝的角色，并且在众人的膜拜中，通过采用与装饰众神一样的材料——黄金，达到王权神性的目的。在古埃及，装饰于死去以及活着的君主身上的黄金珠宝，其制造工艺都有着极高的造诣。"

黄金虽然是王权和神权共同的标识，但诠释的文化指令的内涵有别，王权的进入使黄金文化的内涵有了新的扩展。

（一）王权对黄金文化的诠释

因神权与王权的权力同源，王权来源于神祇的授权。王权首先表现出了对神权标识的包容和继承，所以社会共识性权力中心的转移过程中黄金没被抛弃。金冠、金杖、金印、金饰成为王权的标识，但王权的这些黄金标识物与祭器、法器、神祇偶像、金面具这些神权黄金标识物的文化内涵并不相同。文化内涵的差异性源于王权与神权社会属性的差异性。

神权是建立在信仰基础上的虚幻权力。虽然神权的世俗化使神权在现实的人类社会中扎下了牢固的根基，但仍缺乏对世俗社会中的物质资源的直接配置能力。其以黄金制作祭器和法器、神祇偶像，以及面具显示了神祇的神秘，因为保持神祇的神秘才能保持宗教的魅力，所以神权只能间接而不能直接参与对社会财富的分配。

王权是人类世俗社会最高阶级拥有的绝对权力，而且是一种从上而下的强权，因此拥有对世俗社会财富的最大占有权和最大分配权。而社会财富的生产、占有、分配是人类社会共识性权力的核心内容，直接关系个体人类的存亡。

黄金从神的金属再扩展为王的金属，使黄金文化从虚幻的世界穿越到现实的世俗社会，并找到了扎根的土壤。王权在人类社会共识性权力中心地位的不断提升，也不断地提升了黄金财富的社会价值，因此黄金在人类社会中的有用性也得到极大的提升。正是因为如此，从神的金属延伸为王的金属的过程中，黄金的魅力并没有弱化反而得到了强化。黄金与王权的结缘而构筑起了坚实而厚重的黄金财富文化指令，塑造了黄金财富属性，这一属性至今仍是黄金文化发展的主线，保持着强大的社会影响力，从而极大地扩展了黄金的社会使用范围。黄金成为王权生存所需要的重要社会资源，对黄金的依赖甚至成了帝王们的一种嗜好。

（二）谋取王权权势的工具

黄金财富作为王权的工具最直接的使用就是作为贿赂金收买敌对势力，壮大自己的权势。这是古今中外广泛存在的。在我国，最典型的案例发生在2000多年前的西汉王朝初期。西汉的开国皇帝刘邦与项羽争霸但处下风，为此他听取谋士陈平建议，让陈平携40万两黄金行贿项羽部下，施离间计。最终刘邦得逞将项羽最得力的助手亚父范增排挤还乡，极大地削弱了项羽的实力。项羽最终落得了一个乌江自刎的悲惨下场，刘邦得以成就大业建立了汉朝。汉朝刘邦以黄金财富为工具取得了压倒项羽的权势而取胜。

无独有偶，在欧洲，罗马帝国的奠基者和无冕之皇儒略·恺撒也是依靠黄金登上最高权位的。古罗马是一个极度痴迷黄金的王朝，财富的多少以黄金的多少为衡量标准。在人人以获得黄金为最终追求的社会里，黄金也成为获得政治权力的敲门砖。儒略·恺撒就是通过黄金贿赂逐步达到权力最高峰的。恺撒利用在西班牙和高卢任主管财务官的机会搜刮了大量金银，回国后以此做敲门砖在最高领导层谋得一席，进而又与巨富克拉克和军事将领庞培结成联盟，成为古罗马的最高统治者。从此他开始了以掠取黄金为目的的对外扩张，恺撒的功名正是用黄金打造的。恺撒成为之后许多帝王的楷模，他们纷纷以恺撒作为自己的称号。黄金造就了一代伟人。

恺撒也不是唯一用黄金做权力敲门砖的人。1519 年西班牙国王卡洛斯一世参选神圣罗马皇帝，虽然这仅是一个没有任何实际权力的空头衔，但可以赢得声誉，满足虚荣心。为了获胜就要收买其他候选人，使其退出竞争。当时卡洛斯的金主是控制着欧洲矿业的福格尔家族，福格尔家族出资 100 万金佛罗林助选。那时全欧洲流通金银币总共才有 17 亿比索，无论王室还是教廷都处于十分缺钱的情况。因此福格尔家族的这笔资助在当时是十分巨大的，最终福格尔家族耗用了 3000 公斤黄金才满足了 7 位投票候选人的胃口，保障 19 岁的卡洛斯当选为神圣罗马皇帝。对于黄金的执迷，西班牙王室是有传统的，卡洛斯的前任国王裴迪南对他们在南美洲军队的命令是："要黄金，如果可能的话，你们可以人道一些，更重要的是要不惜一切代价把黄金弄到手。"其对于黄金的如痴追求跃然纸上。

黄金不仅成为个人攀登权力的台阶，也是军事胜负的砝码。英法百年之战中就有黄金的参与。1694 年沉没的英国苏塞克斯号军舰在 21 世纪被打捞了上来，舰上满载了 10 吨黄金及大量白银，现价达 40 亿美元，这本来是用于收买萨伏伊王室的。萨伏伊公国是位于法国东南部的一个小王国，是进入法国的门户，具有重要的战略地位，在英法两大强国争夺海上霸权时，立场一度摇摆不定。于是英国决定收买他，苏塞克斯号军舰上的金银就是给萨伏伊王室的贿赂金，但不幸的是苏塞克斯号军舰出港遇到风暴而沉没，这批金银并没有送达，萨伏伊最终倒向了法国。如果这批金银送到萨伏伊王室的手中，人类的历史可能将因此而改写，将呈现的是另一种面貌。

（三）收买人心巩固王权的手段

王权是人类社会中的一种世俗权力，黄金作为王权的标识物成为帝王们独有的金属，是稀有珍贵的财富，所以黄金也开始作为帝王们对臣属奖励的手段，以利于收买人心巩固自己的权力。以黄金做奖赏的历史很悠久。4000 多年前古埃及壁画中就绘有法老赏赐大臣黄金的场景，其中一幅壁画旁边还有一行文字记载了国王的一段话：“把黄金悬在他的脖颈的前面和后面，系在他的脚上，因为他在这宏伟的宫殿中注意倾听法老关于在阿海塔吞的阿吞神庙的圣堂中讲的每一句话的教训。”

在我国汉代帝王赏金也很普遍。刘邦建立汉王朝后，儒士叔孙通建议要大搞礼仪整顿，结果朝廷上下面貌大变，刘邦十分高兴赏叔孙通黄金五百两。刘邦死后吕后把持了朝政大权，为了保全其一手打造的天下，在她死前特别颁发遗诏，赏赐各诸侯王万两黄金。汉武帝时期匈奴为患，多次入侵造成边境不宁。公元前 127 年汉武帝派大将卫青出征大败匈奴解除了汉朝大患。卫青为汉朝立下了汗马功劳，汉武帝不仅封卫青为侯，而且赏金二百万两。以上案例可以表明，汉王朝是将黄金作为巩固政权而经常使用的工具。

黄金对王权的维系还有更大意义，为了应对内部的反抗和外敌的入侵威胁，每个王朝都要供养大量军队为帝王们所驱使。军队是王权的命根子，如马其顿亚历山大、古罗马无冕之皇恺撒都拥有自己的军队。他们疯狂地搜刮黄金的一个重要原因就是支付军饷。古罗马、波斯、拜占庭帝国还用黄金实现国家财政平衡。更让人吃惊的是，14 世纪欧洲各国王室都要想方设法储藏大量黄金，因为当时欧洲各国战争不断，藏金是为了营救在战场被俘的王室成员而准备的赎金，因赎金用量巨大竟成了当时黄金出口的主要方式，此时正是欧洲的中世纪时期，黄金对于当时帝王、贵族来说有着非凡的意义：

从公元 5 世纪至公元 15 世纪（公元 476 ～ 1453 年）是欧洲黑暗的中世纪，这是一个令人恐惧的时代。这个时代能够给帝王们带来安全的只有黄金。伯恩斯坦在《黄金简史》中这样描述：

“黄金就是一道安全的护身符。拜占庭的统治者们常年四处征战，黄金被用来支付军饷，而结果是，皇帝们从来没有彻底消除敌人的威胁。帝国西部不时受到保加利亚人和日耳曼游牧民族的威胁。在 7 世纪以后，帝国的东部和西部，则受到好战的阿拉伯民族的攻击，因此拜占庭不可能同时在各个前线开辟战场。

帝国黄金不断地外流，通过直接收买潜在的侵略者，贿赂欧洲的盟国提供保护，来牵制他们所面临的敌人。”

此时，黄金对于维护王权的存在已具有性命攸关的意义，黄金的社会价值已非同一般。

（四）黄金炫富：帝王的沉迷嗜好

黄金作为帝王独有的财富，占有黄金不仅是富有的象征，而且是权势的宣示，所以炫耀黄金财富是令帝王们沉迷的嗜好。最为典型的案例是古罗马无冕之王恺撒远征归来所进行的黄金战利品全城大游行：

公元前 46 年恺撒远征返回罗马，把他经过战争掠夺和各国贡献的珍宝抬出来展示炫耀。据文献记载有金币 65000 塔兰特（约 1950 吨），金冠 2822 个，每个 8 公斤（合计约为 255.26 吨）。按照今天的计算在那时人类数千年的时间里总计生产的黄金也就只有 5000 吨左右，即恺撒将全球近一半的黄金握在了手中，难怪有专家认为古罗马的文明是黄金培植起来的。

炫耀黄金财富，宣示社会权势并非是恺撒专利，而是帝王们的一种普遍嗜好，相互攀比成风，有史可鉴。以色列人在公元前 1250 年出走古埃及建立了以色列国。带领以色列人走出埃及的摩西就借神谕之名在建造的犹太人教堂中广为使用黄金，以宣示神祇的圣洁和神圣。而卒于公元前 932 年的以色列国王所罗门不是把黄金奉献神祇而是为自己享用，极其奢侈：其王座用象牙制作以黄金裹覆，他还制作金盾，使用金酒具。阿拉伯古国的希巴女王拜访所罗门时为了炫富竟带了多达 3 吨的黄金，而那时全球的黄金产量也不到 2 吨。此后 1000 多年帝王们以黄金炫富的嗜好仍乐此不疲。公元 526 ～ 565 年在位的查士丁尼皇帝创造了拜占庭帝国的第一个黄金时代，彪显这一时代强盛富足的是查士丁尼动用万人用 12 吨黄金建成了圣・索菲亚教堂。与此相比较，所罗门则是小巫见大巫了。查士丁尼将他继承的 32 万磅黄金制成装饰，以宣扬王权的权威而挥霍殆尽。查士丁尼皇帝的这种炫金嗜好在拜占庭王朝的历史中经久不衰。拜占庭的第 41 任皇帝西奥菲雷斯（公元 829 ～ 842 年）用黄金建造大树遮蔽他的黄金御座，并在大树和御座上饰有金鸟、金狮、金制的鹫首狮身怪兽。有客人来时金狮可以摇动着尾巴，发出怒吼，而金制的鸟儿则发出清纯的啼鸣以示欢迎。帝王们对黄金的消费实际是一种投资，即建立一个黄金护身符，因为炫耀黄金财富的本身就是帝王们经济和军事实力的展示而对臣民和他国有极大的威慑力。

我国与古罗马同时代的汉代也是广泛使用黄金的朝代，但我们往往是见诸史书上的文字记载，而 2015 年汉海昏侯刘贺墓出土的文物则为我们展现了汉代黄金的真实面目。刘贺作为皇帝在位 27 天便下旨回到自己属地为侯，但其墓是目前最大，保存最为完整，出土文物最为丰富的西汉王侯大墓，出土了大量玉器、青铜器、竹简，而出土的黄金更让人惊叹不已，因此有专家评价该大墓考古工作者是名副其实的“摸金者”。墓中先后出土了 4 百余件金制品，仅出土的 60 枚金饼就高达 100 多公斤，价值超过了 300 万元。其大量的黄金随葬品一是马蹄金、麟趾金，这是当时用作交换中介使用的货币；二是金饼，这是用作给中央帝王的贡奉或中央帝王奖励的黄金财富；三是金器具，是用于日常生活享用。刘贺墓出土的黄金数量巨大、品种多样，反映了黄金在帝王们生活中的广泛使用。

汉海昏侯墓的出土文物告诉我们 2000 多年前汉王朝黄金的使用功能已多元化，因而黄金产品也多样化了，这也从一个侧面反映了黄金在王权社会中的广泛存在。

公元前 331 年亚历山大大帝在苏斯会战中几乎全歼波斯 60 万大军，战后走进波斯王大流士的野战帐篷中仔细观赏了大流士的黄金战车、黄金御座、黄金浴缸以及随大流士出行的精美器具后感叹：“这才是君王的题中之意啊！”这是当时帝王对黄金嗜好的生动写照。

对于帝王们的黄金嗜好，《黄金简史》作者伯恩斯坦写道：“虽然君王们在正式场合中戴在头上的金冠必定极为沉重，但没有任何一位君王曾经选择锌或塑料作为王冠材料的替代品。千百年来，统治者将自己喜爱的图案印制于金币之上，使之在国内流通，并远播海外。”

（五）满足贪婪，追求来世

帝王们不但要追求现实的富贵，而且追求永恒的富贵，为此其死后也要保持和生前一样的生活，死后还要将灵魂上升到来世。所以，黄金作为绝对财富和具有神性的金属，大量被制成随葬品放进帝王陵墓！故而黄金及黄金制品是当今考古出土的重要文物品种，主要有金缕玉衣、金面具、金祭祀物以及帝王生前所使用的金器皿、金制乐器等。凡是帝王墓葬不分中外皆有黄金陪葬品，从而使陪葬也成为黄金的重要用途之一。即使到当代，这一现象已极大减少但仍没有杜绝，仍然有的人把陪葬黄金作为对死者的最大尊重。

虽然帝王陵墓中普遍都陪葬大量黄金，但论数量之多，做工之精当数古埃及新王国时期的图坦卡蒙陵。这个公元前 1361 ～前 1352 年在位 9 年的古埃及法老去世时年仅 19 岁。其陵墓中出土的黄金无论是数量，还是加工工艺之精良，都让人叹为观止。数量巨大可能是与图坦卡蒙曾是当时盛产黄金的努比亚的总督有关，而使其拥有的黄金大大地超过其他各届的法老。这座法老陵墓是 1922 年 11 月 1 日被发现的，虽已有盗墓者光临过，但他们未到主室，所以打开第二道门便看到金光一片。三张镀金卧榻，一张金座椅，后面是雪花石制的瓶和动物投影。一条金蛇以神龛开启的门中向外窥视，旁边是两尊国王的雕像。雕像穿着金制的裙和鞋，一手拿着权杖、一手拿着皇节。之后又找到了第三道门，第三道门被打开后才是法老哈图卡蒙的陵寝。陵寝长 5.18 米，宽 3.35 米，高 2.74 米，全部用金包裹。再里面是内陵寝，墓石门另一头的小墓室中放着许多金银珠宝，还有一个神龛，上刻有眼镜蛇多条，周围有 4 个张开双臂站立的女神形象。墓室的另一端摆放的是许多黑色的神龛和箱子，其中一个神龛里站立着几尊纯金制成的图坦卡蒙的雕像。最里边放置的是图坦卡蒙的棺椁，棺椁外面有四个神龛。棺椁是用 2.68 米长、1.46 米宽、1.46 米高的黄晶玉雕刻而成，盖是玫瑰色花岗岩雕刻而成，重609公斤。揭开棺盖是麻布尸衣，打开尸衣展现出了用纯金打造的金棺：外形酷似图坦卡蒙，双手交叉于胸前，手握权杖。棺内有棺，揭开这层棺盖，里面还有一个纯金棺材，重110公斤。这里才放置的是图坦卡蒙的木乃伊。木乃伊的脸上覆盖着金面罩，身上有金质护胸，四肢佩有金护指，臂上戴着镶宝石的金银手镯，可以说图坦卡蒙墓就是一座当之无愧的黄金宝库。

帝王们将大量黄金葬于陵墓，当然是为使自己的富贵得到延续，但更重要的是要获得永生，所以这也体现了王权与神权的混合。

帝王墓葬大量使用黄金不是始于图坦卡蒙，也不会终止于图坦卡蒙。与图坦卡蒙同时期的欧洲出现了迈锡尼文明，公元前1600～前1500年存在了大约600年。1874年德国考古学家发现了5座迈锡尼国王的陵墓，揭开了迈锡尼文明的面纱。墓中已出土的黄金文物虽不能与图坦卡蒙墓相比，但也是金光灿烂。出土的19具尸体全部用黄金覆盖。男人脸上罩着金面具，胸部覆盖着金片；两个女人戴着黄金额饰，其中一个还戴着金冠；其他妇女们戴着刻有各种图案的装饰性金片；而两个小孩则包裹在金叶片中。可以说这是一个名副其实的黄金葬。

1989年在伊拉克底格里斯河边发现了古亚述帝国三个皇后的墓，墓中到处撒满了大批细小的重瓣金玫瑰，所以在灯光下墓里耀耀生辉。除用金花瓣覆盖尸体，墓中还有多种黄金制品，先后出土黄金制品80件，达31磅。四个月后，人们又发现了亚述西尔帕二世王后的墓，出土了更多的黄金，总440件，达51磅。比起帝王的黄金陪葬显然少了许多，但要看到当时黄金的稀有情况，这也是足够奢侈了。

以上的事实告诉我们，在人类的王权时代，黄金已成为维护王权的重要社会资源，在人类社会植根之深，已不可小觑。帝王们对黄金充满了狂热追求，追求黄金成为帝王们扩张的方向，是在王权发展史上的重要篇章。

三、王权沿着黄金的方向拓展

帝王们对黄金充满了渴望和占有欲，黄金已成为帝王们生活和王权生存的重要社会资源，于是追逐黄金成为帝王对外扩张的动力，故而在人类的历史上不乏因黄金引起的血与火的战争，甚至会延续百年，许多历史名城因此变为了废墟。为黄金而癫狂，如一个英国作家写道："人们的情绪为黄金所左右，更甚于爱情的困扰。"今天我们对此甚至难以理解，但确是一个真实的存在，因而黄金这种金属成为人类文明基石中的构成要素，而王权发展留下了一条清晰的沿着黄金方向拓展的轨迹。

（一）黄金沃土中生长的文明之花

埃及是人类文明的发祥地，已成为当代人类瞻仰人类古文明的博物馆，大量的古文明遗存让现代人惊叹不已，而古埃及文明是在黄金沃土上成长起来的文明之花。古埃及是人类黄金文化的奠基人和开拓者。

1. 最早的黄金文化诞生地

为我们留下的最早的黄金文物和文字图像记载的是古埃及。现已发现 6000 ～ 6500 年前古埃及文献中就有了"一份黄金与两份白银相等"的记载，表明那时古埃及人就有了黄金价值尺度的概念。人类最早的黄金矿区图也发现于埃及，这份图上面标有矿区、街道和住宅，距今已有 4000 年历史，表明那时古埃及的黄金生产已有相当规模。古埃及也拥有了相当高超的黄金加工工艺，在 13 王朝时匠人们已可锻造出 0.3 微米的金箔，在公元前 2500 年的墓葬壁画上就有加工金箔的场景。把金箔镶嵌在木器之上用以装饰，这种包金工艺起码在 4600 多年前就已被古埃及的匠人们掌握。公元前 2600 年法老王齐阿普斯母亲的墓中就出土了一套包金工具，同时出土了一张带有顶篷四角包金的床。图坦卡蒙陵墓中出土的黄金面具则表明了古埃及人 3000 多年前黄金雕塑技术已达到的水平，其造诣至今仍属一流。虽然在古埃及黄金还不是货币但已是社会公认的财富，黄金已突破了神的标识而进入了世俗社会，反映了黄金在古埃及存在的普遍性。

埃及至今出土了全球数量最多、品种最多、工艺最精的黄金文物，表明古埃及是当时人类最早的黄金生产与加工中心，为人类创造了丰硕的黄金文化。虽然其黄金产量以今天的标准衡量并不高，年产量仅为 1 吨，但在美洲金银发现以前埃及黄金产量一直是全球第一。古埃及黄金主产地是尼罗河上游的努比亚地区，而努比亚开始并不属于古埃及，所以，古埃及并不是从一开始就拥有黄金生产的天然优势，而是通过对外扩张征服努比亚得来的。

2. 努比亚古国的黄金之祸

努比亚是埃及尼罗河第一瀑布阿斯旺与第四瀑布库赖迈之间的地区，今天属于苏丹。在埃及象形文字中一个项链状的符号表示黄金，而其发音就是“努比”，由此可见努比亚与黄金的深刻而密切的关系，但今天我们已很难在这里看到这个人类最早的黄金生产中心的原貌，而只有在古埃及王陵的壁画中有说明黄金来自努比亚。直到 20 世纪初考古学者经过长途跋涉才发现了法老们在努比亚沙漠中的金矿和冶金厂的遗迹，但只有荒凉，没有了辉煌。然而在 15 世纪之前这里还是一个全球性的黄金输出地，因而它在历史上的地位不应被抹杀，在这里创造的人类文明也不应被忘记。

努比亚这片土地上的原住民被古埃及人称为“库什人”，他们形成了自己的部落，并在公元前 2000 年在努比亚中部建立了自己的王国，因而也是人类古王国之一，但与强大的古埃及相邻，为生存只能向埃及法老称臣。我们不知道努比亚何时发现黄金，何时成为黄金生产主产地的，但根据古埃及新国王时期努比亚与古埃及的纷争就是围绕黄金而展开的事实做大胆推断：在努比亚王国建立之前这里就已发现了黄金，并逐步成为当时全球黄金生产的主产地，这大约是在 5000 年前的事情，从古努比亚国诞生起黄金就成了影响其命运的重要因素。

古埃及黄金主要是被视为神权的象征，对此伯恩斯坦在《黄金简史》中写道："在埃及，使用黄金是一种王室的特权，除了法老，他人不得染指。这样的约束，便于法老承担类似于上帝的角色，并且在众人的膜拜中，通过采用装饰众神一样的材料——黄金，达到显示王权神性的目的。"黄金对于古埃及法老是神圣而且稀少的，所以他们对黄金充满渴望，因而对努比亚黄金充满觊觎之心是必然的，而控制和占领努比亚是实现古埃及法老们占有黄金目标的唯一途径。

努比亚称臣是法老控制努比亚的一种途径，但更彻底的控制是占领。于是18王朝的图特摩斯一世发兵征讨努比亚，努比亚沦陷成为古埃及的一部分，古埃及在此设立总督。总督命名为库什王子，以示地位的崇高。在一个古埃及的历史铭文中记载了图特摩斯一世的自夸："我曾把努比亚全部国土打落在你的脚下，善良的神。"古埃及因此通过扩张而拥有了黄金生产基地，以大量黄金入葬而震惊于世的古埃及法老图坦卡蒙生前就是努比亚总督，其拥有大量的黄金也就不足为奇了。古埃及对努比亚的殖民就是把大量努比亚人变为奴隶，让他们在极为恶劣的环境中生产黄金。

公元前1600年左右出现了变化，古埃及对努比亚的控制有所放松，使努比亚摆脱了古埃及附属国的身份，而成为友邦国。时代背景是：18王朝的阿蒙霍特普一世没有子嗣，其去世后由其同父异母的妹妹又是妻子的哈舍普苏以女法老的身份掌权17年。对她而言很难亲自带兵远征，因此，哈舍普苏以贸易为武器建立和形成了对古埃及的领导，虽然在一段时间也维持了原殖民地对古埃及的尊重，哈舍普苏也赢得了声誉，但这也意味着放弃了殖民，殖民地开始离心离德而独立。不仅努比亚独立了，而且巴勒斯坦也为迦南人所控制。

殖民地的丧失极大地影响了军人集团和祭司集团的利益，而引起他们的不满，但受到了哈舍普苏及首相森穆特的压制，但这两人去世后情况便发生了变化。31岁时图特摩斯三世继位，立即对内消除了哈舍普苏的所有文字和图像，拆除了有关纪念物，对外则是武力征讨争取或已独立的殖民地。

图特摩斯三世继位后，为了摆脱哈舍普苏的困境立即对巴勒斯坦开始了闪电战，几天便结束了战斗，亚述人、巴比伦人纷纷向古埃及称臣。之后他第二次出征就是把战刀挥向了努比亚，并一直打到今天苏丹的阿布基尔班。在公元前 1887 ～前 1849 年的 38 年间先后 4 次征讨努比亚，规模一次比一次大。最终努比亚的金矿全部落入古埃及人的手里。但是，古埃及法老们的眼睛并没有停留于努比亚，他们还数次发动了以掠夺黄金为目的的对叙利亚的战争。古埃及铭文记载："法老所俘获的人数是 101218 人，金银制的战车 60 辆，木制战车 1033 辆，连同他们的战斗装备（马匹）3050 套。他们还从巴勒斯坦和叙利亚掠夺了大量黄金与白银。"

古埃及创造了灿烂的古代文明，其物质基础就是"一黑一黄"。一黑，是尼罗河两岸肥沃的黑土地，为古埃及人提供了丰富食物；一黄，就是黄金。黄金为古埃及带来了巨大的社会声誉和炫目的社会财富，但是，埃及的黄金是疯狂掠夺来的。埃及占领努比亚之后，将战争中俘获的努比亚人全部赶到金矿，终生开矿。还建立围墙，委派特别长官管理金矿，并派大批军队看守，规定每个人每天必须交出一定数量的黄金，如果交不出就要受罚，甚至是杀头。

古埃及当时已经可以开凿矿井开采埋藏在地下深处的金矿，并用升降设备运输人员和矿石。矿井愈深工人们的痛苦就愈大：空气混浊且稀薄，只有蜡烛闪烁着微弱的火焰，高温使人难耐。不时滑落的岩石和地下水的威胁随时都会造成工人的死亡，而更大的危险是用火灼热岩石，以使岩石分裂采出金矿石，但产生的砷气却是致命的，因而矿工最后不是被意外岩石跌落砸死，便是中毒而死。

法老发动战争不仅为掠夺黄金，占领金矿，而且还是为了获得奴隶为采金提供劳动力。奴隶的来源不局限于俘虏，而且包括流离失所、无家可归者。雇佣劳动者成为主要的采矿者则是 2000 多年以后的事情了。当代著名的黄金专家格林在《黄金的新世界》一书中写道："那时的黄金是在难以想象的恶劣条件下从矿山中开采出来的。对年老、体弱多病和伤残人员绝无半点怜悯和宽恕。”

3. 文化是民族永恒的纽带

因产金而不断引来强者的侵扰，而造成一个民族、一个国家的消亡在历史上并非罕见。但是黄金文化并不会中断而是在不断融合中获得了永恒。古埃及与努比亚就为我们提供了实证。

努比亚被古埃及征服，努比亚的库什人逐渐接受了古埃及文化，如阿蒙神信仰、古埃及文字。其国王的陵墓也开始仿埃及法老修成金字塔状。库什人与古埃及人进一步融合而成为古埃及多民族中的一个成员，而又经历了数百年的休养生息竟有了反客为主的力量。

埃及 18 王朝时，努比亚被征服后，被区分成南、北两部分，南部以纳帕塔为中心，称为库施。公元前 747 年库施国王卡什塔起兵攻下了底比斯，占领了上埃及，其子皮安基在20年后即公元前727年又率军进攻下埃及，占领了开罗。皮安基之子沙巴卡仿古埃及法老定都孟菲斯。沙巴卡的继任者塔巴卡于公元前 691 年登基正式成为古埃及法老，这就是古埃及第 25 王朝。努比亚库什人“占领”了古埃及。

库什人从失败中站起来是一个奇迹，但是故事并没有结束。公元前 645 年塔巴卡被亚述和古埃及人组成的联军击败，只得又退守努比亚。但最终仍然没有守住努比亚。52 年后的公元前 593 年古埃及 26 王朝法老普萨美提克二世出兵努比亚，其首都纳巴达城被攻陷，库什人溃退到今天的苏丹首都喀土穆附近。至此，库什人彻底失去了努比亚，也失去了已有千年历史的黄金生产基地。

国破家亡，但作为一个民族还在，公元前 592 年库什人又在喀土穆以北 18 公里处建立了麦罗埃城，并以此为首都建立了麦罗埃王国。对于家园与黄金的向往使麦罗埃王国建立 500 多年后又燃起了复兴返乡的斗志。公元前 24 年在女王阿玛尼雷纳斯的带领下麦罗埃王国挑战古埃及，大军一直攻打到古埃及的阿斯旺，但是这时库什人面临的已不是古埃及人而是古罗马人了。

取得对库什人的胜利，占有努比亚黄金的古埃及人的命运与库什人相同，黄金财富再一次引来了强者的觊觎。公元前 47 年古埃及已被罗马征服，所以对于库什人的进犯，罗马长老院立即组织远征军反击，面对彪悍的罗马军，库什人显然不是对手而退回本土。但罗马人并没有继续进攻，麦罗埃王国又生存了近 400 年而再无返乡之举，直到公元 350 年被阿克苏姆王国所灭，一个民族的历史最终完结。

古埃及人在沿着黄金方向拓展的过程中与库什人发生了密集的交集，写下了征服与被征服的历史。在这个过程中也发生了两个不同文明的交汇融合。库什人因黄金而惹火烧身，古埃及也没有逃离这个魔咒，先是在公元前 500 年遭受波斯铁蹄的践踏，再是公元前 332 年马其顿亚历山大的征服。古埃及的金银使亚历山大在尼罗河口处建成了举世闻名的亚历山大城，兴建的亚历山大灯塔被评为古代世界七大奇迹之一。公元前 47 年埃及又为古罗马占领，大量黄金被掠往罗马。一个民族、一个国家的历史可以中结，但文化的创新和继承没有中断，罗马又将黄金文化推向了新阶段。

（二）两河文明的黄金之烙

我们审视人类农业革命中后期大约 6000 年前的人类古文明时，除古埃及外两河流域古文明也是一个焦点，甚至有人认为古埃及文明的源头就是两河古文明，或者也可以说是源头之一。这足见两河古文明在人类文明史上地位之重要。发源于土耳其，流经伊拉克及叙利亚境内的幼发拉底河和底格里斯河构成的两河流域曾创造了人类文明的高峰，成为人类前行的灯塔，最大的贡献者是苏美尔人。在 6000 多年以前苏美尔人来到这里建立了国家，并延续存在了 2000 多年。苏美尔人拥有先进的农业技术和丰富的天文知识，后人总结苏美尔人创造了人类文明的 27 个“最早”，是最早进入黄金时代的人类文明。但现在已风光不再，两河流域北部的中心摩苏尔城如今战火纷飞，而南部的核心巴比伦城早已荒芜。时过境迁，风光不再，但那里曾记录了我们先人们的智慧，留下了他们的足迹，因而是人类发展史上的重要一页，可以让后人时时翻阅有所回味，有所思考。

两河文明出现了人类最早的城市，也是产生人类社会共识性权力最早的区域，所以也是出现国家的最早地区。

从两河文明的发展进程看，国家的出现与古埃及大致是同期，但王权的出现则晚于古埃及，如果从公元前3000年宫殿建筑的出现算起距今有5000年历史，比古埃及晚了数百年，乃至上千年。神权作为一种人类想要维持的权力需要的是信仰，而王权作为一种人类的世俗权力其维持需要的是财富。这种区别可能是黄金文化遗存在两河文明神权主导时期鲜有突出表现，而多发现于王权主导时期的原因吧！也就是说，已发现的两河文明的黄金文化遗存的历史也晚于古埃及。

两河文明在公元前4300到公元前2007年的2000多年里一直是苏美尔人占主导地位，而乌鲁克城又占据了两河文明的前端拥有重要的地位，是当时众城邦国的中心。乌鲁克城公元前3500年左右人口已达1万人，公元前3300年达到了2万人，公元前2300年达到8万到10万人，这是乌鲁克城的鼎盛期。乌鲁克城分为三个区域：建筑区，有神庙、宫殿；农田、牧场和花园；商业区，包括交易市场和手工作坊。

虽然两河文明是人类王权诞生的先驱之一，但神权长期占了主导，所以乌鲁克城建立千年之后的公元前3000年左右才有了宫殿建筑，而之前已建立了数千座神庙，这也表明王权在此时才有了话语权，此后其话语权不断地得到了强化，两河古文明的黄金文化也随着王权社会话语权的不断强化而不断提升。

乌尔国从公元前3600年建国到公元前2007年，1500多年中经历了乌尔第一王朝、第二王朝、第三王朝，先后出现了吉尔伽美什（公元前2373～前2349年）、萨尔贡（公元前2371～前2316年）、乌尔纳姆（公元前2113～前2006年）等著名的君主，王权得到持续的增强，黄金在王权社会中的存在也得到强化。在乌尔城遗址中的16个国王和王后的陵墓中出土了大量的金银珠宝器具。在亚德王后墓中出土的包金牛头竖琴更是价值连城。竖琴是随葬的多种乐器中的一种，表明亚德女王当时已有一支宫廷乐队，这架竖琴琴架由天青石制成，琴把上以包裹金箔的牛头做装饰，琴身以黄杨木制成，正面雕刻着《吉尔伽美什史诗》中的人物造型。这些黄金文物表明乌尔王朝对于黄金的消费和追逐与其说是基于信仰崇拜，不如说是基于炫耀财富的目的。黄金更多是作为财富用于生活享乐。

苏美尔人衰败后，闪族人开始逐步成为这部历史大剧的主角。闪族语系包括了阿卡德人、阿摩利人、埃兰人、库提人、亚述人和迦勒底人等多个民族。首先兴起的是阿卡德人。公元前2371年萨尔贡统一了阿卡德地区。强大起来的阿卡德国马上开始了对盛产黄金的埃兰王国的入侵，接着又越过了波斯湾向盛产金银的波斯王国进犯。战争后论功行赏，对抢掠黄金最多的一个祭司一次就奖励黄金900千克。这表明那时黄金已是权力与财富的象征，黄金对人类有现实的吸引力。

阿卡德人也多次进犯苏美尔人，但给苏美尔人致命一击的是埃兰人。公元前2007年埃兰人乘苏美尔人内乱之机迅速攻陷了乌尔城，埃兰以及一起进城的库提人对苏美尔人进行了大屠杀，从此苏美尔人退出美索不达米亚。但是，善战的民族并不善治，埃兰人抢掠之后留下了一支殖民军便撤离了乌尔城，但这支殖民军很快被灭，埃兰人也逐渐在两河古文明的舞台上消失，之后的舞台主角换成了闪族的阿摩利人。

阿摩利人来自今天的叙利亚，公元前2200年占领了两河流域南端的巴比伦城，那时巴比伦在两河流域还是一个小城市，但阿摩利人以巴伦城为基地向四周发动战争，于公元前1894年在巴比伦城建立了古巴比伦王国。其第六世王汉穆拉比在公元前1792年继位，这个精明的帝王完成了美索不达米亚的统一大业，个人的威望空前。他实行了中央集权制，将王权法制化，并颁布了《汉穆拉比法典》，开人类国家治理法规化之先河。

巴比伦地处地中海一带到伊朗高原两个古代重要商路的交叉点上，因此商业发达。巴比伦出口的是谷物、油类、丝物、皮革和陶器，进口的是金、银、木材、香料及奢侈品。发达的商业增加了货币的需求，因而金银在巴比伦人的生活中十分重要。人们对黄金追逐的热情愈发高涨，对于巴比伦的历朝君主更是如此，所以，以掠夺黄金为目的战争连年不断。

公元前 19 世纪两河流域出现了一个新强者——亚述人。亚述人也属闪族部落，在公元前 20 世纪左右在两河流域不达美索比亚北部（今天伊拉克摩苏尔）定居了下来。亚述使用铁兵器而且勇猛凶残，破城之后便屠城，将残忍视为英勇。最初定都尼尼微，这是当时世界级的大都市。历经 8 世到阿达尼拉五世时亚述已成为当时最强大的国家。但是亚述人称雄的时代很快就结束了，公元前 612 年迦勒底人和米提亚人联军攻入尼尼微城，亚述灭亡。

要知亚述人抢掠了多少黄金，我们可以从联军攻入尼尼微城后，从亚述国王辛·沙里施尼的密室中起获黄金 100 万塔仑、白银 1 亿塔仑，以及金卧榻和金餐桌各 150 张窥见一斑。这也表明了亚述王对黄金的疯狂追逐与贪婪，完全是对自己奢侈生活的追求并没有对神祇的敬畏，这可能是两河古文明中黄金文化的一个特征。

迦勒底人定都巴比伦开始了一个新巴比伦时代。新巴比伦时代是创造了通天塔和空中花园的时代，是人类古文明的一个高峰，而这一高峰是建立在黄金与奴隶的基础之上的。公元前 586 年新巴比伦国王尼布甲尼撒征服以色列，将以色列的金银财宝掠夺一空，还把 4 万以色列人驱赶到巴比伦做奴隶重修巴比伦城。这是一座宏伟的城市：有三道城墙，第一道厚 7 米，第二道厚 7.8 米，第三道厚 3.3 米。城外还有一道很宽的堑沟可以注水把敌人阻挡在城外。城边宽阔平坦的道路可以让四驾马车并驾齐驱，但最负盛名的是城内的通天塔和空中花园。

通天塔宽约90米，高90米，有8层可登阶螺旋而上，顶部建有一座神庙，里面设置了一个华丽的大睡椅，旁边是一张金桌子。主持建造通天塔的是尼布甲尼撒二世，传说为了解除其王后的思乡之苦，他又建设了空中花园。这是一座阶梯状花园，每层都种满奇花异草，园中有幽静小路和溪流。因设计宏伟，公元二世纪希腊学者将空中花园评为“世界七大奇迹之一”。古巴比伦城最终被波斯人攻陷而毁，公元前538年，波斯人成为这里的新主人，巴比伦的黄金财富又被波斯人所接收。

（三）迦太基文明兴衰的黄金之钥

迦太基文明是与古埃及文明同期的文明，也是人类早期古老文明之一，但在公元前146年就被罗马帝国毁灭，迦太基人大部分被杀，少部分逃散到世界各地，迦太基作为一个国家从此消失了，而其兴与衰都与黄金有关。

1. 腓尼基民族

在古埃及和古巴比伦国之间有块北起小亚细亚，南邻巴勒斯坦，东起黎巴嫩山，西至地中海的一个被称之为腓尼基的地区。在公元前5000年这里就有了闪族的胡里特人的居民点，公元前3000年讲闪米特语的迦南人来到这里，逐渐融合成一个民族。但腓尼基民族并没有建立一个统一的国家，而是形成了一个强大的城邦政治联盟，即巴勒斯坦。所以在这一地区存在着许多城邦国家，统治者是国王，但国王并不拥有绝对的权力，实行的是贵族寡头政治。在公元前1000年形成了以推罗城王国为首的政治联盟。在公元前814年推罗城王国的国王彼格美利翁杀死了其姐姐代多的丈夫。于是代多只能带着她的家产以及许多追随她的人逃难到阿非利加，即现在的利比亚和突尼斯一带。代多及其族人是要长期在阿非利加居住下来，这受到了原住民的反对。但最后她们还是被允许上岸了。一是说她们诱骗当地原住民签下不平等的赠地合同；二是说她们从原住民手里买下了土地。还有一种传说是代多请求只给予一张牛皮可以包围的地方即可。原住民很奇怪这怎么能建一座城呢？于是就答应了。而代多沿着牛皮的边缘团团转而剪成了一团很细的牛皮筋，用这一团牛皮筋围起了一块土地。于是在这块土地上建起了迦太基城，在此基础上建立了迦太基国，这里的居民也被称之为迦太基人。

2. 迦太基文明

公元前 7 世纪腓尼亚被亚述帝国占领，腓尼基推罗和西顿两座著名城市被攻陷后，大量的金银被掠夺一空，腓尼基人大部分沦为奴隶，还有一部分人逃到迦太基城。从此，腓尼基人的活动舞台就由巴勒斯坦移到了迦太基城，迦太基文明也由此开启。到公元前 6 世纪迦太基国的势力范围已发展到西至直布罗陀海峡，东至巴勒斯坦，北控撒丁岛、西班牙南部地中海诸岛及沿岸，南至利比亚西南部的杰尔迈。此时腓尼基人已由在非洲建国，转变为了在欧洲建国，与欧洲地中海当时的强国罗马共和国和希腊城邦联盟为邻。腓尼基人走到了终点，而迦太基人活跃于世。

腓尼基人是一个极善经商的民族，迦太基人显然也继承了这一基因，又利用地处东西地中海的交通要道的优势，使非洲内陆的黄金和西班牙的白银、大不列颠的锡大量地流入进来。而撒哈拉沙漠和苏丹南部沼泽的阻隔使西部和南部非洲只能与迦太基人进行商业往来。西部非洲生产黄金和象牙而需要食盐，于是迦太基人把食盐运到尼日尔河下游广大地区，那里一公斤盐可以交换一公斤黄金。迦太基人往往是到达交易点后便把要交易的商品从船上搬下来，井井有条地排列好，然后回到船上并升起浓烟，这时土著人便带着黄金来到海边进行易货交易。土著人留下他们认为等值的黄金，然后消失在视野中，迦太基人再次上岸观看交易情况，如满意带着黄金离开，如不满意他们会回到船上等待，再重复这一过程，直至双方满意为止。

黄金和白银的流入使迦太基的经济实力不断提高。迦太基被誉为“黄金的城市”，仅太阳神庙中的阿波罗纯金神像就重达 26 吨。其国力也不断增强而开始了对外扩张：侵占了西西里岛；占领了萨西岛，控制了那里的白银和黄铜生产；侵入西班牙产银区，并在西班牙建立了新的迦太基城；反客为主控制了阿非利加大部分国土和地中海航海权。迦太基的扩张引发了激烈的冲突。首先是来自古希腊的反击，更大的攻击是来自古罗马。当然迦太基城的富足和黄金早已使古罗马人胃口大开，最终迦太基的历史成为古希腊和古罗马历史的一部分。

3. 百年布匿战争

古罗马人称迦太基人为布匿人，所以古罗马人将对迦太基的战争称为“布匿战争”，从公元前 264 年至公元前 146 年，战争持续了 118 年。

公元前 6 世纪出现的古罗马城邦国，与迦太基隔海相望，但直到公元前 265 年古罗马才把注意力转向迦太基，成为迦太基的主要敌国。这是因为此时古罗马人打败了其主要敌人高卢人统一了意大利。在统一意大利的第二年，即公元前 264 年第一次布匿战争爆发。古罗马人首先在西西里岛北面建立定居点开始骚扰西西里岛。为了保证其殖民地西西里岛的安全，迦太基派兵进攻梅西纳，第一次布匿战全面展开，而且持续了 23 年，先后经历了三次大的战役。之后又发生了第二次战争。迦太基人也取得过胜利甚至是很大的胜利，但从总的形势看古罗马是主动的一方，最后的胜利也属于古罗马。

经过两次布匿战争战败的迦太基向古罗马赔付了大量金银，并失去了所有海外殖民地，但迦太基依靠他们精明的经商术，50 年以后又开始繁荣起来。所以当一个古罗马使者公元前 153 年看到迦太基人用黄金装饰的神庙和宫殿时大吃一惊，他回到罗马将他看到的情景向罗马皇帝做了汇报。罗马随即又开始了第三次布匿战争，这次战争从公元前 149 年至公元前 146 年进行了 4 年，比第一次、第二次布匿战争的时间都短，但后果最为惨烈，因为这次古罗马人不是要打败迦太基人，而是要毁灭迦太基人。

公元前 149 年古罗马执政者大西庇阿的义子小西庇阿统帅数十万军队围攻迦太基城。虽迦太基人奋力抵抗，但仍寡不敌众，城市被攻破，40 万人全部被杀，士兵挨家搜索连儿童都不放过，男人被杀，妇女儿童被卖为奴。罗马士兵大肆抢劫民众财富，推倒太阳神金像并分成小块方便拿走，烧毁了这个已有700年历史的古代名城。同时被摧毁的还有迦太基港。迦太基人亡国，迦太基文明不复存在。今天迦太基文明已化作突尼斯城北的一片废墟。

迦太基文明是人类早期文明之一，起步于巴勒斯坦，成长于北非，灭亡于地中海畔。以商业为其特长的迦太基文明一度成为人类文明的佼佼者，但灭亡于三次布匿战争。如果从登陆阿非利加建立迦太基城算起，迦太基文明存在了近700年，如果向前可以追溯到公元前13世纪，有1300多年的历史，在这样一个过程中无论是兴还是衰都有一个共同的要素，这就是黄金。

（四）黄金光辉在古希腊文明中闪烁

古希腊是欧洲文明的发源地，是西方哲学、历史、艺术、政治、军事史的奠基者，其农业、建筑业、手工业、商业的历史遗存仍是指示今人前行的灯塔，它是人类古文明中的佼佼者。《希腊史》的作者乔治·格罗特教授认为：“我以为第一次记载的奥林匹克运动会或公元前226年为希腊真正历史的开始。”格罗特的这一结论在33年后被德国人海因里西希·施里曼的考古发现推翻。因里西·施里曼的发现把古希腊的历史向前推进了3000年，这一结论是通过大量出土的黄金文物所证实的。

1. 米诺斯文明

古希腊文明源于克里特岛的米诺斯文明。公元前7000年就有人类从希腊的伯罗奔尼撒半岛渡过爱琴海来到克里特岛，经过4000年的发展，于公元前3000年进入了新石器时代。此时人们已掌握了冶铜技术，生产力的发展促进了社会的分工，而社会分工又促进了交换的发展，于是商业作为一个新兴的行业在克里特岛得到了发展。商业发展不仅仅使克里特岛的经济繁荣，而且也推动了地中海商业文明的发展。进而克里特岛成了地中海国际贸易中心，使米诺斯文明辐射影响力大大超过了克里特岛范围，米诺斯文明也因此进入了一个高速发展期。

克里斯岛上最多一度建立了90座城市，城市由居民区、作坊区、商业区和农田构成。在居民区建有结构复杂、规模宏大的王宫和储水及排水系统。《荷马史诗》将克里斯岛描述成人间仙境，让人产生了许多遐想。专家们认为米诺斯文明的特点是：商业发达、农业发达、手工业及艺术发达、建筑业发达，代表了当时人类生产力的最高水平。米诺斯文明对人类另一个重要的贡献是建立了一种民主体制，即由下而上的平等的共识性权力中心，在克里特岛从祭司到农民不分阶级、不分男女都有平等的权利。即使米诺斯文明被摧毁，这一社会共识性权力中心模式对之后的欧洲文明的发展还是产生了深远的影响，成为当代政治思潮的源头。

米诺斯文明分早、中、晚三个阶段，前后经历了1600多年。公元前3100～前2100年为早期；公元前2100～前1700年为中期；公元前1700～前1450年为晚期。从公元前1700年米诺斯文明进入衰落期，原因是这一时期产生了内部的动乱和外部的自然灾害，火山的爆发摧毁了克里特岛的农业。伯罗奔尼撒半岛的迈锡尼人于公元前1450年征服了克里特岛，并在克里特岛诺萨斯城建立了行政中心。米诺斯文明被迈锡尼人摧毁从一定意义上讲是野蛮人对文明人的征服，追求平等的克里特岛上并没有常备军，一旦有入侵者全岛不分权贵、平民，男女老少都会投入搏斗成为军人，虽众志成城但真实的战斗力可想而知，而此时迈锡尼已进入帝国时代，已开始大量使用铁器和奴隶。文明被暴力征服只是一个历史的瞬间，并不能改变时代潮流的方向。

2. 迈锡尼文明

迈锡尼人是克里特岛的征服者，米诺斯文明的终结者。迈锡尼文明的创立者是阿卡亚人，这是希腊族人中的一支，所以我们把迈锡尼人也称为“希腊人”。公元前1600年阿卡亚人从巴尔干半岛南迁到中希腊和伯罗奔尼撒半岛南部一带。受克里特岛米诺斯文明的影响，公元前1500年开始阿卡亚人由氏族制向国家过渡。后人把公元前1600～前1100年希腊早期城市文明称为“迈锡尼文明”。这段历史由《荷马史诗》记录了下来。公元前1200～前1100年的百年间迈锡尼文明陷于混乱，城邦国之间战火四起，古希腊另一支族人多利安人乘机从伯罗奔尼撒半岛南下，占领了克里特岛，摧毁了迈锡尼文明。

可能是混乱中无暇顾及或者是多利安人对阿卡亚人功绩有意抹杀，总之迈锡尼文明的文献并没有被充分地保存下来，只有公元8世纪以后的希腊文明才有完整文献和文物为证，所以那时人们认为古希腊文明在公元前8世纪以前都是传说，而不是历史。因而迈锡尼文明被摧毁后的二三百年才诞生的《荷马史诗》所记述的历史，因缺乏直证而不被采信。但是，德国考古学家海因里希·施里曼的考古成果为《荷马史诗》的记述提供了直接的物证，特别是大量的黄金文物的出土对迈锡尼文明做了让人信服的诠释。

施里曼相信《荷马史诗》记述的真实性，因而他按图索骥寻找《荷马史诗》记述事件的发生地。在《荷马史诗》中有对特洛伊的记述，这是一个黄金财富丰富的城市，但却被一场战争付之一炬。特洛伊城邦的王子帕里斯诱拐了斯巴达国王墨涅拉俄斯之妻海伦，墨涅拉俄斯国王之兄阿伽门农以此为由乘机率希腊诸国联军进攻特洛伊城。十年攻城不克，最终希腊联军使用木马计而取得胜利，并将特洛伊城夷为平地。施里曼就从寻找特洛伊城开始了迈锡尼文明的考古挖掘工作。

传说特洛伊城在一个叫希沙里克的地方，于是1870年施里曼带着他年轻美丽的妻子来到这里，转眼过去了三年，施里曼只挖到了一些残墙断壁而有价值的东西一无所获。但他仍然还要支付工人的工资和费用，耗资巨大，得到的只是冷嘲热讽，他终于心灰意冷决定撤离。1873年春天的一个早晨，他装好了行李准备离开，在即将启程的那一刻他又来到现场告别。他无意地用脚踢起了一块泥土，随着泥土有一个闪亮东西闪过，他的脑海中马上出现了“黄金”二字，在草丛中果然找到了一个金耳环。于是他返回驻地告诉妻子他的发现，并决定继续挖掘工作。

他们夫妻俩带着工具回到刚才发现金耳环的地方，向下挖了不久，一个有半斤重的金高脚杯露出了地面，接着又发现了一件大的银制器皿，内装了 60 个金耳环，8700 个小金环。他们还发现了 6 只金镯子、金扣子、小金条以及铜和白银制的花瓶与青铜武器。然而更大的惊喜发生在下午。施里曼夫妻顾不上吃中午饭继续挖掘。怕损坏文物，有时不得不用手挖，施里曼的妻子索菲亚突然用手触到了像钢盔一样的硬东西，原来是两顶华丽的金冕，虽在地下已埋藏了 3000 多年出土时仍流光溢彩。大的一顶金冕上有一串可以环绕戴冕者头部一周的金链，并从上面悬吊着 74 根短、16 根长的金链子，每根都由心状金片组成，短链垂于额头，长链垂于肩，并在末端饰以一个小的“特洛伊崇拜物”。整个金冕由 16353 片金箔组成，而金片形状各异。小的与大的金冕结构相似，只是小了一些，其中一顶可能就是为海伦制作的。人们分析可能是特洛伊国王普里阿摩斯将自己随身黄金珠宝装在大箱内保存，而这些珠宝因皇宫被烧倒塌而被埋于地下。

特洛伊考古发现印证了《荷马史诗》对迈锡尼文明的确切性，荷马在《伊利亚特》第十一卷中写道：“雅连娜和赫拉即刻抛出了一个惊雷，向远在富有黄金的迈锡尼国王致意。”迈锡尼被荷马称为“富有黄金的国王”，因而激发了施里曼发现更多迈锡尼黄金的热情。之后他们又对迈锡尼古遗址进行发掘，在这里发现了五座王陵，这五座王陵出土了大量 5000 多年前的黄金制品，而且还有不少与《荷马史诗》描述完全相符的金制品。例如在这里出土了用黄金制作的植物和牛的雕件，而在《荷马史诗》中就有这样的描述：

> 那里他又安排了一个葡萄园，葡萄重重地挂着。
> 全是黄金制成，只有葡萄是黑色的，
> 葡萄藤缠满那白银柱子。
> 他又在那里刻上了一群有角的牛，

一部分牛用黄金雕成，一部分用锡，
它们一路叫着，从牛栏前往牧场。
到那流水潺潺、芦苇摇曳的流溪旁去。
（《伊利亚特》第十八卷）

《荷马史诗》记述的公元前1500年迈锡尼黄金匠人们的作品在19世纪的出土再现，实证了迈锡尼文明的真实性。在《荷马史诗》中还描述了一只金杯：

桌上放着一只金杯，
是老人从家乡带来的，
两对提耳还镶着金的浮雕，
提耳下有两对长柄支撑着，
老涅斯托尔把普拉姆尼酒，
倒入马卡翁和自己的金杯里。
（《伊利亚特》第一卷633～639行）

被考古学家们称为“鸽杯”的是高脚两边有长柄，柄端各有一只展翅欲飞的鸽子浮雕的金杯，施里曼在这次发掘中也得以发现，虽然误以为是为阿伽门农及其战友所用而闹了一个乌龙。但是，施里曼考古发掘出的大量黄金制品为迈锡尼提供了实证，使传说变为了现实，补上了人类历史遗缺的一页。黄金又一次做了历史的见证者，同时也使我们看到了黄金在迈锡尼文明中所占有的崇高地位。

3. 古希腊文明

大约是在公元前1100年，迈锡尼文明被摧毁，希腊文明处于混乱状态，直到公元前850～前800年生产力开始恢复，贸易开始振兴，开始了我们通常所说的古希腊文明。但是我们必须看到古希腊文明是在米诺斯文明和迈锡尼文明的基础上发展的，因为基础雄厚所以一旦发力便创造了人类历史高峰并为人类留下了宝贵财富，尤其其是创造的人文精神财富之丰富为历代王朝所难以比肩。也正是古希腊时代人类的思维世界从神祇崇拜上升到了哲学思辨，因而今天有“哲学是说希腊语”之说。

公元前 776 年是希腊纪事元年，这一年希腊城邦之间虽然仍在混战，但各城邦开始举办奥林匹克运动会。奥林匹克运动会是古希腊为当代人类创造的重要文化遗产之一。公元前 594 年梭伦成为雅典城邦的第一任执政官，实施民主改革建立了公民大会和陪审团制度，这是古希腊为当代人类创造的又一项重要的文化遗产。

梭伦出身于没落的贵族家庭，青年时经商，后从政，执政后他下达“解贸令”，拔除债碑，解放奴隶，改革币制。为此他统一了雅典的金银币，废止了雅典原有的厄齐那币，改用国际流通的优卑亚币，这是为推进雅典城邦国际贸易而进行的货币国际化之举，是必需的。当时使用的是金银币，金银是其货币发行的基础，但梭伦没有足够的金银，改革受阻，最后只能下台离开。

梭伦下台后，公元前 560 年庇西特拉图执政，继续推行经济改革，同样受阻于金银的缺乏，而于公元前 552 年下台，仅执政了 8 年。他下台后吸取了教训，开始兴办金矿、招募雇佣兵，于公元前 541 年又卷土重来重新执政。他的改革是梭伦改革的继续，但由于有了雄厚的黄金财富做支撑，可建造大批船只，组建舰队，扩张殖民地，控制海上贸易。这时希腊的实力与声誉已达到了一个新高度，而拥有色雷斯的金矿是其推进改革的有力后盾。之后公元前 490 年至公元前 478 年经过三次波希战争，希腊打败波斯取得了全胜，公元前 470 年打败迦太基海军取得了地中海的海上霸权。此时古希腊内部保守派和民主派即斯巴达关系良好，对外实行强权和对内实行寡头政治。内部稳定是对外扩张的前提，而这一前提因内部保守派与自由派的纷争而被破坏。

公元前431年两派矛盾还是导致了战争的爆发，先后发生了十年战争（公元前431～前421年）、西西里战争（公元前415～前413年）、德凯利亚战争（公元前413～前404年）。频繁的战争使希腊城邦元气大伤。古希腊文明结束了其黄金期，但其最后的结束期仍闪烁着人类文明的光辉，因为这时是属于闻名于世的亚历山大大帝充分演出的历史舞台。

马其顿城邦位于希腊城邦的北部，与希腊人同族，公元前359年其国王菲力普二世大力推行改革，振兴经济，其核心是大力开采马其顿和色雷斯的金银矿，用这两种金属制造货币。拥有了金银币就可以通过贸易获得王国所需的物质，就可以募集和供养更多军队以实现其征服计划，所以很快马其顿被改造成了那时最强大的霸权国家。公元前336年其子亚历山大登上王位，继承菲力普二世的心愿迅速地统一了希腊，并东征制服了整个波斯帝国，占领了古埃及、美索不达米亚、叙利亚、巴勒斯坦，公元前323年到达印度河流域北部的旁遮普地域，而其扩张基本上是沿着黄金的方向前进的。公元前330年他征服了波斯，仅从旧都赛波里斯便掠夺黄金、白银高达360万千克；那时主要的黄金产地几乎全部被亚历山大收入了手中。

黄金对于亚历山大大帝的事业具有举足轻重的意义。亚历山大遵照其父以黄金为基准货币的政策，保持金银10∶1的固定比率，从而实现了希腊及其殖民地的货币稳定。这种稳定统一的货币制度是保持贸易繁荣的条件，而繁荣的贸易又有助于国家的稳定和人民生活的富足。但126年后的公元前197年古罗马击败了马其顿霸权，希腊文明结束。

希腊文明是人类文明的一个高峰，而黄金作为希腊文明的重要元素发挥着重要的作用，表现在希腊社会政治、经济、军事的方方面面。

（五）古罗马帝国的黄金文明之光

古希腊文明是人类文明的一个高峰，是欧洲文明的发源地，但经历了四次马其顿战争之后，马其顿于公元前184年成为罗马帝国的一个行省，古希腊文明中止，欧洲文明自此进入了罗马帝国时代。这又是人类文明的一个重要的历史时期，而记入了人类的史册。

1. 古罗马人与古罗马帝国

古罗马帝国与古希腊存在血脉关系，古罗马人是多种族混合的后裔，但其主要人种是为古希腊创造了迈锡尼文明的阿卡亚人。特洛伊城被攻陷后，一部分城内的族人在首领伊尼亚的带领下逃到了一个陌生的地方，决定在这里安家，动手建立了亚尔巴尤伽城，伊尼亚就成了第一代国王。伊尼亚死后其长子依米多尔继位，但这是一个软弱无能的人，不久王位就被其弟阿穆留斯夺走。阿穆留斯十分恶毒阴险，他不怕哥哥但怕其后代复仇夺回王位。于是他大开杀戒，将其侄子全部杀掉，又听说侄女生了一对孪生兄弟，不仅杀死了侄女而且还要杀死这一对孪生兄弟，故命其女奴将这两个孪生婴儿扔到台伯河里溺亡。因此时河水上涨，水势汹涌，女奴不敢近前，故把放孩子的篮子放在河边就走了。河水上涨并没有冲走篮子而是将其挂在树枝上。洪水退去后，婴儿的啼哭声被到河边饮水的母狼听见，母狼来到婴儿身边，用舌头舔干他们身上的水，叼回自己的狼窝用狼奶喂养这两个婴儿。两个孩子后被一牧人发现带回家抚养。兄弟俩成人之后推翻了阿穆留斯的统治，还权于依米多尔。这两个婴儿中的一个叫罗慕洛，公元前 753 年在母狼喂养婴儿的地方建设了一座城市，以罗慕洛命名，罗马就是由罗慕洛演化而来的，因而罗马也就以公元前 753 年为自己国家元始纪年。

这个母狼育婴的传说揭示了罗马崇尚暴力的基因，角斗竟成为他们定期举行的公众娱乐活动，城中遍布凯旋门，每一次对外征战的胜利都会得到疯狂的欢呼。罗马在军国主义尚武的文化浸润下，由并不引人注意的小镇慢慢地发展成了有强大竞争力的势力，不断对外进行扩张：首先是把目光聚焦于隔海相望的富裕的迦太基，最终将迦太基变为殖民地。公元前 237 年占领科嘉西岛和撒丁岛；公元前 192 ～前 188 年与叙利亚爆发战争，将势力范围扩张到小亚细亚；

公元前125年南希腊被并入罗马马其顿省；公元前51年征服高卢；公元前30年征服埃及；公元前43年征服不列颠，建立布列塔尼亚行省；公元前19年征服西班牙。古罗马由此进入了一个鼎盛期，其领土包括巴尔干半岛、安纳托利亚、色雷斯、高卢、日耳曼、西班牙、不列颠、叙利亚、巴勒斯坦、美索不达米亚、埃及和北非，不仅是欧洲而且是全球当之无愧的头号强国。

在这些对外的扩张中，对于罗马来说意义最大者是对埃及的占领以及向亚洲更远东方的拓展。对于埃及的占领使罗马得以获得大量尼罗河谷的谷物收成，使罗马粮价迅速下跌；黄金的流入也使资金充裕，贷款利率下降了4%～12%；国民经济日益活跃，收入增长，购买力提高。所以当时的罗马的执政者屋大维自豪地说，他当初建的罗马是一个砖砌的城市，如今却已是一座大理石的都城了。

罗马财富的增长不仅源于对埃及以及其他殖民地的掠夺，另一个原因是随着罗马政治与军事势力范围的扩展其经济的触角也在延伸，国际贸易日益频繁。据史料记载，罗马兼并埃及以后的几年中，每年都有120艘商船从红海驶向印度。罗马人在东方找到了有色金属、香料、宝石、象牙，大量的奢侈品丰富了富裕阶层的生活，而罗马人则是将从殖民地掠夺的金银、乳香精油、玻璃、珊瑚、黄玉用于交换。东方充满了诱惑，使得罗马后期关注的目标完全投向了亚洲，甚至需要迁都，最终罗马在欧洲与亚洲的交会点建立了一座新城，起初叫新罗马城，但很快便以城市创建者君士坦丁的名字命名并名声远播。君士坦丁城也成了西罗马帝国的首都。罗马向东扩展并非一切顺利，与东方民族矛盾的增加也在不断地消耗自身的力量。这个横跨欧亚的大帝国的命运终结于公元1453年。

2. 古罗马文化中的黄金基因

从公元前40世纪的古埃及到公元前30年的古罗马帝国，黄金与人类为伍的历史已有3000余年，在这3000多年中黄金与多个不同的文明主体结缘共存共生，黄金文化得以发展，其一个明显的发展方向是：神秘文化式微，而在世俗社会中扎根日深与世俗社会的主宰王权结合在一起，成为王权维护和拓展的有力工具。古罗马帝国作为王权的标志性朝代与黄金共生共存的关系达到了一个新的历史高度。黄金成为古罗马帝国政治、经济、军事中的重要存在，在其不断发展的国家机体中形成了坚强有力的黄金基因，而黄金基因则为古罗马的竞争力发展提供了支撑，从而形成了独特的黄金文化，其黄金文化的特征就是多元化：

（1）黄金财富文化

古罗马人对于黄金的认知是神圣宗教信仰与世俗财富崇拜的混合。在公元前400年就有他们把财富储存于朱庇特（古代罗马神话中的主神）神殿里的传说。公元前390年高卢人入侵，在夜色中悄悄逼进而惊动了生活在神殿附近的鹅群。鹅群发出的“咯咯”的叫声惊醒了附近的古罗马人而奋起迎战。古罗马人对这群鹅心存感激而为这群鹅建了一座神殿，叫作“莫内塔”。而“莫内塔”后来衍化为“货币”和“铸币”两个词汇。虽然从公元前390年古罗马人就已使用了“莫内塔”这个词汇，但古罗马人并不把黄金与此联系起来。即使在古罗马人已征服迦太基获得大量黄金以后，他们仍将黄金作为财富储藏起来，而不是交换支付的手段。

由于古罗马人将黄金视为财富，所以大量黄金被用于炫富，大量用于制作金首饰和装饰房屋。尤其是西罗马拜占庭帝国的皇帝们，他们把对黄金财富的宣扬推向了极致。他们争相攀比用黄金装饰宫殿、修建教堂，为此从全欧洲寻找黄金能工巧匠。这些金匠成为那时的主要的艺术家，他们的作品大量地被发现，让今天的人类还能看到拜占庭的惊艳。而且每一个帝王都要千方百计地增加自己的黄金财富：公元前530年在位的查斯丁尼大帝拥有30万磅黄金；拜占庭第51任皇帝巴齐尔·柏格罗克图努斯（公元916～1025年在位）拥有20万磅黄金；公元1042年继位，后帝位被夺，1055年又复位的齐奥拉杜皇帝驾崩时拥有10万磅黄金。在当时这都是一笔笔十分巨大的财富。

（2）黄金权势文化

黄金财富文化的衍生物就是诞生了黄金权势文化。黄金是权贵争相拥有的财富，因此拥有黄金财富的多少便成为社会权力大小的标志，甚至可以成为提升自己社会地位的“敲门砖”。最为典型的是古罗马的奠基者儒略·恺撒大帝就是凭借其搜刮的黄金做贿金一步步敲开了权力之门，最终上升到权力的顶峰。在古罗马一个人在国家事务中的话语权取决于其拥有的黄金数量，反过来，话语权的大小又决定可以收到多少贿金。在古罗马社会中黄金与权势是紧密联系在一起的。

权力的维护和获取需要军队，军队本身就是权力的标志，拥有军队就是权力的象征。军队由士兵组成，然而士兵需支付薪水以维持生计，而古罗马军队是用黄金支付薪水的。随着帝国对外扩张步伐的加快，古罗马军队在境外的军需物资的筹集也日益增多地使用黄金。所以古罗马的统治者为了追逐权势而进行了一次又一次以获得黄金为目的的对外扩张。

恺撒在率大军征服了埃及、希腊、叙利亚、北非之后，其声望和权势达到了顶峰。公元前 46 年返回罗马时他用一次黄金大游行宣示了他的无与伦比的权势。杜查里的《恺撒大帝》一书中写道：“这一天，罗马笼罩在一种十分不平常的气氛中，罗马城的人不论男女老幼都穿上节日的盛装，早早地来到城门内外两侧路旁，这个城是专门为举行在征战中建立特殊功勋的人而设立的，只有他们才能受到这样盛大的欢迎仪式……”

黄金与神权结缘诠释神秘，黄金与王权结缘诠释权势。黄金权势文化反映了阶级社会的要求，所以并不因王权的没落而消失。

（3）黄金货币文化

为了维护不断扩大的疆界，贸易是极佳的纽带。随着罗马殖民地的扩大，罗马人的贸易网络从红海到地中海再到印度洋及更远的市场，交易方式在易货贸易之外也使用货币支付。古罗马很早就使用了金属货币，主要是银币但也有金币。在我国也曾出土过古罗马的金币，就是那时我国与古罗马商人开展贸易的产物。古罗马货币的国际化不仅为当时国际贸易带来了便利，而且也是一种文化的输出。彼得·弗兰科潘在其《丝绸之路》中写道："我们可以想象一下2000年前一枚金币的生命历程。它在罗马帝国的一个省级造币厂铸造，作为一个士兵的部分军饷被用来在英格兰北部边疆购买物品，随后又回到了罗马帝国税务官的保险柜里，接着到了一个去往东方的商人手里，后又被用作支付购买在巴里加沙销售的食品。它深受兴都库什地区统治者的喜爱，他们感叹钱币的设计、形状和样式，然后让雕刻师照原样制作，而雕刻师本人可能是罗马人，或波斯人，或印度人，或中国人，或是学过造币技术的当地人。这是一个相互联系、非常复杂、渴望交流的世界。"

古罗马金币的另一个社会功能是宣示王权与神权。早期西罗马拜占庭的金币上描绘的是皇帝和后妃的肖像。第25任皇帝查士丁尼二世决定金币不仅要宣扬他的盖世超凡，同时也要宣传他对基督教的虔诚，所以将耶稣身披光环的半身像铸造在金币上，这样在金币的流通中也把神祇和国王的形象传播到远方。所以有人说金币"是一种象征、一种信仰，是君权神授的皇帝向他的子民派出的信使，是上帝的选民出访世界上其他国家的大使"。

作为给军队支付薪水的手段和国际贸易的支付工具——金币还承担着许多文化交流的职能。但罗马金币在中世纪"黑暗时代"基本消失了，因为在那个悲惨恐怖的时代，城市崩溃，商贸停滞，货币很少流通而退出市场作为财富储藏了起来。今天就已多次发现那时窖藏的大量黄金，而且涉及地域十分广泛。

3. 古罗马的黄金饥渴症

罗马对于黄金的使用广度已远远超过了埃及。黄金虽然还是由帝王所垄断，但通过贸易有日益增多的黄金为民众所拥有。黄金在民众日常的生活中有了日益增多的存在和使用。所以，需求旺盛造成的黄金短缺长期困扰着罗马，使罗马产生了黄金饥渴症。他们不得不以对外扩张来开辟更多的黄金供应来源。而对外扩张的加快又增加了黄金需求，因为军队是用黄金支付薪水的，而且罗马各地总督们自己的警卫也需总督铸造金币发饷。所以，在公元前450年，罗马禁止黄金制品随葬，以节约黄金的使用。古罗马将黄金视为财富而不作为支付手段的原因也在这里。因而今天我们看到的更多是罗马公共设施和艺术品中的黄金，而帝王墓葬中的黄金比古埃及、古希腊少得多。古罗马皇帝为节约黄金甚至把货币贬值（即减少金币含金量）作为常规举措。

在一次次扩张以后，迦太基，高卢（今天的法国、比利时、瑞士、德国、荷兰的部分地区），西班牙境内的马拉加地区的阿杜尔盆地、格拉纳达平原以及内华达山脉脚下都成为罗马的黄金主产地。古罗马人发明了一种水力冲挖法采金，这种方法就是通过水流的冲击力将表层冲开使金矿层裸露出来。这种方法具有很高的效率，但对环境的破坏力极大：冲毁了山峦、农田，淤塞了河道、港口。

公元前53年罗马三巨头之一的克拉苏率4万大军东侵，与美索不达米亚地区的帕提亚人（我国古籍称之为安息人）开战。古罗马是步兵方阵，而帕提亚是由其名将苏莱纳率1万骑兵向长途来袭的7个罗马兵团发起攻击，结果罗马军大败。克拉苏被杀，帕提亚国王得到其头颅后让士兵把熔化的金液倒入克拉苏的口腔里，表示对古罗马拜金文明的蔑视，并说道："你不是要黄金吗，现在满足你的欲望了。"

克拉苏的战败形成对古罗马的威慑，阻遏了古罗马东扩的步伐，但并没有泯灭古罗马人的拜金欲望。公元前54年恺撒大帝征服英格兰以后，罗马帝国又开辟了另一个黄金来源。古希腊著名地质学家特拉博就记录了恺撒运回罗马的物品中有大量黄金，他还将掠来的10万战俘变为奴隶开采意大利的金矿。而对满足古罗马黄金欲望最有意义的是公元前30年对古埃及的占领。古罗马的统治者屋大维乘古埃及权力斗争混乱之机出兵埃及，直逼亚历山大港，埃及艳后克里奥佩特拉自杀。自此埃及的黄金也就收入了古罗马手中。

埃及是当时世界黄金产量最大的国家，因此占领古埃及就意味着古罗马拥有了全球最大的金矿。古罗马的黄金短缺问题也就得以缓解。古罗马的帝王们因此可以增加黄金消费，也可以有更多的黄金用于社会的经济生活。当然黄金也带来了贸易的繁荣，促进了东西方的联系。

东西方贸易联系加强，丝绸、瓷器、茶叶这些从东方输入的奢侈品极大地丰富了古罗马上层社会的生活。但这种变化也引起了社会担忧。《丝绸之路》这样记述了罗马一个叫塞内加的人的看法："他对这种又薄又滑的材料居然广受人们喜爱表示吃惊。他说，丝绸做的衣服根本就不叫衣服，既不能表现罗马女性的曲线，又不能体现她们的高雅。他进一步指出婚姻关系的根基正在动摇。因为男人可以透过裹在女人身上的薄丝看到裸体，任何神秘感和想象都没有了。在塞内加看来，丝绸只不过带来的是异国情调和色情诱惑，除此之外一文不值。"

我们很少会想到中国的丝绸会在古罗马引起如此大的反应和愤怒，更确切地说是恐慌。那时古罗马每年用于奢侈品的花费高达 1 亿塞斯特斯（古罗马货币单位），相当于帝国年造币量的近一半，年度预算的 10%。这样一笔巨大资金从罗马源源不断地流向了东方贸易市场，而这笔资金又是以黄金做支撑的，一旦这种支撑力消失，贸易就会受阻而萎缩，那么立即会对古罗马人的生活产生影响，而使古罗马走向萧条。这或许才是让人恐慌的原因。然而让人们恐惧的事还是发生了，公元 7 世纪，努比亚被阿拉伯民族占领，古罗马失去了努比亚的黄金供应，而在帝国境内的金矿大多已经枯竭，古罗马又一次陷入黄金短缺。为了获得黄金，拜占庭王朝把更大的精力投向了贸易和商业，使东西方贸易进一步活跃，但贸易的扩大又增加了对金币的需求。这种困境使拜占庭王朝走上了货币贬值之路，这也是其衰败的标志。而这时占有黄金主产地努比亚的阿拉伯人未费多大周折就积累了大量黄金，而成为拜占庭王朝的主要威胁。古罗马最终被奥斯曼帝国所灭。

（六）中华文明与黄金文明的渊源

中国是人类文明古国，并是世界上五个古文明中文化持续没有中断的唯一的一个，但在一段时间里给人的印象是，似乎在黄金文化方面的建树不多。我国出土的最古老的金文物有3500年的历史，是于1976年在甘肃玉门火烧沟出土的一对金耳环，之后一直没有发现早于这个时期的黄金文物，而发现的更古老的权力代表物是玉龙和铜鼎。从出土的墓葬文物看，中华民族先人们最早使用的崇拜物标识是玉石和铜金属而不是黄金，使用铜钱与银钱的历史和广度也远超黄金，使人感到中华民族黄金文化沉淀逊于其他文明古国。但四川成都三星堆和金沙古遗址的发现将中华民族与黄金结缘的历史起码向前推进了500年，而使中国也成为与黄金结缘的文明古国之一。

四川成都三星堆和金沙古遗址不仅出土了大量的青铜祭祀器，同时也出土了大量黄金礼器和祀器，引起了世界的关注。这是因为这些黄金文物不仅为我们展示出了一个完整的太阳神信仰体系，而且为我们展示了4000年前中华民族在黄金制作方面所达到的技术水平。总之，现在已有的资讯告诉我们，中华民族不是最早与黄金携手的民族，但仍然是有深厚的黄金文化底蕴的民族。在中华民族的历史上，春秋战国时期和汉朝是黄金文化的繁荣时期。春秋战国时期金币已使用广泛，品种有金贝与爰金两大类；而汉朝黄金作为财富被广泛地用于奖励与馈赠，而且数量巨大，主要有金饼、马蹄金、麟趾金，一般重量为一斤。春秋战国时期距今2500多年，汉朝距今2200年左右，而成都发现的4000多年前的蜀国黄金文明并未列入中华文明的正史，这也表明中华黄金文明还有众多的奥秘等待后人去发现。

代表中华文明的历史文物中，首先是玉石器，有6000年历史；之后是青铜器有近5000年历史；再是金器有4000多年的历史。虽然金器不是最早被使用的，但也是中华文明的重要因子。和罗马人黄金文化观相似，即在中华文明中，黄金被视为财富，故主要被用于奖惩、贿赂、馈赠、储藏，因而黄金是中华文明形成过程中政治、经济、军事的重要存在。

（七）古印度文明：因黄金文明而繁荣

印度古文明并非仅发生在现在的印度，还包括了巴基斯坦、孟加拉、斯里兰卡、尼泊尔等国，约有 437 万平方公里。因此现在我们所讲的印度古文明与现在的印度国并不是一个概念，而是一个有更大内涵的概念。

人类文明能在这一地区发展首先是因为这里有优越的天然与地理条件。印度河是古印度文明的摇篮，印度河发源于兴都库什山脉和喜马拉雅山脉，从高山奔腾而下的河水冲积形成了一个面积大于美索不达米亚和埃及之和的平原，加之温暖多雨的气候，所以在公元前 7000 年就已有了发达的农业，因而是人类农业革命的先驱，这是古印度文明得以发展的基础。

农业革命的一个结果是因人类的聚集而出现了城市。在现在巴基斯坦信德省考古发现了 4500 年前建设的摩亨佐·达罗城遗址，这是古印度最完美的城市。该城有统一的设计布局，是 5 万多平方米的正方形，街道呈格子形，筑有堡垒和大型仓库，还建有市场、神庙及沐浴等公共设施。这时古印度文明已达一流，其标志是当时居民消费水平的提高，在这里出土了贝壳、绿松石、红宝石和由黄金制作的各种项链、手链和其他制品。但这座城在公元前 1800 年被抛弃，可能是毁于战争。

古印度黄金文明的推进的另一个重要的动力是东西方陆上贸易通道的建立。先是波斯，后是中国的东方文明，引起了欧洲强烈的觊觎，但东进之路因喜马拉雅山横断而受阻，同样亚洲文化也因喜马拉雅山的阻挡而止步西扩。因此，古印度成为东西文明的交汇点，东西方贸易在这里频繁交易。如从公元前 4000 年到公元前 1300 年的 2000 多年，古印度一直与两河文明有贸易往来，而之后丝绸之路的形成，又极大地推动了古印度文明的发展。当时在这里交易的出口商品是自产的玛瑙、象牙、木材以及从中国进口的丝绸，而出口换回来的是羊毛、皮革、金银。贸易增加了古印度人的财富，从而也促进了黄金文化的形成并影响至今。今天的印度对黄金崇拜有加，当代印度一直是全球黄金消费第一大国，直到 2014 年前才被我国取代。现在印度黄金主要是进口。古印度也有黄金生产。1990 年一个国际考古小组对印度古代金矿进行了考察，他们发现了一个距今 3800 年深 80 米的老矿井。那时印度北方还有黄金矿区，但当今印度已无黄金生产。

（八）美洲的黄金之国——印加王朝

现在我们把关注的目光从亚洲、非洲、欧洲转向美洲。在人类文明的发展进程中，相对亚洲、非洲、欧洲而言，美洲是一个后进者，又由于 16 世纪西方殖民者对土著人的疯狂掠夺和屠杀，美洲传统文化受到了毁灭性地破坏，而使我们对美洲古代文明的认识产生了众多未解之谜。要解开这些谜团，必须依靠当代考古挖掘去把一个个缺失的环节连接起来。当人们把一个个缺失的历史环节连接起来之后，美洲展现出的是一幅波澜壮阔的人类文明画卷，并引起了人们更大的兴趣，引导人们走上了继续探索之路。

印加文明是美洲文明的重要部分，虽然殖民者对这一文明的毁灭是致命的，但 500 年过去了，印加文明今天仍然闪烁着自己的光辉，其价值被重新发现。因为美洲有丰富的黄金资源赋存，是全球重要的产金地，这一客观的资源优势使黄金在古印加文明中有着更广泛的存在和更大的社会功能，因而印加王国也被人们称为“黄金之国”。

1. 印加文明与印加王朝

印加文明是公元 6 世纪在库科斯谷地的查纳帕塔文化的基础上发展起来的。印加起初属于克丘亚族的一支小部落，到 12 世纪进入部落联盟阶段，15 世纪建立了奴隶制的帝国。传说第一代印加国王是曼科·卡帕克，之后先后有 12 代国王。这一帝国历经 350 年，分为两个发展时期：

（1）传奇帝国时期

从 13 世纪初曼科·卡帕克称帝始至 15 世纪 1438 年，历时 250 年。印加王国从一个库科斯山谷中的小农业国开始逐步向外扩张，到1438年在英勇善战的王子库西·尤潘基的带领下击败了屡次进犯的昌卡人。这一胜利奠定了印加王朝强兵扩张的基础，羽翼渐丰的印加王朝开始了历史帝国时期。

（2）历史帝国时期

库西·尤潘基得胜归来立即被拥戴为印加帝国的国王。印加帝国在1438～1533年的近百年中先后征服了奇穆王国和基多王国，并吞并了今天玻利维亚、智利、阿根廷部分地区。到16世纪初，印加王国领土已有200多万平方公里，臣民达600万人以上，成为美洲空前强大的帝国，构筑起一套完整的政治、司法、军事等奴隶主专政的国家机器。

印加王国拥有发达的农业，尤其是玉米种植业，以至于印加人被称为“从玉米地里走出来的人”。他们还拥有发达的纺织业，使用的原料是棉花和驼羊毛，可以染出200种色调，还织进金丝和多种图案。制陶业也很发达，制出的陶器十分光亮雅致，并饰有优美的几何图案和绚丽的色彩。印加王国的金属冶炼业的规模也很大，提炼铜金属和金金属的数量在美洲名列前茅，但还不能生产钢铁。他们也有发达的金属加工业，可以生产各种青铜工具和器具，能把金银打造成薄片，用以制造金银器皿和祭器。因此，印加文明已是人类文明的高级阶段。

使人大跌眼镜的是，这一集美洲文明之大全的印加王朝却被西班牙人皮萨罗率领的102名步兵、62名骑兵所摧毁。当时印加王朝拥有20万精兵，在国王阿塔华尔帕周围的卫兵就多达5000人。但是，这些人竟成为皮萨罗的阶下之囚。战败的原因首先是出于王朝内部。

当西班牙殖民者踏入南美海岸之时，老国王瓦伊纳·卡帕克已病入膏肓，最为担心的不是殖民者而是如何让心爱的小儿子继承王位，顺利接班。老国王去世后立即爆发了继承人之争。小儿子阿塔华尔帕与另一个儿子华斯卡尔发生内讧，在库斯科附近发生激战。最终阿塔华尔帕获胜，并立即开始了内部清洗，而使国家内部元气大伤，给了殖民者可乘之机。

战败的另一个原因是殖民者的残暴。皮萨罗在与阿塔华尔帕国王见面前就决定杀害他，并以呼喊“圣地亚哥”作为行动信号。所以阿塔华尔帕并无准备被打了个措手不及，空手的卫兵非死便降，印加王朝就此灭亡。之后反抗殖民者的战斗又持续了近 40 年才告一段落。

2. 黄金之国的黄金奏鸣曲

印加王国被后人称为“黄金之国”是因黄金在印加政体中占有极其崇高的地位。原因有二：一个是因为印加人崇拜太阳神，因此太阳神祇的标识黄金自然成为印加人心目中具有神性的金属而受到顶礼膜拜。另一个原因是印加王国拥有丰富的黄金资源可供印加帝国使用，通过黄金的大量使用以显示帝国的神性与权势。当时每年仅运到库斯科用以加工装饰品与祭器的黄金就达 700 盎司，而在那时全球黄金产量仅 2 吨左右，这已是很奢侈的了。

印加帝王声称他们是太阳神的后裔，首都也是根据太阳神的旨意确定的。建在高原上的首都以示印加人努力与太阳神接近，反映了印加人对太阳神的崇拜。

作为首都的库斯科城设有严密的防御体系：四周建有四个古堡，古堡建在居高临下的山坡上，有三重围墙作屏障，墙高 18 米，最外一道周长 540 余米。整个城堡全部用巨石铺砌，最重者达 200 吨。总计用巨石 30 多万块，从 1400 年开始建设历时 108 年建成。

库斯科城的中心广场和太阳神庙构成了印加王国的政治与宗教中心。太阳神庙是由一个主庙和五个小庙组成。第一个小庙供奉的是太阳神的姐妹和妻子——月神；第二个供奉金星和启明星；第三个小庙贡奉雷神和闪电神；第四个小庙贡奉财神；第五个小庙用金银宝石装饰，有许多黄金偶像，是由祭司管理使用的。

太阳神主庙大殿有 400 多平方米，这是用黄金堆砌起来的金窟：庙的屋顶与墙壁全部用黄金镶嵌，在太阳光下耀眼夺目。中间是由黄金制作的圆盘象征太阳，周围镶嵌几百条金线象征太阳光芒，还有一个白银铸造的圆盘象征月亮。

在大殿中央有一把金交椅，象征着王权，在交椅的上方供奉的是印加帝国历代帝王的木乃伊，以及用金铸造的脸谱。在这里君权神授得到了最好的诠释与展示。

太阳神庙的西南还建有一座太阳神花园，这也是献给太阳神的。让人惊奇的是太阳神花园中的花草树木、飞禽走兽及人物全部是用金银制作的，甚至太阳神花园中撒满黄金的土地里种植的玉米也是黄金制作的。工艺之精细已使太阳神花园达到了真假难辨的程度：从植物的发芽到开花结果的每一个成长状态都仿造得惟妙惟肖；小鸟于林中鸣叫，蝴蝶和蜜蜂在花丛中飞翔；动物的行走嬉戏都栩栩如生。据说西班牙殖民者闯入太阳神花园时也信以为真，当去采摘太阳神花园的花朵时才知是印加人的巧夺天工。

太阳神广场的庭院中有一块玉米地，由印加帝王和王公们耕种，收获的玉米是专供举行大型祭祀活动献给太阳神的。玉米地中有 5 个喷泉，水源是用埋在很深的地下的黄金水管引来的，除用于灌溉玉米，还专门用于帝妃婚前沐浴净身。泉水盖用纯金铸造并雕刻有太阳神像。印加人用建筑将其太阳神信仰淋漓尽致地表现了出来，而黄金是这一表现的核心要素，创造了黄金文化的一个历史高峰。然而这一黄金文化的成果却被另一群黄金崇拜者所毁灭，而成为后人的一种怀念与牵挂。

3. 因黄金而疯狂

15 世纪正是印加王朝在黄金文化基础上向前发展的时期，而欧洲则陷入了黄金短缺泥潭，为了摆脱困境而掀起了航海冒险、海外寻金的风潮。1492 年西班牙哥伦布船队到达美洲，开启了美洲殖民化历程。1522 年西班牙殖民者皮萨罗进入秘鲁，1525 年从巴拿马出发到达哥伦比亚西海岸。1527 年他们了解到，他们千方百计寻找的黄金之国就是印加王国。为了征服印加王国皮萨罗返回西班牙做准备，并得到了西班牙王室的支持，于 1530 年带领 200 名士兵和 10 多门大炮返回巴拿马。

1532 年皮萨罗一行到达哈马卡城，这是印加王朝的行宫所在地。为争夺王位与其兄华斯卡尔刚刚激战获胜的阿塔华尔帕正在此养伤，他接受了皮萨罗的邀请，几天后访问皮萨罗的驻扎地。而皮萨罗决定以武力俘获阿塔华尔帕逼其就范，以掠获印加黄金。没有任何防范准备的阿塔华尔帕坐在金制乘舆的巨大王座上，王座也是金制的，戴着一个大大的翡翠项圈，头发上装饰着各种金饰。但当他带着 5000 多个随从浩浩荡荡地来到约会地点时却没有见到皮萨罗。皮萨罗派出了一个随军牧师要求阿塔华尔帕皈依基督教，并说这是他们来此的重要任务。阿塔华尔帕大怒。皮萨罗立即发动了攻击，在火炮的攻击中手无寸铁的印加人纷纷倒下，印加人溃败，阿塔华尔帕被俘。

阿塔华尔帕被俘期间近距离观察西班牙殖民者，发现与其说他们是渴望他皈依基督教，还不如说他们更渴望黄金。于是他提议，在两个月里将黄金填满囚室中举手可触的高度，以换取他的自由。而这个囚室长 22 英尺，宽约 17 英尺，高约 9 英尺。皮萨罗求之不得地接受了这个黄金换自由的提议，于是阿塔华尔帕派出特使向印加王国各地传达了这个决定，各种形状的黄金从公共建筑和寺庙上拆下来集中运到了这里。但是，皮萨罗违背了承诺，仍然以各种罪名处死了阿塔华尔帕。同时皮萨罗又洗劫了库斯科的太阳神庙，装满了 200 箱黄金运往其驻扎地。

皮萨罗这次从印加掠夺的黄金 1.33 万镑（约 6 吨），在当时这是欧洲 1 年的黄金产量，是秘鲁 20 年的黄金产量。皮萨罗将从库斯科抢掠的一件件黄金艺术品送入了熔炉铸造了 132.6539 个金比索，今天价值 2.7 亿美元。皮萨罗将这些黄金大部分作为犒劳品留给了自己，还有一小部分作为贡品献给了西班牙查理五世。

皮萨罗灭亡了印加王国，占领了秘鲁后并没有停止他们的殖民脚步。1534 年他征服厄瓜多尔；1538 年征服哥伦比亚，同年进犯巴西境内；相继又征服了委内瑞拉、阿根廷、巴拉圭和乌拉圭。到 16 世纪中叶除巴西外中南美洲大部分地区均已处于西班牙殖民统治之下。西班牙殖民者为获得美洲的黄金不惜对美洲土著居民展开屠杀。他们将掠夺的黄金运回西班牙以期得到人们期盼的财富与权势，但立即引起了荷兰等国家的觊觎。海盗船频频打劫，那些还在大海中航行的运金船中途便船毁人亡，或成为他人的战利品，而千辛万苦运回西班牙的黄金又流向了英国成为人类工业革命的第一桶金。

为了抢掠印加人颈上、手上、脚上、耳朵上、鼻子上的金首饰，殖民者不惜砍掉印加人的手脚；为了抢掠库斯科城的黄金，而不惜将印加人数百年间创造的艺术珍品毁于一旦。当西班牙人把土著人的黄金抢掠一空之后，他们又转向了对美洲黄金地下资源的掠夺，迫使当地土著人在极其恶劣的条件下开采金矿。矿工安全不能保障，死亡率高达 80%，致使土著居民人口急剧减少。然而那些制造了人间悲剧的西班牙殖民者的结局又如何呢？

在抢掠印加黄金、殖民美洲的过程中皮萨罗兄弟与迪耶科、阿尔马格罗结为同盟，但很快化友为敌，印加灭亡 5 年后，即公元 1538 年阿尔马格罗被皮萨罗杀死。1540 年费尔南多・皮萨罗带着他抢劫的财富返回了西班牙，但在他宿敌的密谋下入狱达 20 年之久，出狱时已步履蹒跚。1541 年弗兰西斯科・皮萨罗被阿尔马格罗的追随者杀死。因黄金而疯狂者最终都没有好下场，这也可能是天意，因为人在做天在看，做孽者要承担做逆的后果。人类文明也终要结束这黑暗的一页而掀开新的篇章。

延伸阅读（三）

全球黄金生产力的变迁轨迹

一、古代黄金生产版图扫描

黄金可能是人类发现的第一种金属，但广泛使用居铜金属之后，这种时间差大约与黄金的稀有有关。黄金具体的发现时间无从考证，大约可上溯到1万年以前；具体的使用历史大约可上溯到6000年以前，这已有出土的黄金文物为证。

古埃及人是人类认识和使用黄金的先驱，最古老的有关黄金的文字记录和生产黄金的地图及文献都是在古埃及考古挖掘中发现的。这些古埃及的文字和图像表明，早在6000年前人类就已经生产黄金。已发现的考古文献中表明，与古埃及相邻的国家的国王与古埃及法老的书信往来中经常提到黄金，并向法老恳求获得黄金，显然古埃及是当时主要的产金国，并拥有大量的黄金。

在数万年前，非洲在沙漠化的过程中有大量的黄金在河水的冲刷的作用下开始裸露了出来。人们开始在洪水过后在河床中捡拾自然金矿，后来人们又发明了溜槽淘洗沙金的技术，提高了黄金生产量。在七八千年前古埃及进入了金石并用的时代，铜与金是最早被使用的金属，当时古埃及的铜主要来自西奈半岛，而金银主要来自尼罗河上游的努比亚地区（现在的苏丹）。

20世纪初的1923年，欧洲的一个探险队发现了古努比亚在沙漠中的金矿井和冶炼厂，表明公元前1600年左右的古埃及新王朝时期，古埃及人就在这里开采黄金。在这里古埃及人建成了被称为“阿拉玛特”的石堆，这是古代路标的遗迹，是为矿工通行和物资补给指示的通道。古埃及人用十分原始的方法采金：把含有黄金的石头砸碎成小块，然后用花岗岩工具将石块磨成粉末，接着用淘金盘淘洗把金子分离出来，最后就地加工冶炼成金锭由尼罗河运往王宫储藏。到公元 4 世纪阿拉伯人和罗马人相继占领了古埃及，罗马人发明用水力推动的圆磨，将研磨石英石的速度提高了 5 倍，直到 15 世纪美洲金银矿发现之前，努比亚一直在全球黄金版图上占有重要地位——虽然它的黄金产量并不高。当时采金是在一个极其恶劣的环境中由奴隶们从事的工作。

当时另一个重要产金地是幼发拉底河与底格里斯河交汇的两河流域。这里早在 7000 年前就进入了金石并用时代，最早的金币就诞生在这一地区。公元前 2371 年国王萨尔贡统一了两河流域，开始对外扩张，先后征服了盛产黄金的埃兰王国和波斯王国，并通过贸易增加黄金的流入，成为当时一个重要的黄金生产与供应的地区。

古波斯人居住的亚洲西南部的伊朗高地也是人类古黄金产地，因而被那时的强权所觊觎，古埃及的法王及两河流域强权巴比伦君主们多次入侵波斯，掠夺那里的黄金。风水轮流转，而在公元前 550 年波斯人在鲁士的领导下，推翻了米底国王，接着就大规模对外扩张。在公元 538 年攻占了新巴比伦，公元前 5 世纪波斯国王大流士又入侵了埃及。于是波斯人的黄金故事在古埃及和古巴比伦的文化基础上有了进一步的发扬。

商业发展和宫廷消费增加了黄金的需求，为了满足对黄金的需求，大流士开始了以夺取黄金产地为目的的战争。公元前 500 年大流士征服了印度河流域，占领了印度几十个金矿，印度总督一次献出了黄金 360 塔兰特（折合为 9 吨）。波斯因此积累了大量黄金财富。

波斯黄金财富的丰富从“波斯诗歌之父”鲁达基·撒马尔世的诗作《暮年》中可见一斑，他写道：

我享受人间的荣华富贵，
这是承受萨曼家族的恩惠。
一次霍拉桑总督赏我四万金币，

亲王玛康又加赠五千两。
其他相好也赠金八千，
富贵荣华达到了顶点。

波斯人为掠夺黄金而挑起的长达47年的“波希战争”，最终以波斯人的失败告终。而公元前331年与古希腊亚历山大大帝进行的伊苏斯会战使波斯受到了更为致命的一击，波斯帝国彻底被摧毁。

古埃及地处非洲，而两河流域在亚洲，在人类进入第一个千年的前后，古罗马人取代古埃及文明和两河文明成为世界文明的旗帜。古罗马一方面大力掠夺古埃及、两河流域及波斯的黄金，另一方面大力开拓欧洲的黄金生产：恺撒征服高卢掠来十万奴隶开采意大利境内的黄金；公元前25年罗马皇帝率7万大军攻下了最大金矿所在地西班牙西北部的阿斯图里亚斯，开始用“水力冲挖法”开采那里的黄金，强迫1万多名被俘的阿斯图里亚斯人在山体内挖出一条蜿蜒的隧道，又建了一条有200多英里的输水管道和引水渠，将水注入水库，打开注满水的水库的出水口，水在巨大的压力下冲入隧道，瞬间山壁崩陷，泥浆流向开阔的平地导向深坑，再在深坑表面种植类似于迷迭香的荆豆植物，通过它提取泥水中的黄金。在此后200年的时间里罗马人提取了3000万盎司的黄金（约933吨），但也大肆地破坏了那里的环境。

这时古罗马人把每年的黄金产量提高到了不低于5吨。但是，欧洲黄金生产并没有持续增长，而需求却在增长。公元7世纪原努比亚的黄金因阿拉伯民族对这些地方的占领而中断，这对中世纪的欧洲造成了极大的影响。黄金的短缺给欧洲的政治与经济带来混乱，各国政府一方面是制造贬值货币（减少含金量）；另一方面就是为了争夺黄金大打出手，战火四起，欧洲进入了一个黑暗时期。

黄金的短缺更激起了欧洲人对黄金的渴望，成为15世纪欧洲人海上远行、冒险寻找新大陆的直接动因。欧洲人对美洲的黄金掠夺，一方面是抢掠本地民族保存的黄金财富，另一方面是强力开发美洲的黄金矿山，因而使美洲成了16世纪至18世纪全球黄金的主产地。16世纪先是在现在的秘鲁、墨西哥，17世纪是在哥伦比亚和玻利维亚，18世纪是现在的巴西先后有金矿被发现，黄金产量大幅度的增长。美洲黄金产量在16世纪时占世界总产量的三分之二；17世纪时占二分之一；18世纪占三分之二，巴西是当时黄金产量第一大国。

西方殖民者将美洲的黄金与新兴的资本主义联系在了一起，黄金成为推动人类文明进步的重要因素。那时全球80%的金银产量来源于美洲，在非洲努比亚、欧洲西班牙黄金枯竭之后，美洲成为欧洲黄金供应的接替者，并且将全球黄金年均产量由个位数上升到两位数。但是殖民者的疯狂掠夺使美洲的黄金生产也很快地衰落了，直到19世纪中叶以后新兴产金地的出现才使全球生产力发生了一次突破，而黄金生产方式也由野蛮掠夺变为文明开发，开始了一个人类黄金生产历史新阶段。

二、19世纪后半叶黄金生产力大突破

19世纪是人类工业革命推进的历史时期，也是黄金生产力出现突破的世纪，更具体讲这一突破是发生在后半叶。在19世纪上半叶全球黄金年均产量仅为24.23吨，但下半叶第一个十年即达到了200.44吨，增长了7.27倍，由年约两位数上升到了三位数，下半叶的黄金产量超过了1万吨，50年产量超过了之前的5000年。变化首先发生在俄罗斯。

俄罗斯在乌拉尔河流域有丰富的砂金矿，并于1744年就在乌拉尔山的东坡埃卡特林堡附近发现了岩金矿，使俄罗斯的采金业开始复苏，但开始产量很低，头40年仅生产了2.6吨黄金。随后俄罗斯扩大了找矿范围，在埃卡特林堡以南和以北的100里的地区又发现了许多砂金矿，年产量由1.5吨增长到了3.5吨，增长了一倍多。到1842年西伯利亚地区至少有56个砂金矿在开采，这一年这

一地区的黄金产量已达 11 吨。但是，俄罗斯并没有就此止步，而是加快了勘探，在勒拿河、贝加尔湖以东，黑龙江流域也发现了黄金矿，使 1840 年的黄金产量达到了 43.5 吨成为全球之冠。在 1831 年到 1840 年期间俄罗斯黄金产量占全球总产量的三分之二，1847 年为 60%。俄罗斯全球第一黄金生产国的桂冠一直保持到 1851 年才被美国超越。

俄罗斯黄金生产是受沙皇控制的，矿工都是农奴，受到严酷的剥削，工作条件恶劣，这与之后在美国和澳大利亚出现的黄金开采潮有很大的不同。美国 1848 年发现黄金带有很大的偶然性，但反应是惊天动地的：

1948 年 1 月的一个下午，一个叫马歇尔的木匠在美利坚河与圣克位托河交汇处一个叫约翰·沙特的磨坊主家的排水沟中发现了金粒。他不能完全肯定是黄金，于是他匆忙赶到沙特家查找“美国百科全书”，确信无误后，连晚饭都没有顾上吃就急忙奔回磨坊和沙特商议。两人试图保密，但消息不胫而走，很快传到旧金山，当时这个仅有 2 万人的海港中有一半人舍弃了自己的家园，奔向了采金场。1848 年秋消息传到纽约，更多的西海岸的居民奔向了加利福尼亚的采金队伍。蜂拥而来的采金者使磨坊的主人十分尴尬，在那里他已建设了 60 座建筑，饲养了上万头牛羊和 2000 匹骡马，这一切都因此付诸东流。他多年申诉无果，77 岁时去世了。

从沙特的磨坊出发，沿萨克拉门托河向南向北前进，一直追溯到山脊，探金者很快确定出一条长 100 里的含金矿脉，宽几百尺到 2 里的主矿脉。到 1851 年美国的金产量达到了 72 吨，1853 年更达到了 93 吨的高峰，1851 年至 1855 年间其黄金产量占世界总产量的 43%，美国取代俄罗斯成为世界产金第一大国。虽然 1856 年至 1858 年产量有所下降，但 1859 年后新金矿的发现使美国黄金产量领先的地位一直保持到 19 世纪末。

在美国加利福尼亚发现黄金三年之后的 1851 年，澳大利亚在新南威尔士州巴瑟斯特不远的麦夸里河支流里也发现了黄金。澳大利亚发现黄金与美国加利福尼亚采金潮存在着一定的关联性：一个叫爱德华·哈蒙德·哈格雷夫斯的澳大利亚人，在加利福尼亚时，他认为自己的国家也有与加利福尼亚相同地质特征的地区，于是1851年末他返国寻金，登陆后的一个星期内就找到了，澳大利亚黄金热由此兴起。他因此被英国女王任命为地方长官，并在1854年受到女王亲自召见。

澳大利亚黄金热发展很快，到1852年新南威尔士州就生产了26.4吨黄金；6个月后在距墨尔本60里的巴拉腊特又发现了黄金，同年在本迪戈克里克也发现了黄金；维多利亚州因发现黄金而获得了奖励。在19世纪澳大利亚采金潮曾出现过两次高潮：第一次是1851～1862年；第二次是1892～1910年，最高年份的产量过百吨。

美国加利福尼亚和澳大利亚新南威尔士州发现的都是砂金，生产力增长得快，消失得也快，而给全球黄金生产力带来持久性支撑力的是南非黄金岩金资源的发现与开发。

南非黄金潮的出现完全不同于美国和澳大利亚。南非最早发现的财富是金刚石而不是黄金，金刚石的开发而吸引了大批企业家，他们拥有大量资金，在南非发现黄金以后，这些大企业转而成为开采黄金的主导力量。美国和澳大利亚是以大量个体采金者为金矿开采主体。因为南非黄金开发商拥有强大的经济实力，所以可以建设大型金矿山，进行深部开采。

南非发现的金矿资源是岩金，而不是砂金，因储藏量大而可以长时间开采。1887年英国人罗伯特和威廉·弗雷斯特以及一位化学家约翰·麦克阿瑟发明了“氰化浸出黄金矿法”，使黄金回收率达到96%，比原来的汞提金法提高了31%，从而大大提高了南非黄金生产的盈利性，使南非岩金开发具有了经济上的可行性。

南非黄金资源是1886年2月发现的，当时一个叫乔治·哈里森的人在兰拉格特农场为一个寡妇盖房子，在挖掘石块时偶然发现了金矿露头，他在澳大利亚有采金经验，认识这种石头是含金的。发现金矿的消息很快在约翰内斯堡传开，并引发了采金热潮，但是只有拥有大量资金的人才能开采，于是就形成了六大黄金联合公司，这些黄金公司至今仍在全球采金业占有举足轻重的地位。

1887年南非黄金产量仅有1.2吨，而5年后就超过了30吨，1898年即达到了120吨，取代美国成为世界第一产金大国，并一直保持到了2007年，前后总计108年。而南非在19世纪的表现仅是“小荷才露尖尖角”，其后20世纪的表现才是“一览众山小”，成为黄金生产的绝对老大，无人能比肩而立。

赶上19世纪末班车的是加拿大。加拿大发现黄金多少有些偶然性：1896年8月的一个下午，亨德森和卡马克在育空河支流的斯龙—笛克捕捞大马哈鱼。这两个人曾是探金者，在这里他们瞥见了黄金的闪光。消息传出立即在这里又掀起了一股淘金潮，成千上万的人涌向这里。很快这里诞生了一座道森城，并且在两年内便成为加拿大温尼伯北部最大的城市，人口高达十万。

道森城周围河流的工业化采金一直持续到20世纪的1966年冬，先后有70年，最高产量达到了30吨，而在19世纪最后三年，育空河地区大约生产了27吨黄金。来去匆匆，砂金资源枯竭，加拿大黄金生产逐步从砂金生产转向了岩金地下开采，到20世纪80年代以后才又出现了一个新高峰。

19世纪黄金生产力的突破在人类黄金生产史上留下了重要的一页，但如果没有之后氰化法冶金技术的出现，使岩金开采成为主导的生产方式的话，19世纪的黄金生产力的突破很可能成为一道划过天际的流星而已，迅速出现的生产力，又会迅速地消失。但是，20世纪黄金生产力的大发展又是在19世纪黄金生产力大突破的基础上发生的，19世纪黄金生产力出现突破的几个主要国家，仍然在20世纪黄金生产力大发展中发挥了主力军的作用。

19世纪黄金生产力发展和之前有根本不同。之前黄金是强者掠夺的对象，每一次产金地的发现都可能产生一场战争，抢掠成为黄金财富增长的手段。而19世纪黄金生产是千万民众的自发的冒险活动。当个体采金者发现并采掘完浅层资源之后，拥有大量资本和大型设备的商人们随之而来，取代个体采金者采掘更深处的黄金。所产黄金不再是运往宫廷而是运往银行和国库，成为社会公共财富，从而也大大促进了黄金市场交易的发展。

1847年世界黄金产量为77吨，而到1852年就达到了280吨，增长了2.64倍，全球黄金短缺的情况有了很大转变。由于19世纪黄金生产力突破大多发生在英国的殖民地，如南非、澳大利亚、加拿大，所以它们生产的黄金大多流向了英国，英国成为全球黄金冶炼中心和黄金交易中心。

19世纪黄金生产力的突破改变了全球黄金供应的状况，有更多的黄金可用于制造货币。当时最大生产国南非的黄金全部运往伦敦冶炼厂冶炼，冶炼的成品金加一定的升水（每盎司黄金加半便士）后，或直接卖给英格兰银行，或通过市场卖出。在19世纪黄金生产力大突破之前，英、法、美等金币的铸造量仅为840万美元，而到1851年已达到7500万美元，增长了7.9倍。

黄金货币需求的增长为19世纪黄金产量的增长提供了市场空间，而黄金产量的增长则又是欧洲“金本位制”建立的重要推手，是实行金本位制的物质基础。金本位制是人类大工业生产需求与人类黄金生产大幅提高的结合，使黄金在人类创立大工业新兴生产方式的过程中发挥至关重要的作用。如果没有19世纪黄金生产力的突破，全球19世纪社会生产力发展的货币需求将无法得到满足，商品经济的发展就会受阻。19世纪是人类社会政治与经济制度大变革的时代，也是人类新的生产方式形成与建立的时期，黄金成为这一时期社会变革的参与者和催化剂，这就是金本位制的建立，因而19世纪黄金生产力大突破的意义远远超过了黄金自身。

三、20世纪：又一个历史新高度

19世纪是黄金生产力大突破的世纪，但如果与20世纪的黄金生产力大发展相比，又是小巫见大巫了：19世纪的百年总计生产了1.15万吨黄金，而20世纪的百年总计生产了12.27万吨黄金，是19世纪的10.67倍。

虽然有曲折，有波动，有反复，但19世纪黄金生产力大突破的主力——南非、美国、澳大利亚、加拿大、俄罗斯等在20世纪仍发挥了主力军作用。20世纪最后的一年2000年，这5个国家黄金产量在全球中的名次分别是第一、第二、第三、第五和第六，这5个国家黄金产量总计1389.2吨，为当年全球总产量的53.62%。其中南非是20世纪当之无愧的“领头羊”。

20世纪初的1913年，南非生产黄金274吨，为当年全球总产量的42%；1940年产量455.2吨，为当年全球总产量的40%；1970年黄金产量达到了创纪录的1002吨。60年代后期至70年代初南非的黄金产量占全球总产量的份额上升到了四分之三左右，之后虽然产量与所占份额有所下降，但到1976年仍以713吨占全球总产量的74%，80年代其平均年产量为643.7吨，90年代下降到了不足530吨，分别为当时全球年平均年产量的43%和21.29%。20世纪南非总计生产了4.6万吨黄金，无论是黄金生产量，还是在全球总产量中的份额，虽在70年代以后都有所下降，但南非的冠军之位无人能撼。

唯一可以对南非冠军之位提出挑战的是当时的苏联，虽然苏联这一雄心勃勃的目标并未成为现实，但苏联仍是仅次于南非的第二大产金国，但因苏联的黄金产量长期没有公开，因而以上结论只能是在蛛丝马迹中的分析。

20世纪初，欧洲包括苏联（俄罗斯）都处在动荡之中，俄罗斯19世纪后半叶出现的黄金开发热潮已经过去，而趋于平静，再次使西伯利亚黄金开发热潮复活的是20世纪20年代后期，斯大林基于对日本对苏联远东地区威胁的担心，而决定对西伯利亚移民。斯大林根据美国加利福尼亚的黄金开发潮推动了美国西部经济的现实，而设想以开发西伯利亚的黄金推动西伯利亚的经济发展。为此斯大林亲自派人赴美国考察黄金工业，并制定了苏联的黄金开发计划，雇用了美国工程师，推进西伯利亚的现代采金工业。他还鼓励个人采金，对每一个发现新金矿的人给予3万卢布的奖金，并为西伯利亚采金者提供比其他地方更丰富的商品。这些措施促进了苏联黄金工业的发展，到20世纪30年代中期苏联的黄金产量翻了一番，达到了150吨，到70年代可能已达到了280～350吨，80年代也大致保持在这样的水平，或略有增长。在苏联解体后，从独联体各国公布的黄金产量看，当时苏联是具有以上生产能力的。以此推算苏联在20世纪的90年间大约生产了1.4万吨黄金，约占20世纪全球黄金产量的11.38%。

20世纪30年代苏联就已超过美国、澳大利亚，成为仅次于南非居世界第二位的产金国。苏联的砂金十分丰富，大约有50%以上的产量是产自砂金矿；70年代又在乌兹别克地区发现了大型岩金矿，可与南非的大型金矿并驾齐驱；在亚美尼亚也有新的发现，因而使苏联黄金生产出现了向西伯利亚之外地区转移的趋势。

在美国，20世纪70年代以前黄金被长期固定在一个低价位上，采金无利，因而美国19世纪后期出现的采金潮到20世纪已风光不再。1971年美国尼克松总统宣布美元与黄金脱钩，金价开始自由浮动并进入了一个上升期，出现了一个持续10多年的黄金牛市，到1980年年均价达到了614.63美元，比1971年增长了14倍之多。金价的上涨直接刺激了生产者的积极性。20世纪80年代又出现了新的采金潮。除此以外，技术上的突破也是美国黄金产量增长的重要原因，主要技术突破有：

1. 卡林型微细粒金矿采选技术

卡林型金矿是首先在美国发现的，现在全球已有多处发现，它的矿体很大，品味也不低，但金的颗粒非常小，在显微镜下才能看到，因而虽发现得很早，但因采选技术不过关而难以利用。随着20世纪70年代堆浸法、炭浆回收技术、计算机控制技术的出现和成熟，卡林型金矿的开采成为可能。因卡林型金矿的开发就使内华达州1986年的黄金产量比1980年增长了4倍，从8.6吨上升到了35吨，而到1990年又翻了一番，年产量达到了70吨。

2. 大型堆浸技术

这一技术的出现使原来被视为废石处理的金矿石得到利用，目前0.3克/吨的低含量矿石都可以用堆浸法处理，极大地扩大了资源的使用率，降低了生产成本。

当然，金融创新，降低了融资成本，扩大了大型黄金矿山项目的融资渠道和规模，为美国黄金工业的发展也发挥了重要作用。

在20世纪，美国黄金产量虽在全球排序中一直处在前五名，但70年代不到40吨。1983年产量超过50吨，1986年超过100吨，1988年超过200吨大关，80年代产量年均133.5吨，而90年代平均产量更高达335.7吨。此时，美国在全球产金国中的排序由第四上升到第二，仅次于南非。

20世纪的后20年美国总计生产黄金4382吨，是20世纪前80年的两倍，年均产量后20年突破了200吨。大致推算，20世纪的百年美国总计生产了6500～7000吨黄金，约为20世纪全球总产量的5%。但进入21世纪美国黄金产量持续下降，2009年的产量仅有219.2吨，预示未来美国黄金生产可能会进入一个衰退期。

和美国情况相似的还有澳大利亚。澳大利亚是19世纪黄金生产力大突破的重要推动者，19世纪末年产量已突破百吨，但1980年澳大利亚的黄金产量仅有17吨，而80年代新的黄金开发潮使澳大利亚的黄金产量在1987年再次突破百吨，达到了110.7吨，而此后1989年突破了200吨，达到了203.6吨；1997年突破300吨，达到了313.2吨。在20世纪最后10年澳大利亚基本上是仅次于南非和美国的世界第三大产金国。20世纪后20年澳大利亚总计生产了3710吨黄金，年均产金185吨，比70年代增长了近9倍，70年代年均产量不足20吨。20世纪澳大利亚总计生产黄金约5000吨，约为全球20世纪总产量的4%。21世纪澳大利亚黄金生产得到持续发展。

除金价高启和技术进步的因素外，澳大利亚黄金工业的高速发展在很大程度上得益于金融创新，这就是黄金提前销售，即以尚未生产出的黄金作抵押，筹集黄金矿山的建设资金。当时澳大利亚至少有50%黄金矿山是以这种方式经营的，这种经营方式降低了成本，保证了建设资金，而成为澳大利亚黄金工业复苏的火车头。但这种方法对市场造成了冲击，会使生产者丧失机会利润，因此在新世纪黄金牛市的大环境中走向了式微，黄金生产者基本停止了黄金提前销售活动。

20 世纪 80 年代复苏的还有加拿大黄金工业。加拿大搭上了 19 世纪黄金生产力突破的末班车，1896 年才在育空河流域发现黄金，最高年份产量达到了 30 吨，是较早从砂金生产转向岩金生产的国家。20 世纪 70 年代加拿大是仅次于南非的第二大黄金生产国，但年产量在 50 吨左右徘徊，80 年代开始稳步增长，到 1996 年突破百吨，达到了 105.7 吨，但被快速增长的美国超过，而居全球第三，两年后 1988 年又被澳大利亚超过，以 128.5 吨的产量而居全球第四位。20 世纪最后一年，2000 年加拿大被中国超越，以 155 吨的产量居全球第五位，位次不断下降。

加拿大在 20 世纪后 20 年生产了 2636 吨黄金，年均产量达到了 130 吨左右，而在 70 年代年均产量还只是 50 吨左右，增长了 1.6 倍，20 世纪百年加拿大总计生产了近 5000 吨黄金，约占 20 世纪世界总产量的 4% 左右，和澳大利亚大体在同一个生产水平上。

南非、美国、俄罗斯、澳大利亚和加拿大这五个 19 世纪黄金生产力大突破的主力军，在 20 世纪黄金生产力大发展的百年，总计生产了全球六成以上（61.87%）的黄金，仍然是 20 世纪黄金生产力大发展的骨干力量。因而 20 世纪黄金产量的大幅增长是传统产金国仍保持增长的结果，但同时也是新兴产金国推动的结果。2000 年世界前 20 名产金国总计生产了全球黄金总产量的 91%，新兴产金国的产量已占当年全球总产量的 55%。2000 年生产黄金的国家和地区有 57 个，同口径比较新兴产金国比 1980 年增长了 1.5 倍，由 18 个增长到 45 个，表明新兴产金国将发挥日益重要的作用。

环太平洋盆地“火环”的发现是 20 世纪黄金工业发展的最大事件，它不仅是20世纪黄金工业的发展支撑力，而且将成为推动全球21世纪黄金生产版图变动的决定性因素。

“火环”是指由智利，经斐济、新西兰、所罗门群岛、巴布亚新几内亚，至印度尼西亚，然后向北经菲律宾，到中国东部和日本的新月形岛弧。在这个“火环”中，因火山的作用形成了许多“浅层低温”金矿床。到20世纪末的2000年，处于“火环”中的国家的黄金产量分别是：中国176.9吨，居世界第4位；印度尼西亚139.7吨，居世界第7位；巴布亚新几内亚76.4吨，居世界第10位；菲律宾34.7吨，居世界第15位；除这四个国家外，新西兰、斐济、所罗门群岛、日本等国都有一定的黄金产量，并且这些国家的潜力尚未全部挖掘。显然，“火环”已是20世纪黄金生产中的重要力量，还将会成为21世纪黄金生产的主要地区，并将成为21世纪黄金产量的支撑力。进入新世纪传统产金大国已出现产量停滞，甚至下降的趋势，因而“火环”地区新兴产金国的发展将成为全球黄金工业未来发展趋势的决定性因素。

拉丁美洲的黄金产量的稳定增长也为20世纪黄金生产力的发展提供了支撑力，其中秘鲁尤为值得关注。20世纪70年代秘鲁还不见经传，而到2000年已产量过百吨，进入全球产金国前八行列。巴西也让人们寄予希望。

20世纪黄金生产的规模在扩大，产量比19世纪提高了11倍多，但发展并不是直线增长而是有起伏的。总的来看是世纪下半叶产量高于上半叶，大约是四六开，即上半叶生产了不到6万吨的黄金，年均产量不足1200吨；下半叶生产了8万多吨黄金，年均产量1700吨左右。

20世纪下半叶全球黄金生产呈现“两头高，中间低”的走势，即50年代年均产量达到千吨以上（1527吨）；但70年代进入了一个相对低迷期，产量较60年代下降了13%，年均产量回落到1327吨左右；而80年代又开始了一个发展期，年均产量比70年代上升了26%，再次突破1500吨大关，达到1672吨左右；而90年代突破2000吨，年均产量达到2377吨左右，为20世纪黄金产量的最高点。

四、21 世纪：中国的崛起

时光已进入了 21 世纪第二个十年，全球黄金生产版图最大的变化是南非的陨落和中国的崛起。2007 年是一个重要的时间节点，这一年中国以 270.49 吨黄金产量超过南非成为全球黄金生产冠军，至此南非长达 108 年冠军国的地位宣告结束。这是此消彼长的结果，这一年中国黄金产量增长了 12.67%，而南非下降了 8.73%，从此开始了中国的世纪。

从人类黄金生产史看：古埃及南部和当时的努比亚是古代人类社会黄金生产最为发达的地区，一直持续到 15 世纪；中世纪欧洲西班牙、意大利的黄金生产已成为全球的中心，然而今天早已风光不再。15 世纪至 18 世纪是拉丁美洲的世纪，而 19 世纪是俄罗斯、美国、澳大利亚、南非各领风骚几十年。20 世纪基本上是南非独占鳌头。而在这个黄金生产力大变局中似乎缺少了亚洲的身影，但在 20 世纪末亚洲已赶了上来，1998 年成黄金产量第一大洲。亚洲的兴起无疑是中国的因素起主导性作用，从 2007 年开始中国成为世界黄金产量之冠。非洲的退步与亚洲和拉丁美洲的兴起成为 21 世纪黄金生产力变化的基本特征。全球已有 70 多个国家生产黄金，但是除中国外，澳大利亚和俄罗斯的未来变化也可能会给全球黄金生产力带来变数。

2001 ～ 2017 年全球总计生产了 4.45 万吨黄金，年均产量 2617.6 吨，是 20 世纪年均产量 1227 吨的 2.13 倍，表明 21 世纪的开局又有新提高，并且保持了近十年持续增长，2017 年 3102.5 吨产量创人类历史最高纪录。

到 2016 年黄金产量超百吨的国家有 9 个，这是黄金生产的第一集团军，其中澳大利亚、俄罗斯、美国、南非、加拿大五国是传统黄金生产大国，在 2016 年全球黄金产量排序中分列 2、3、4、6、7 位；中国、秘鲁、墨西哥、印度尼西亚分列 1、5、8、9 位。这 9 个国家总计生产黄金 1971.8 吨，为当年黄金总产量的 60.98%，中国产金 453.5 吨，为当年全球总产量的 13.9%。

中华民族是最早发现和利用黄金的民族之一，但并不是主要的黄金生产国，在数千年里的多数的时间都是一个黄金生产的后进者，严格讲黄金工业的兴起只是近半个世纪的事。正是在此期间，我国黄金工业逐步由一个后进者发展成一个领军者。

在中国黄金生产力发展缓慢的历史中，19世纪末20世纪初是一个亮点，虽然缺少像俄罗斯、美国、澳大利亚、加拿大、南非那样的规模和持久力，但也创造了中华民族黄金生产的历史纪录。1888～1990年的12年间，有5年的产量突破了30万两，1888年更创造了43.3344万两（13.542吨）的历史纪录，这一年中国产量居世界第4位。到20世纪初产量便持续下降，但1911年清王朝灭亡之年创造了15吨黄金产量的历史最高纪录。这一纪录直到67年后的1977年才被超越，但清朝后我国很快便进入了一个军阀割据的社会动荡时期，之后20世纪30年代日本入侵，黄金资源又被疯狂掠夺。到1949年中国的黄金产量只有13万两（4.073吨）。

1949年中华人民共和国成立，中国的历史又掀开了新的一页，但黄金工业的发展并不是一帆风顺。21世纪全面市场化的黄金工业进入了一个发展的黄金时期，实现了持续14年的增长，到2015年小幅下跌0.39%，而2016年又小幅回升0.76%，2017年下跌6%。总之近年来中国黄金产量在连续多年增长之后出现了停滞。在这个增产周期中产量增长了1.56倍，由2000年的176.91吨增到2016年453.49吨，黄金生产冠军国已保持了11年，还能在未来的十年中得以保持。这是因为目前最大的竞争与挑战者——澳大利亚和俄罗斯的黄金年产量与中国还有150多吨的差距。赶上或超过中国还需时间。

19世纪黄金生产力大突破以来，俄罗斯拔得头筹，成为19世纪上半叶全球黄金生产冠军国，到1853年才被美国超越。俄罗斯黄金冠军国的地位保持了50多年；1853年以后由美国接班到1897年，冠军之位保持了44年；而南非创造了历史成为百年之冠，从1898年到2006年保持了108年；而2007年黄金之冠为中国所摘取。如果在目前中国黄金生产虽出现停滞但保持不大幅下跌的情况下，这一地位可保持20年左右，是19世纪200年以来4个黄金冠军国中历史最短的。所以21世纪虽然中国崛起但还不能说是中国的黄金世纪。中国的黄金工业在发展的同时也暴露出了许多深层次的问题需要解决。发展出现停滞的直接原因是2014年金价由涨转跌，黄金生产边际效益下降而使黄金扩大再生产投入减少。但这是全球普遍性的问题，哪一个国家能通过创新实现更低成本生产，谁就能有更大发展。

在21世纪全球黄金生产第一集团军的九个国家中，澳大利亚排第二位。澳大利亚是19世纪下半叶黄金生产力大突破的主力军之一，近30年来一直居全球前三名，表现十分稳定。2016年美国产量是233吨，下降了39.64%；南非更下降了68.68%，为154吨；中国则由181.6吨增长了149.72%，达453.49吨；澳大利亚以287.8吨，低于中国而居全球第二位。澳大利亚虽然排序上升了一位，但产量仍比1997年低9.6%，并且1997年是澳大利亚30年来唯一的一次黄金产量超300吨，因而这是其黄金生产的一道坎。如果要超过中国，就要突破400吨大关，这又是一道坎。所以现在黄金产量居第二位的澳大利亚虽是中国最大的挑战者，但它最终登顶还有不确定性，主要是看澳大利亚是否具有更大增长能力。

俄罗斯黄金产量2016年低于澳大利亚，以274.4吨居全球第三位，但与澳大利亚从高位回落后长期徘徊不同，俄罗斯近十年来黄金产量持续增长，2011年超过南非，2013年超过美国之后至今稳居全球第三。俄罗斯表现出了更大的发展潜力，因而俄罗斯可能是更大的挑战者。

中国在全球黄金生产中的崛起恰与中国经济在全球经济中的崛起相重合，我们不能说两者存在着必然的因果关系，但黄金产量的增长提高了中国政府的黄金供给能力，显然会对经济发展产生正面的作用。

第六章

货币：以交换为基的黄金文化

黄金因与神权结缘而走进了人类社会，从而产生了以信仰为基的神秘文化指令，这是黄金文化的第一块基石。而神权的世俗化使黄金从虚幻的神秘世界进入现实的世俗世界而与王权结缘，从而产生了以权势为基的财富文化指令，这是黄金文化的第二块基石。货币文化指令是黄金文化的第三块基石，这块基石的形成源于人类交换行为的发展，而交换行为产生的源头是人类剩余劳动产品持续增长和劳动专业化分工的不断细分。

货币因交换而生，交换因分工而兴，这是人类文明重要的一部分。当今货币文明的影响已无处不在而占据了人类生活的至高地位：货币已取代土地成为人类的主体性财富；货币已成为人类生活必备要素；货币已成为人生价值的尺度。所以，今天谁拥有货币权谁就拥有最高的社会权势，因此人类社会拜金主义泛起，追求不断进步的人类并没有因黄金货币文明的创立而终止文化创新的脚步。

一、人类的货币文明

货币诞生于农业革命初期，随农耕文明的发展而演进，成熟于东西方商业交流加速的公元千年之际。在数千年的过程中，货币不断地扩大了自己的社会存在，最终形成了继神权、王权之后的又一社会权力中心——货币权。而在这一过程中黄金又与货币权结缘，并成为货币之王，货币权的代表，因此货币权又被称为“金权”，这是人类黄金文明的重要篇章。人类对于货币权的认可和重视是在 15 世纪以后，故货币是一个人类近代的文化概念。与货币结缘的黄金也从人类古代文明进入到了近代文明，开始了一个新的发展历程。

人类货币文化创建初期是人类文明体系中的边缘文化，而因人类社会发展模式的变化而走强，所以人类的货币文化是一个长期的积累过程，在这个过程中有创新、继承和扬弃。千里之行，始于足下，我们要认识货币的本质就必须上溯到货币诞生的源头。

（一）人类货币文明的缘起

货币是交换的中介物，所以货币源于交换。人类狩猎采集的生产时代是一种共享经济时代，既没有交换的需要，也没有价值的概念，因而没有产生货币的土壤。只有产生了剩余财富需要交换才产生了货币。1 万年前发生的农业革命使人类有了日益增长的剩余财富，因而产生了交换，但开始是直接交换还没有货币的介入。故只有交易规模和交易频率达到相当高度以后，基于提高交易效率的目的，从直接交易变为间接交易才产生了货币。这大约是在 7000 多年前农耕文明初期之际。人类学家确立的农耕文明的标准是：

1. 已有大量从事农业和农艺的农民；

2. 建立了城市，并且城市已成为社会财富的集中地；因而产生了交换的需要和集中交换的市场；

3. 建立了国家、军队及社会权力机构；

4. 创立了文字，有了交易过程记录的工具；

5. 出现了较高层次社会及生产的专业化分工；

6. 建立了社会贡献制度。

虽然公元前 20 世纪我国夏王朝的都城遗址和大量的夏朝遗物都已发现，但始终没有发现夏王朝的文字，所以夏王朝是否已是农耕文明现在存在争论，还未统一，那么完全符合以上标准的人类农耕文明最早出现在哪里呢?

人类学家根据考古研究成果认为，人类最早的农耕文明诞生于大约公元前5000多年前的美索不达米亚和古埃及。之所以人类农耕文明可以首先在美索不达米亚和古埃及出现，首要因素是其得天独厚的地理优势：美索不达米亚地处幼发拉底河和底格里斯河交汇处；古埃及地处尼罗河下游，土地肥沃，便于灌溉，而且气候温和十分适宜农业的发展。农作物的丰收产生了大量的农产品的剩余，而农产品剩余的持续增长就有了支撑人类大规模聚集的食物来源，因而这两个地区是最早建立了城市文明的地区。同时也极大地推动了社会交易活动的发展，虽然开始仍多是以物易物的商业活动。《世界神秘文化图典》一书对公元前3500年前左右美索不达米亚的苏美人农耕文明做了以下具体的描述：

“城市文明、商业分工、楔形文字都在早期的苏美尔城邦中产生，三者产生的原因非常简单——剩余农产品的出现。当剩余农产品出现时，商业分工和楔形文字便自然而然地出现了，而城市分工也就此产生。城市文明因此得以第一次出现在人类的历史上。”

对于当时的社会分工情况，作者写道：

“剩余产品的出现使一部分苏美尔人成为专职的农民，而另一部分则从农耕中解放出来，他们被称为铁匠、金匠和织布者，至此商人这个阶层出现了。”

商人这种从事交易的专业工作者和管理专业工作者的人的出现表明，当时已有集中交易的市场或集市。起初还是面对面的直接交易，交易效率不高，故并不是每次都能100%地完成交易，而会产生交易剩余。为了免受储藏运输之烦，开始出现了物品保管、代储、代办、中介等服务。但这些服务口说无凭要有字据为证。于是出现了证明物品和服务真实性的票证和字据。因为这些票证和字据是物品真实存在的证明，于是也成为可流通的交易物。这是将诚信作为了交换物，这实际上就离货币的诞生只有一步之遥了。

一家一户商家开具的票证字据虽可以交易，但流动性很差，难以适应交易规模扩大的要求，因而出现了票证字据标准统一的要求。而能够发行在全社会流通的信用票证字据的只有掌握着社会共识性权力的国家，国家发行的信用票证能在社会通用流转才是货币。但实际上人类使用的第一种货币并不是人类生产的由国家发行的信用产品，而是大自然生产的被市场公认的贝币。贝币的使用脱胎于以物易物的原始交易形态，但贝币还不是完全符合人类使用要求的货币。作为交换的中介物，人类对货币的使用有许多要求，所以寻找最佳的货币一直是人类努力的目标。

（二）人类对货币使用的要求

货币的本质是信用凭证，主要功能是做交换的中介，进而又衍生出了结算手段、价值尺度、国际货币、储备资产等多重功能。人们对承担多重社会功能的货币也有多方面的使用要求，而选择出能够全面满足所有使用要求的货币是十分困难的，可以说经历了数千年寻找之后，今天还在寻找之中。这就是人类货币发展史。

1. 信用权威

货币的本质是信用凭证，而货币的信用权威由谁做保证呢？一般认为是国家，因为国家作为人类社会最大公权力，拥有全社会资源的占有权和调动权，可给货币最大的价值支撑力。所以，无论纸币，还是金属币的发行均是国家不可挑战的权力，即使国债也被视为无风险资产。所以当代流通货币具有很大的权威性，但事实表明国家也没有永久的权威性，货币贬值和宣布废止时有发生。所以货币存在的信用风险仍然是当代人必须面对的问题。为此人类做出了持续的努力，但问题的解决仍在进行中。

2. 使用便捷

货币是交换的中介工具。因交换频繁发生，所以货币的换手率极高，也就是货币的流动性极强，就要求货币必须便于携带，使用便捷。在宋代四川由于缺铜而用铁制币，由于铁过分沉重使用不便，而不得改用“交子”，交子是以政府的信用作保证而发行的票据，从而我国成了首先使用纸币的国家。现在纸币在全球已普及化，而使用的便捷性是纸币得以流通的一个重要因素。在人类的历史中还出现过以石头做货币，以丝绸做货币，但都因便捷性问题只能是局部地暂时性存在，不能被普遍性地认可使用。现在人类还在探索比纸币使用更便捷的货币，如电子货币。

3. 能抗磨损

货币的流动性很强，在流动过程中的磨损会产生很大的问题。一是如果货币不抗磨损很快报废，货币的使用寿命就会很短；二是磨损会造成货币价值损失。人类最早大量使用的贝币，之所以退出货币领域，一是价值低不能满足高价值交易的需要，二是易破碎，使用不便。金银币对贝币这两个缺点都有改进。但利用货币磨损贬值而有意识地生产不足量的贬值货币，竟成为某些王朝搜刮民财之道。货币的磨损问题是货币的一个基本问题，而提高货币的使用寿命也是我们一直追求的目标。

4. 价值稳定

使用便捷、能抗磨损在一定意义上讲还是对货币外在品质的要求，而价值稳定则是对货币内在品质的要求。交换不仅是不同物品品种间的交换，而且也要是数量上等量的交换。因不同产品间的差异不具备可比性，产品数量相等只能是产品共同要素价值的相等，而货币是价值的尺度，所以实现等值交换要求货币的价值要稳定。纸币价值的不稳定已受到愈来愈大的抨击和诟病，成为当代货币的致命伤。金币在价值稳定性方面有着良好的表现，故在黄金非货币化推进 40 多年后的今天，人类的黄金情怀又被唤回，人们期盼打造一只稳定金融的黄金之锚。

5. 恒久储藏

由于货币诞生后在人类社会的地位不断提升，货币已成为当代人类财富存在的主要形式，因此货币的储藏成为人类财富储藏的重要选择并且是当代货币的功能之一。储藏财富的目的：一是以丰补歉，以应对未来可能出现的需求；二是财富的传承，将自己创造的财富赠予后代使用。但不论是出于哪一种目的，货币储藏的周期都很长，可能是几年、几十年，甚至是几代，所以要求货币要具有恒久的价值，否则财富储藏的目的就难以达成。如果货币价值不稳定，储备尚未到使用之际可能就已化为灰烬。人类的历史表明只有黄金货币可以做到价值恒久，因为黄金的价值是自身所固有的，可排除人为因素的干扰，另外黄金自身具有优异的化学特性可千年不朽。这也正是人类对黄金不离不弃的一个原因。

6. 供给充裕

货币作为交换的工具，供给的数量一定要能满足交换的需要。供给过多则会造成货币贬值，产生经济通胀，而过少则会造成货币短缺，产生经济紧缩，这两者都是应该避免的。货币供给处于相对宽松但不泛滥的状态为最佳。实际的情况是，国家是货币供应的总阀门，所以，国家的货币政策对货币的供应的状况有重要影响，甚至是决定性因素。货币发行量调整是国家实现多重目标的工具，与需求吻合并不一定是国家追求的目标。另外的因素是制造货币的原材料供应状况。黄金供应的不足一直被人认为是金本位制终结的原因，这是否是借口还有争论，但造币原料不足影响货币供应并非奇谈怪论，在人类货币史上这种情况已不只一次地发生了。

对以上这些要求的满足成为货币发展的动力。但能满足人类所有要求的货币并没有出现，人类仍然在探讨之中。人类文化创建已进入系统比较阶段，货币发展的任何选择都是利弊权衡的结果，是利大于弊的选择，而不是最优的选择。然而，何为利，何为弊，又是当时社会多因素比较的结果。所以，人类货币的演变是一种文化现象。

黄金与货币结缘在人类货币史中占有了一个特殊地位，这有其自然属性的原因，但归根结底还是人类文化的产物。

（三）货币的发展变化

从人类的发展史看，人类曾使用过多种货币，这是一个不断扬弃与创新的试错过程。有的货币只能在一个很小的范围内使用，或仅使用了一个很短的时期便被扬弃了，或在特殊情况下偶尔被作为货币使用。在人类历史上先后在较大范围和较长时间使用过的货币有贝币、铜币、银币、金币、纸币五种。

1. 贝币时期

贝币即生长在南海、东海岩礁间的贝类的壳。在缺少贝壳的地区也有用羽毛、布匹、牲畜甚至食盐做交换的中介物的，但能大量使用可称为人类使用的第一种货币的唯有贝币。这是因为：

一是在亚洲、澳洲、非洲和美洲许多地方考古挖掘中都有贝币的出土，这表明了贝币的广泛使用是其他货币所不及的，是人类使用最为广泛的古代货币。这是其使用的广泛性。

二是贝币的使用持续时间长。因为经济发展的不平衡，各地区流通货币的变化也不同步。在美国马萨诸塞州到 17 世纪后期的 1661 年，纽约州到 18 世纪初的 1791 年才停止了贝币的流通。而在北美一些地区在 18 世纪初还在使用贝币，因而贝币可以说是人类使用历史最为悠久的货币，虽然贝币早已失去主流货币的地位。

贝币对我国货币发展具有很大的影响，即使进入金属货币时代，仍有铜贝币、银贝币和金贝币出现。但我们今天并不了解古人是在什么情况下发现和使用贝币的？贝币在交易过程中如何流通？有人认为贝币腹部酷似女阴，而成为人类原始崇拜物。但这种人类原始货币一定是在人类交换发生初期使用的，开始仅是以货易货交易的补充，或许开始是商人们的存单票据的升级——在民间共识基础上的可在更大范围内使用的标准化的票据。因贝币不是一般的贝壳，而是经过选择大小适合、精致美观、装饰性强的特殊贝壳，因而自身也具有价值。在石器时代人类或许找不到比贝壳更适合做货币的材料了，但进入金属时代人类就有了新选择的可能，而进入了金属货币时代。

2. 铜币时期

人类对货币材料的选择一直没有停止。在我们西汉的古籍《盐铁论·错币》

中有“币与世易，夏后以玄贝，周人以紫石，后世或金钱刀币”的记载，表明中国古代也发生了从使用贝币到使用金属币的变化。金属货币取代贝币原因有三：

一是随着金属矿藏的发现，金属矿产地扩大，分布更为广泛，供给更为平衡，而贝壳只能生产在临海的礁石之间，内陆地区获取困难。

二是金属货币有更大的价值，适应了交易规模日益扩大的结算需求。

三是金属货币更为稳定坚实，减少了货币流通过程中的破损损失，也可更长时间的储藏保值。而且大小、重量可以统一，方便了交易。

但人类进入金属货币时代最初使用的是贱金属，而不是贵金属。铜、锡和铁金属都曾作为货币材料，其中又以铜币的历史最悠久且连续时间最长，而铁、锡金属币只是局部短期的存在。大约在公元4000年前人类社会进入了青铜时代，在这一历史时期大量铜金属被用于礼器、祭器、日用器、工具和兵器制作，也用于货币制造而产生了铜币。

我国最早出现的铜币是商代的铜贝币，用铜仿贝币，加工复杂成本很高，之所以生产铜仿贝币说明当时贝币的文化影响力之巨大，那时还有少量的金贝币和银贝币。秦统一中国之前各诸侯国各自发行自己的货币，铜币呈现多样化，可分为四大货币体系，即刀币、楚币、布（铲）币和圆钱。秦国统一中国之后也统一了货币，取天圆地方之意铸外圆内方孔的钱，俗称“秦半两”，之后历朝历代铸币皆沿用了外圆方孔的形制，钱也成为货币的统称。

在我国，大约是在公元前1600年的殷商初年诞生了铜币，而到清朝末年还有流通，其寿命长达3000余年。

3. 银币时期

银币的诞生使人类社会进入了贵金属货币时代，虽然金也是贵金属但金币的使用广泛性长期低于银币，主要是因为黄金产量的稀少和分布的不均衡，而银的产量是金的十多倍。公元前211年古罗马进行货币改革废铜改银之后又过了2000多年，1818年英国正式废止了金银双本位制确立金本位制，白银退出货币领域，所以欧洲银币使用了 2000 多年。而银本位制在欧洲的建立起始于公元 8 世纪，一直到 1717 年英国金本位制形成，银本位作为主流货币制度一直保持了上千年。美国是 1900 年才废止银本位的，在此之前银币是主流货币。

我国是最大的银本位制国家，也是最晚告别银本位制的国家。我国银币历史也很悠久，虽晚于金币，但唐朝以来白银在货币领域使用已日益频繁起来，但因和金币一样短缺只能在小范围内使用。因而明朝初期开国皇帝朱元璋诏令发行纸钞而禁止使用金银铜货币，但禁令维持了不到 200 年，1435 年就恢复了铜钱的使用，1526 年恢复了银币的使用，而 1552 年嘉靖四年官员俸银也用白银发放，标志中国银本位制的建立。

之所以中国在此时能够从铜钱时代过渡到银本位制是得益于从 15 世纪开始日益扩大的国际贸易。当时东西方贸易主要是中国与欧洲的贸易，欧洲从中国进口茶叶、瓷器、丝绸等大宗商品，而中国是一个自给自足的农耕社会，进口很少而形成了巨额贸易顺差而导致境外白银的流入。另外，由于中国缺银而金银比价远高于欧洲，金贱银贵也诱发了大量的套利走私行为，欧洲大量的走私白银流向了中国。1577 年库银收入达 16.3478 万公斤，之后每年都在 10 万公斤以上。到 1935 年 11 月国民政府颁布《施行法币布告》，禁止银圆流通，发行纸币为法币，我国的银本位制才走到了尽头。

4. 金币时期

黄金作为交换的中介在古埃及就已存在，已有 5000 多年的历史，但从黄块到金币又经历了 2000 余年，现在形成的共识是金币诞生在公元前 750 年左右，而作为一种货币制度的诞生又经历了千年，英国于 1818 年正式建立了金本位制。再过了半个世纪于 1867 年在巴黎召开的一次国际会议上确认金本位制为国际货币制度，黄金才成为全球货币之王，这一地位一直保持到 1971 年，这一年美国宣布美元与黄金脱钩，人类进入了黄金非货币化时代，但这并不表示黄金货币属性的消失。

金币大约有2700年左右的历史，而在近代，人类社会长期是金银双本位制。在19世纪开始出现了金本位与银本位的分离，从全球大格局看，西方欧洲选择了金本位制，而东方中国、印度选择了银本位制。现实的原因是在东西方贸易的过程中大量白银流向了东方，造成了西方白银短缺，这也造成金银双本位制波动不已，成了一个顽症。现实迫使西方抛弃了白银，而转回了单一的金本位制。英国率先行动西方各国跟进转轨，金本位制进而成为国际货币制度，这则反映了东西方经济实力逆转的变化。

中国在19世纪经济进入了衰败泥潭，而西方却完成了工业化，已是全球经济的主导者。所以，其货币也成为全球货币的主导货币，这是西方政治话语权的最重要的支撑力。在当代，这个开始仅是交易中介的货币已被赋予了多重的社会内涵，因而金币、金本位拥有更多的故事和想象空间，而成为黄金文化最靓丽的部分。

5. 纸币时期

我国是纸币的先行者，于1005年宋代的“交子”问世，开纸币之先河，但因缺少足够的价值支撑而最后又回归金属货币，而之后得以流通的纸币皆与金银挂钩。1971年美国割断了美元与黄金的联系，美元才成为一种纯纸币，其历史不足50年。由于美元是全球的中心货币，所以，全球也进入了一个纯纸币时代，纸币是当代的主导性货币，其历史即使追溯到1005年也仅有一千多年，是人类历史上最年轻的一种货币。

对纸币取代金币，美元霸权建立的原因已有许多大家做过分析论证，但我认为很少有人关注到变化的推动力是文化，这是一种文化的选择。当然这也是一个利大于弊的选择，或许还有几分无奈。但今天，人类已看到问题而开始推进货币体制的改革。

在金币时代纸币就已流通，并逐步成为主要使用的支付工具。但那时纸币都是以黄金做价值担保，有法定的含金量，可以把纸币视为支付便捷的国家发行的代金券，这是对金本位制的发展而不是扬弃。纸币需要价值的支撑力，这种支撑力一般是与实体商品挂钩，与黄金挂钩是已被证明的极佳选择。之所以纸币需与实体商品挂钩是因为纸币本身是一张没有价值的纸片，其价值是外部赋予的，而不是自有的，因而纸币的价值从何而来便成了一个问题。当 1971 年美元与黄金脱钩之后，一个流行的理论是美元价值源于美国政府的信用，但现实告诉我们美国政府的信用具有巨大的不确定性，并不能使美元有很好的价值支撑力。美元贬值已成为一个全球性问题，于是建立一个稳定金融的“黄金之锚”，又成为一个世界性话题和人类努力的目标。

货币的诞生是人类文明的结晶，货币的发展是人类文明进步的内容，但或许没有人会料到以交换中介问世的货币竟能在当今世界具有了呼风唤雨的能量，为后人留下了如此之多的货币传奇。但是，货币发展是一个不断试错的过程，所以对某种货币的神话都是一种有意或无意的误导。

（四）共识性社会权力中心又换主角

随着人类商品经济的发展，货币在人类社会经济、政治甚至军事活动中的地位日益提升，因而从 15 世纪以后社会共识性权力中心开始出现转移的新趋势，但完成社会共识性权力中心从王权到金权的地位调整是一个漫长而渐进的过程。人类的交易行为在一万多年前农业革命发生以后就已经产生，或者更早，因为考古工作者已发现了大量这一时期古人们使用的货币。我国在 1976 年发现了商朝武丁王妻子妇好的大墓，墓中出土了大量文物，其中就有 7000 多枚贝壳，这就是当时用于交易使用的中介物——货币。表明在 3500 多年前，即王权形成的初期，我国古人已把货币做为储备财富，成为社会权势的一部分，可见那时货币的存在已有相当的普便性。人类对货币的需求可能首先是源于人类活动范围的扩大，如果是在原住地那时自己生产的农产品和纺织物已可以满足基本需求，但是如果离开原住地远行，在迁徙的过程中不可能随身携带全部所需的物资，特别是军队远征军需数量更十分巨大，因而需要随行进不断地从外部筹集，这就产生了使用便携带、易保管的货币进行交换的行为，从而也推动了社会的专业化分工，而专业化分工又进一步促进了交易规模的扩大。所以这在一定程度上推动了贸易的发展。扩大货币的使用也是维持王权的需要，并且日益有了依赖性。这一变化的文化结晶就是在欧洲王权中心时期重商主义的诞生和兴起。

重商主义认为黄金和白银货币是真实的财富。一个国家的国库和银行里黄金和白银货币现金最多，他就是最富有的国家。为此一个国家要富有一定要扩大对外贸易，并形成顺差使其他国家的黄金白银尽量多地流进来。重商主义的理念成为16世纪欧洲各国王权普遍施行的一种治国方略。

王权对金银的热情追逐无形中也抬高了货币权的身价，拥有更多的货币便成了维护王权的重要保障。而货币权分为占有权和运营权。货币占有权可用传统的王权依靠强权获得。而货币的运营权更多的是在文化创新，在智力劳动过程中产生，在这一点上习惯于不劳而获的王权是一个天然的弱者，而落后于社会发展的要求，成为货币运营创新的阻力。所以货币运营权每一次大的创新都会受到王权的打压，而这种创新都来自民间的推动。这也就给新兴金融行业和金融家社会阶层的成长提供了机会，并最终实现了社会共识性权力中心的王权式微，货币权上位。

金融，货币的流通也；金融业，专业从事货币流通的机构；金融家，拥有货币运营权的人。当货币随着资本主义的兴起，货币成为资本具有增值功能后，货币运营者也就拥有了社会财富的再分配权，因而金融家也就超越帝王而成为当今人类社会最有权势的人。当今在高度的商品经济主导的世界里，货币已实现了社会全覆盖，政治、经济、军事、人文、道德中都有大量的货币化存在，因而货币运营权的撑握者也便拥有了最大的社会权势。货币权势的提高进程也是货币价值提升的过程，在这个过程中低价值货币不断地被高价值货币所取代，而金币是最高价值的货币，故拥有最高的货币权威，成为“货币之王”，金权的发展成长与人类的进步同步。

可以说，金权是货币权的升级版，货币权在王权体制下发生发展，从王权的从属到与之平分秋色，经历了数千年，才逐步有了向王权挑战的能力。而超越王权应是以19世纪资本主义的确立为标志，这也正是金本位建立而使金币登上货币王位之时。金权成为社会权力中心以后，王权的存在开始日益依服于金权，而到今天王权的存在已成凤毛麟角。

（五）从两个金融家族说开去

货币，一个交换的中介，一种人类边缘性财富，到近代已成为继神权、王权之后的又一个社会共识性权力中心，在人类社会的政治、经济、军事等各层面上都爆发出了惊人的能量，并在人类生活中无时不在、无处不在。当今即使神权、王权在它的面前也显得软弱和无足轻重，这就是货币权。货币之所以具有了傲视一切的权势完全是人类发展模式转变的结果，是人类文明推进的产物。

在人类古代的历史上不乏各民族间的战争。因为抢掠被认为是获得财富、国家富强的有效快捷之路，甚至有一些民族专门以发动战争抢劫为生。这是一种非常野蛮的生存之路，而日益文明的人类也在寻找一条非暴力的富强之路，因此贸易日益得到重视，即通过各民族、各国间的物品交换实现生活的富裕。特别是东西方之间，先是陆上丝绸之路，后有海上丝绸之路的开通，使交易形成了一个全球性网络，贸易的规模空前，有日益增多的民族和国家参与到了全球贸易的洪流之中。

这种变化使人类的发展模式渐渐发生转变，特别是工业革命以后，人类生产方式由自给自足的自然经济转变为大规模工业生产以后，商品经济占据主导性的地位，于是交换成为现代人类的生活方式。当今人类生命存在的每一刻都处在交换之中，因而货币作为完成交换的工具成为人类须臾不离的宝贵财富而为人类追求。于是货币具有了一种社会权势，控制了货币的人也成了最有社会权势的人，进而出现了一个金融家阶级。

美第其家族是13～17世纪意大利佛罗伦萨的名门望族，能说明他们富可敌国、权倾天下的是以下一组数据：这个家族先后扶植起了两位教皇。1537 ～ 1737 年，这个家族掌握佛罗伦萨政权持续 200 年，集神权、王权于一身。因为权倾天下，这个家族出了两位法国王后、三位大公。因为富可敌国，美第其家族赞助了米开朗琪罗、波提切利、伽利略等几乎当时所有的文化巨匠和科学天才，为世人留下了至今仍让人心潮澎湃的建筑和文化遗产，使佛罗伦萨成为当今游客心目中的文化圣殿。

教皇庇护二世被美第其家族扶持上台，他这样评价美第其家族当时的社会权势："政治问题在他家中得以解决。他选择任职人员……他决定和平与战争以及法律管制……他就是无处不在的国王，除了名分。"我们惊讶于美第其家族的社会权势的同时，我们更惊讶使美第其家族崛起的社会力量之强大。

在美第其家族崛起的初期，1343 ～ 1360 年的 17 年间，美第其家族先后至少有 5 人因资本罪而被处以死刑，但最后他们终于成功地让美第其家族业务合法化了。在他们取得成功以后新的打击又接踵而来。1433 ～ 1478 年间美第其家族的人们先后遭遇流放和谋杀，1494 年家族被驱逐并被没收了全部财产，但他们没有倒下，似乎有一种神奇的力量使他们能够在遭遇灭顶之灾之后仍能死而复生。1537 年美第其家族又被迎回佛罗伦萨，开始了长达 200 年的对佛罗伦萨的统治。这不能说是家族的幸运，而更多是时代的造就。

在美第其家族之后英国于 18 世纪后期出现了一个罗斯柴尔德家族，这个家族已延续了八代，在宋鸿兵的《货币战争》中被称为大隐于世的操纵世界经济发展的可怕怪物。对此虽并非人人赞同，但罗斯柴尔德家族曾拥有影响英国历史发展的社会权势的事实是客观存在的。罗斯柴尔德家族的出现标志一种新生社会力量已经开始左右人类社会。

英国和法国曾是一对宿敌，在近百年英法战争持续不断。罗斯柴尔德家族一度成为英国军费的主要筹集人和提供者。从 1808 年开始，英国军队就在欧洲大陆与法国拿破仑的军队作战，统帅是惠灵顿公爵。战争需要物资和人员的补充，因而需要大量经费。但纸钞对于远在西班牙的军队没有一点用处，因为纸币离开了发行国就失去了信用，而被拒收。因此，惠灵顿公爵需要的是被普遍接受的几尼金币。但政府无力将已筹集到的军费兑换成金币并把它运送到前方，只得求救于内森·罗斯柴尔德。内森·罗斯柴尔德立即动员自己的网络用最隐秘的方法在德国、法国、荷兰大规模收购金币和银币，然后送到停泊在荷兰港口的英国军舰上，再送到前线。这是一件非常危险的工作，但是，罗斯柴尔德家族凭借建立的信用网络按时完成了此举，受到了英国政府的赞赏，首相利物浦勋爵对外交大臣卡斯尔雷勋爵说："我不知道如果没有他的话，我们还能做什么？"

1815 年拿破仑于 3 月 1 日从被软禁的爱尔巴岛逃回巴黎重招军队，决心东山再起复活他的帝国，罗斯柴尔德在英国财政部的命令下立即行动购进所有能够买到的黄金，运送给英国统帅惠灵顿公爵。罗斯柴尔德家族还为欧洲大陆的盟军提供薪水支付服务，从中提取 2% ～ 6% 的佣金。拿破仑在滑铁卢大败后，罗斯柴尔德家族又将手中的黄金变为政府债券，进行投机活动，到 1817 年末债券价格上涨 40% 多，便抛出，获得的盈利价值 6 亿英镑。1818 年以后罗斯柴尔德家族成为伦敦债券市场的统治者，成为欧洲各国最大的金主。他们家族对联军的金融支持决定了与拿破仑战争的胜负。当他们的势力进入美国，他们的选择又决定了美国南北战争的最终结果。这一切都表明了金融的力量，而罗斯柴尔德家族建立了一个国际金融王国。

1850 年左右罗斯柴尔德家族已累计了 60 亿美元的财富，势力范围遍布欧美，控制了当时世界一半的财富，达 50 万亿美元，而当今第一大经济帝国美国的年 GDP 也不过 130 多万亿美元，说其富可敌国并非夸张。20 世纪初英国伦敦黄金市场成为全球黄金交易的中心，伦敦金价是全球黄金交易的基础价格，而这一金价形成的定价室就设在罗斯柴尔德银行内，并由其担任这一定价机制的主席。罗斯柴尔德家族与我国清朝权臣李鸿章有着亲密的私人关系，在其英国的总部内今天还将李鸿章访问时的照片悬挂在会议室的墙壁上。20 世纪 90

年代末我曾随我国黄金代表团访英而拜访了罗斯柴尔德银行，参观了黄金定价室。后来他们还在北京设立了办事处，但那时我国银行业开放刚刚起步，不到三年办事处关闭，这也是罗斯柴尔德家族20世纪与新中国的一次接触吧。2006年宋鸿兵《货币战争》出版，这本畅销读物为罗斯柴尔德家族戴上了“阴谋家”的头衔，因而其声誉受挫，之后在我国行事十分低调。

美第其家族、罗斯柴尔德家族的发家史并不相同。美第其家族的祖辈是医生，而罗斯柴尔德家族事业开创者内森·罗斯柴尔德是一个纺织品出口小商人。但他们都是进入金融业并成为金融业巨头之后便拥有了呼风唤雨的能力，成为金融世家之后更赢得了家族事业的长青。

德国诗人海涅说：“金钱是我们的上帝……”正是货币社会权势的上升才使得拥有货币权的商人社会地位持续上升，而当货币成为资本以后，资本家成为最有权势的人。货币权力的上升对人类社会的影响是出现了一个新兴的社会阶级，这个新兴阶级的兴起造成了王权的式微，实现了社会权力中心的更替。

在欧洲王权的式微有两种表现形式：一种是以法国为代表的革命模式：王权特权被废除，国王路易十六上了断头台。另一种是以英国为代表的改良模式：权力转移到议会，国王只是社会共识性权力中心的一种象征。这种由内阁负责而王权可以承续的权力结构为我国清王朝的实权派慈禧太后所赞赏，因而她也准备施行君主立宪制改革，但由于对权力的贪婪而胎死腹中。但是，在清朝末期随着商品经济的发展，占有货币财富顶层位置的商人成为一个新兴阶级，而在当时社会经济中成了一个重要的力量，有了相当大的社会话语权，其中金融家又居核心位置，于是就有了山西晋商钱庄的传奇和红顶商人胡雪岩的故事。这个新兴的阶级在清王朝终结前已拥有了自己的武装力量——以保护自己私有财产为目的的商团。当1911年因偶然事件触发的武昌起义中，在革命党人并没做好充分准备的情况下，商团充当了起义的主力军，成为我国帝制的掘墓人。

货币诞生的历史悠久，但并不是从诞生之日起便拥有巨大的社会权势，其社会权势是人类社会经济发展的产物和人类文化塑造的结果。在这个过程中黄金文化得以再造，人类商品经济的发展推动了又一次人类社会权力中心的变化，变化的实质是货币权取代了神权和王权的社会权力中心的地位。

二、黄金货币的崛起之路

金币是人类曾使用过的一种金属货币，金币文明是人类货币文明的重要组成部分，占有重要的地位，是人类货币文明高级阶段的存在，与人类高度发达的社会生产力相对应。但是，黄金货币诞生之初并不是人类货币家族的头牌，从边缘货币到中心货币经历了数千年的历史，也有由显形到隐形，由显赫到平凡的遭遇。然而正是黄金与人类货币结缘而使黄金可以搭上人类社会共识性权力中心由王权向货币权过渡的列车，在新的社会权力中心占据了顶层位置，被人类赋予了更大的社会权势。“金权”成为货币权的代名词，从而也为黄金文化奠定又一块重要的基石。

（一）金币：流动的黄金财富

黄金之所以能够被人类选择成为制造货币的材料与黄金财富文化指令存在着密切的关系。黄金因与神权携手而得以进入人类社会，成为一种神秘物质，而神权的世俗化使黄金走出神秘与世俗的王权携手成为社会权势的象征。被王权垄断的黄金神圣而稀有，被世人所追捧变为一种宝贵的财富用于奖赏、贿赂以及财富传承，因而黄金又被赋予了财富储藏功能，成为人类财富储藏的手段，到了今天也没有改变，不论是国家还是个人都或多或少的拥有黄金储备。

黄金储备是以备今后之需而处于相对停滞状态的财富，但最终还是或换手，或用于交换，所以黄金财富即使是储备也有流动性要求。如果这种流动性发生在交易过程之中，黄金成为交换中介这就使黄金具有了货币功能。黄金货币功能的发挥也是一个不断发展变化的过程，经历了从金块到金条，再到金币，而后又出现黄金凭证的过程，也经历了偶尔使用，到经常使用，再到制度化使用的过程。今天黄金货币使用已超越了制度化使用阶段而进入了比较选择使用阶段，即以信用货币为参照物决定选择还是不选择黄金货币的阶段。

最早用做交易中介物的黄金是金块，其形状虽是多样化的，但都不具备支付的灵活性和标的统一性。支付时不仅需要切割，重新计量，而且对含金量也要重新检测，有许多不方便而难以满足经常频繁使用的要求。

据考证早在公元前4000年，古埃及人便铸金条作为货币，在金条上刻有古埃及统一后第一代国王美尼斯法老的名字。并且古埃及人已确定了白银与黄金的交换比率为10∶1，表明古埃及人那时已有了交换价值的概念。古埃及人可能是人类最早使用黄金做交换中介的民族。

我国晚于古埃及但也是使用黄金货币较早的国家之一，根据古籍记载已有4000多年的历史。古籍《管子》就有汤以庄山之金、禹以历山之金铸币的记载。《汉书·食货志》中记载了公元前11世纪周成王制定的币制：太公为周立九府圜法，黄金方寸而重一斤；钱圜函方，轻重以铢；布帛于二尺二寸为幅，长四丈为匹。这表明当时已有了统一的货币制度，黄金已成为法定货币，而两三千年前是我国黄金货币使用的一个高潮时期。

在2500多年前的春秋战国时期，楚国是当时列国中的强盛之国，又盛产黄金，所以金币的使用十分广泛，已有大量的那时的黄金货币出土。主要有两种，一种是金贝，用黄金制作的贝状货币；另一种是带有印戳文字的爰金。爰金有钣状和饼状两种。之后的两汉也是使用金币比较广泛的朝代，对春秋战国时的金币有继承也有发展，其黄金货币的品种主要有金饼、金铤、马蹄金、麟趾金。这些虽然是经过加工的黄金货币，但仍不是标准金币，因而在使用时还需切割称重。此后我国进入了一个贫金的时期，白银货币得到了发展而金币没有更大的发展。

黄金货币是流动的黄金财富这一命题，揭示了黄金货币的本质。为了使黄金具有更好的流动性，也就是使用更便捷，一方面是沿着黄金货币小型化方向努力。如我国战国时期出现的金贝币、爰金，两汉时的金饼、金铤、马蹄金、麟趾金虽使用上有所别，但都是金币小型化的努力。另一方面是使用规则的标准化。使用规则的统一是保证金币实现流动性的重要条件。在汉朝以后我国在这两方面都没有更上一层楼。这可能是与汉以后我国进入了贫金时代有关，数量不多的黄金用于帝王的消费后已无余量用于制造货币了。公认的在这两个方面做出最大贡献者是古吕底亚人。在公元前650年左右在吕底亚古国出现了人类社会第一块铸金币。

从全球看此时人类文明已进入了一个新发展时期，已有以下重大事件发生：公元前841年我国开始了有确切纪年的历史，这是我国周王朝时期；希腊已进入了古城邦时代，第一届奥运会于公元前776年在希腊举办；公元前700年马其顿建国；公元前753年罗马建城。此时古吕底亚铸金币的诞生是人类文明进步的产物。

（二）古吕底亚国与铸金币

古埃及黄金文明大剧谢幕以后，先后登台的是赫赫有名的波斯帝国的大流士、马其顿亚历山大大帝以及国运连绵两千年的罗马帝国，但在这些大人物出场之前有一个重要的启转环节，这就是古吕底亚国。

1. 古国寻踪

古吕底亚国是位于小亚细亚中心地带，始于公元前1000年的古代小国。虽是小国但古吕底亚非常富有。一是其地理条件优越，在地跨东西方、连接爱琴海和幼发拉底河及至远东的交通要道上。首都萨帝斯就是当时的一个国际贸易中心，商业十分发达，交易活跃因而货币需求旺盛。二是境内有巴克图鲁斯河流过，而巴克图鲁斯河恰恰有沙金。正是这两个因素使黄金货币在这古代小国发生了一次突变，诞生了人类的第一种铸金币。

关于巴克图鲁斯河产金还有一个神话传说，发生于公元前750年左右的佛里吉亚国：

佛里吉亚第一任国王戈蒂乌斯除有两头公牛外，其他一无所有，其子迈达斯继位后，仍然十分贫穷，但心地善良，乐善好施。一次一个陌生人寄宿其家中，这个陌生人是酒神巴克斯的养父，巴克斯为迈达斯及其父的盛情款待所感动，于是应允这个国王可以心想事成。迈达斯选择了“点石成金”，但是，他没有想到这是他的一个重大错误。

他接触到的东西顷刻就变成黄金，手指接触到食物，食物变成了黄金，拥抱女儿，女儿变成了黄金雕塑。于是他又恳求酒神巴克斯解除这一该死的咒语。巴克斯满足了他的要求，指示他到巴克图鲁斯河去沐浴，因为佛里吉亚就建在巴克图鲁斯河旁边。因为迈达斯将黄金全部洗到了巴克图鲁斯河里，而使巴克图鲁斯河成了一条生产黄金的河。巴克图鲁斯河的确切位置现在已不可考，很多人相信它就是流经莫鲁斯山麓的一条有丰富金砂的河流，此后500年被罗马人占领时已不产黄金。

巴克图鲁斯河产金惠及近邻吕底亚国，因而吕底亚人续写了这一故事：吕底亚因盛产三分之二黄金、三分之一白银的“琥珀金”，使吕底亚人得以在公元前650年左右生产了人类第一批铸金币，这个今天看来并不神奇的行为，但那时却是一个天才地创造，铸金币实现了金币的标准化，黄金货币职能从此得到了大大的提升，从而使财富与权力融为一体，黄金作为价值衡量标准的观念很快形成，并影响至今。因而黄金财富的社会权威性被大大强化了，而之后古罗马人正是在继承了这些黄金文化财富指令的基础上，向前跨出了一步而上演了一场历史大剧。

古吕底亚国从诞生之日起就和黄金产生了难以厘清的关系。传说第一任国王叫坎道列斯，他有一个美丽的皇后。为让他的宠臣和心腹侍卫吉基斯观看皇后脱衣后展现的迷人胴体，两人一起藏匿在一个不易被发现的地方偷窥，但被皇后发觉了。第二天她召见侍卫吉基斯，明确告诉他策划了这一阴谋的人当杀。她提出让吉基斯将国王杀死并娶她为妻，或者由窥视了胴体的人当王，当然吉基斯选择了前者。臣民们对国王被谋杀十分愤怒，但吉基斯坚持让“神”做裁决，而神谕做出了有利于吉基斯的裁决。为此他向祭司祭奉了大量金银，包括6个重达1800磅的金碗。但同时神谕又预言其王国将五代而亡。

古吕底亚国第五代国王是克罗伊索斯，公元前568年即位，在位15年之际逢波斯人进犯，为迎敌先请神谕，克罗伊索斯即赠金答谢。但仅守了14天便大败被俘，他看着纷乱的人群对居鲁士说："他们正在抢掠属于你的财富和家园。"说完便消失在居鲁士的视野中。神谕不幸言中，古吕底亚国消失在了人类历史之中。

2. 吕底亚人的贡献

吕底亚人是金币文化的先驱，发行的金币名称"邓璞"，由国家垄断制造，起初没有统一的规格，使用不便。第二代国王阿迪斯统一了"邓璞"的规格与重量，完成了可辨识金币的转变：圆形、质地如一，都印有王朝的标识——狮头。最后一任国王克罗伊索斯又进行了进一步改革。克罗伊索斯重新规定了铸币的面额、重量，确立了币值基本单位。在铸币的一面是雄狮与公牛的半身像，另一面用凹版技术印制了椭圆形与正方形的标记。

吕底亚人的币制改革在当时很快被接受，成为小亚细亚地区和爱琴海西海岸的流通货币。而从历史的角度看，吕底亚人的币制改革奠定了金属货币制度基本框架，圆形、印有图案、标有面值成为金属货币的范例。吕底亚人不仅创造了铸金币，还进行了多项货币制度建设，其影响延续到数千年后的今天。

（1）对"邓璞"发行实行国家垄断，禁止私人发行金属货币，确立了国家对货币供应的主导性地位，这一制度为后人所沿袭。

（2）统一铸币规格。吕底亚末代国王克罗伊索斯征收了所有流通在外的白金铸币将其熔化分离，重新铸造新币，在面额、重量上尽可能与旧币相同，并细分为三分之一、六分之一、十二分之一，或更小面额，以方便使用，并精心铸造力求在大小及重量方面统一规格。新铸币在国内很快被民众接受，并流向了国外，获得了好名声。

（3）实行双本位制。以银币做货币计价单位，用于经常性的小额交易，而金币主要用于对外贸易。这一制度在以后的历史中为多数国家实行，成为国际性的货币制度。

（4）运用当地类似于水苍石的黑石做验收黄金的工具，这种石头被称为“试金石”。将黄金制品在黑石上磨试，然后与 24 支验金针的磨痕比较。这 24 支验金针是金银、金铜、金银铜等金属不同比例的合金，第 24 支是使用 24k 纯金打造的。如金制品的磨痕与这支试金针磨痕相同就可以判断是纯金制品。因此可以通过不同验金针的磨痕比较确定制品金的含量。用试金石确定黄金含量延续到当代，后来才由更精确方便的方法取代。

因为铸金币使用更为方便，使交易更为高效、价值更为可靠，黄金货币的流动性大大增加了，由此黄金的货币职能更大地发挥出来，黄金的使用范围扩大了。铸金币的出现使黄金货币得以超越国界而很快形成了使用相同金币的区域市场，这也就为国际全球性的金本位制建立奠定了基础。

黄金货币从边缘货币到中心货币，从本国货币到国际货币的发展皆起步于吕底亚古国，这是吕底亚人的贡献。因而黄金货币由金块变为铸金币不仅仅是形状的变化，而且是一次历史性突破。

这次货币突破首先是促进了周边地区的商业繁荣，迅速地形成了使用一种货币的区域性统一市场，直接惠及吕底亚人民。黄金铸币为其周边的国家所接受，从而扩大了贸易规模，为进口提供了资金支持，而又为输出创造了收入，也加快了人员间的交流。其首都萨帝斯成了当时富商云集、生活奢华的都市中心。商业的繁荣引起了资金流的增加，萨帝斯也成了当时黄金生产商与货币兑换商的汇集地。

铸金币的诞生推动了商业活动的发展的同时，也为宣扬王权与神权提供了新的工具。在此后各国发行的金币纷纷将帝王和上帝的肖像铸在金币上。波斯国王大流士自命为“万王之王”，发行大流士金币，将自己头戴王冠、手持弓和矛的肖像刻铸于金币之上，为之后的帝王所仿效。亚历山大发行的金币一面是一辆战车，以纪念公元前356年奥林匹克竞技会战车比赛获胜；另一面是主神宙斯的头像。早期拜占庭金币是以宣扬王权为主，而拜占庭第25位皇帝查世丁尼为宣扬他对基督教的虔诚，敕令把耶稣的半身像刻铸在金币之上。这样做的目的是要把帝王的超凡、神祇的神圣通过金币的流转宣扬出去，强化了王权，因而黄金的货币化得到了帝王们的大力推动。对金币的神话，也对黄金崇拜的文化指令起到了固化增强的作用，这是黄金货币化除商业价值之外的文化价值与意义。

黄金货币化的基础是黄金财富文化，黄金货币从本质上讲是黄金财富的小型化和标准化，从而使黄金财富具有了更好的流动性，实现了大众化。而吕底亚"邓璞"的诞生则标志着黄金货币化的完成，当然也包括随着"邓璞"金币的发展而建立的一套管理制度。而之后的黄金货币的制式和制度都延续了古吕底亚人的范本。所以金币并没有因古吕底亚国的灭亡而消失，人类续写了自己的黄金货币史，更为波澜壮阔的黄金货币大剧的剧本将在未来的人类历史中编写。

3. 金币没有随古吕底亚王国消亡

吕底亚古国之后，在人类历史上，曾经出现了波斯、希腊、罗马、西班牙、荷兰、英国、美国等具有全球影响力的国家，但均无一例外地参与到金币传承接力之中，古吕底亚人高举的火炬照亮了全球。

克罗伊索斯是一个货币改革家，也是吕底亚的终结者。波斯居鲁士大帝公元前953年战胜了克罗伊索斯，从此吕底亚国灭亡，但吕底亚所创造的货币制度为波斯帝国所继承，而在波斯帝国全境推行，并开始以铸币形式征税。波斯大流士国王还将自己肖像印制在金币之上，并将该种铸金币称为"大流克"，为此后的君主们所效仿。

在此之前大流士已将黄金列为地方向中央交纳的税金并统一了全国的铸币制度，规定金币由中央铸造，地方只能铸造银币和铜币。大流士金币不仅在国内使用，而且也是当时的一种主要的国际货币。现在在波罗的海、中亚、非洲考古挖掘中均有发现，表明了大流士金币使用之广泛。而且以金币作为国际贸易支付手段已渐流行，成为当时强权国家的惯例。

公元331年伊苏会战，马其顿亚历山大大帝击败了波斯“万主之王”，波斯霸权宣告结束。马其顿人与希腊人同族，马其顿城邦位于希腊北部。所以原来一部分希腊人南下到了雅典，而另一部分人则留在了马其顿，成为马其顿公民，续写了希腊文明。马其顿兴起于菲力普二世，他进行了一系列改革，其中最主要的就是货币改革。

当时最强的三个国家中希腊是银本位制，波斯是金本位制，而马其顿实行金银双本位制。马其顿规定了金银比价（1∶10，压低了黄金价值，而波斯为1∶13.5，使马其顿对外贸易居于有利地位），与希腊和波斯开展贸易开拓了更大空间的同时，马其顿也用武力大力沿着黄金的方向拓展以便获得更多的金银生产地。征服波斯也是这一目的的产物，而完成这一目标的是其子亚历山大大帝。

亚历山大大帝继承了其父的志愿在东方扩展取得胜利获得大量金银的同时，又积极地扩大了在希腊、小亚细亚、叙利亚、埃及、美索不达米亚的铸币产量。但是他仍然对金币有更高的需求，这是因为马其顿对外扩张需要拥有庞大的雇佣军，而雇佣军薪水用金币支付。为了保证其军队所到之处其货币均能被接受，亚历山大大帝十分重视其金币的质量，故他的金币赢得了良好的口碑成为可以普遍接受的货币。另外，亚历山大大帝也充分地认识到金币对其巩固势力范围的社会公关作用，随着马其顿金币的流通也将马其顿及亚历山大的名声传播到了更远的四面八方。

亚历山大在其父发行的“菲力普金币”的基础上又发行了“亚历山大金币”。图案自降一级由宙斯神头像改为低于宙斯一级的赫尔克里斯，赫尔克里斯是力量与体魄强壮的象征。“亚历山大金币”在马其顿公元前192年被罗马击败以后的150年里仍在广大地区流行。

公元前197年，罗马总督奎恩科提乌斯·弗拉米尼努斯击败菲力普五世，马其顿（希腊）霸权终止，历史翻到了罗马强权的一页。古罗马创造了人类黄金文明，其必然是黄金货币文明的光大者。

罗马之所以是黄金货币文明的光大者与东西方丝绸之路的开辟有很大关联。罗马是一个尚武的国家，当他征服高卢成为欧洲的强权以后，欧洲地域限制不了他更大的野心，于是他把目光投向了东方，在占领了埃及获得了巨大利益以后又开始向更远的亚洲进军。罗马占领埃及之后每年都有 120 条商船从红海驶向印度。与东方的贸易打开了罗马人的视野，丝绸等奢侈品的输入在极大提高了罗马人生活品质的同时也造成金银大量流失。每年流出的金银相当于帝国造币量近 50%，再加上供养雇佣军的薪水支出，使罗马帝国对铸币的需求空前紧张迫切。

现实的需求压力使罗马的统治者一方面不断沿着拓展黄金资源的方向扩张，增加铸币供应。另一方面，则走上了货币贬值之路，生产成色不足的铸币。当公元 260 年加里恩努斯登上罗马帝位时，其发行的银币含银量比公元前 63 年至公元前 14 年在位的盖维斯 · 屋大维时期减少了 60%。但罗马统治者坚持了金币的成色和重量不变，保护了罗马金币的威信。公元 306 年君士坦丁上位发行了“索得里”金币，俗称“拜占庭金币”，纯度 98%，重量为 4.55 克，具有极高的价值。在此后的 700 年间，即使罗马城公元 410 年被西哥特人攻陷，西罗马分裂，罗马金币仍以不变的质量生产。此后罗马金币的消失不是金币自身的原因，而是因为罗马帝国的衰败。

从公元 476 年西罗马帝国灭亡到公元 1453 年东罗马首都君士坦丁堡被奥斯曼帝国穆罕默德二世率军攻占，东罗马灭国，这近 1000 年的时间对于欧洲来说是一个“黑暗时代”。战争瘟疫四起，人们离开城市到乡村避难，贸易奄奄一息，货币的需求剧减。金币虽价值永恒不会消失，但不再流动而被埋藏于地下成为窖藏财富，等待再次大放光彩的时机的到来。

在这样大的社会背景下金币的经济功能发挥受到抑制，但却成为帝王们玩弄权术，进行政治斗争的工具。因为帝王们不仅把金币视为货币，而且是宣扬王权和财富的手段。拜占庭 25 任皇帝查士尼丁二世发动了对阿拉伯的战争，理由是阿拉伯哈里发将自己的肖像印在了金币上。查士尼丁二世虽打了败仗但仍认为取得了精神胜利，因为此后哈里发将肖像改为了《可兰经》经文。而查士尼丁二世却要拜占庭金币不但宣扬对基督的虔诚，也要宣扬他的盖世超凡。但公元 730 年拜占庭 32 任皇帝利奥三世反对圣像崇拜又成为官方政策，导致了长达百年对不同政见者的迫害。

（三）黄金货币的社会权势之巅

古吕底亚国的黄金货币文化遗产被其后 2000 多年来的帝王所传承，金币在传承中文化内涵不断丰富。到 15 世纪人类又完成了一次造神运动，这次人类打造的不是左右人类精神的虚幻之神，而是左右人类在现实世界行为的黄金崇拜，在带来人类社会进步的同时也带来了灾难。于是人类黄金文明中又增加了几分疯狂和愚昧。

15 世纪被历史学家们认为是开启全球化的世纪，世界各孤立的经济体开始建立日益密切的贸易联系，因为此时贸易已成为人类发展方式的新选择，这是人类文明的进步。而推动这一变化的首先是欧洲与亚洲这两个大经济体贸易关系的建立与发展，东西方贸易成为拉动世界经济的火车头，这也是人类现代社会历史的开篇。引领欧洲经济的是罗马帝国，引领亚洲经济的是古老的中华帝国。然而，喜马拉雅山脉是横在亚欧之间的天然障碍，罗马人沿着黄金方向的拓展到达印度之后只能止步，中国的丝绸等物品只能通过长途跋涉才能抵达欧洲，而波斯帝国的兴起又增加了人为的阻隔因素，欧亚相通的陆路通道被割断，因而需要开通新的交流通道。在这样的大背景下，欧洲开始了寻找通向亚洲的海上通道的航海冒险。

刚刚走出“黑暗时代”和十字军东征挫折之后的欧洲 15 世纪又开始了航海冒险，这本身就反映了欧洲人对于黄金追逐的执着与疯狂。西班牙国王裴迪南 1511 年给他的在南美的军队下达的命令是：“要黄金，如果可能的话，你们可以人道一些，但更重要的是要不惜一切代价把黄金弄到手。”一个疯狂的追金者跃然纸上，使任何人对于欧洲这次航海冒险的道德辩护都显得苍白。欧洲人在亚洲获得商品但没有发现黄金，而在美洲发现了金银矿，于是在那里发生了大量土著居民非正常死亡事件，也就是裴迪南国王“不惜一切代价把黄金弄到手”命令的结果。

欧洲人的黄金崇拜是刻骨铭心的，在黄金面前甚至已失去理性判断，对此15世纪大剧作家莎士比亚在剧作《雅典的泰门》中写道：

金子，黄黄的，金闪闪的；
只要有点点
就可以使黑的变成白的，
丑的变成美的，
卑贱者变为尊贵者，
老者变成少年，
懦夫变成了勇士。
这黄色的奴隶
可以使异族同盟，
同宗分裂；
它可以使受诅咒的人得福，
使得癞病的人为人所敬爱；
它可以使窃贼得到高爵显位，
使鸡皮黄脸的寡妇重作新娘，
即使她的尊容可以使
身染恶疮的人见了呕吐，
有这东西
也会恢复三春的娇艳。

它会使冰炭化为胶漆，
仇敌化为亲吻；
它会说任何方言，
使每一个人唯命是从；
它是一个了不起的神明，
即使住在比猪巢
还低劣的庙宇里，
也受人膜拜顶礼。

莎士比亚用他那如椽之笔描述了15世纪人类对黄金的执迷与疯狂，今天的人们都难以理解，但却是一个客观的存在。这是因为黄金货币化使黄金走出了神秘而走向了世俗世界，但具有平民身份的黄金并不平庸，而随着货币由交易中介物发展成可以增值的资本以后，黄金的社会价值得到了极大的提升。同时，拜金主义的泛起也达到一个新高度，黄金成为无所不能的“神灵”。这是人类又一次的造神运动，造的不是一个人类精神世界中的虚幻的神，而是世俗世界中的物质的神，其与人类每一个人的利益联系在了一起，所以伯恩斯坦在其著作中对黄金货币化发展做出的评价是：

“黄金再一次集宗教饰物和货币功能于一体。然而，与克罗伊索斯时代这两种功能间的关系比较模糊不同，黄金作为货币，现在则以一个清晰的胜利者姿态出现——不仅胜过了饰品的功能，也胜过了黄金自身。从这一点再向前推进一步，那就是拥有黄金不再是权力、特权、等级的体现。无论黄金是通过贸易赚取来的，或是掠夺来的，或者是河流、山峦之间挖掘出来的，新增的黄金储量都会激起人们高度的兴奋，因为获取黄金就意味着踏上了通往金钱、权力之巅的捷径。”

伯恩斯坦在这里指出此时黄金货币的社会功能已有新的超越，黄金文化达到的新阶段。黄金货币在人类社会的存在感有了极大的强化，因而黄金货币的社会权势增加了，也使社会权势出现了大众化趋势。黄金不再是特权独有而可以平等享有，拥有黄金货币就拥有了权力，因而黄金成为民权的捍卫者。这是黄金文化的新看点，并且黄金这一社会功能的新角色因 21 世纪初全球经济危机的爆发而崭露头角，开始书写黄金文明的新篇章。

三、金本位制的必然与偶然

从货币发展的过程看，最早的货币是实物货币，但由于易腐朽和不易标准化及流通不便的原因，而使海贝成为人类大批量使用的货币。海贝生产于东海分布十分不平衡，而且并不能持久不变，最终被分布更为均衡、更不易损坏的金属货币所取代。所以，人类曾使用过铁、铜、金、银等多种金属货币。因交易规模的持续扩大，货币支付数量的大幅增加，带来了交易的不便，因此贱金属货币逐渐被边缘化而贵金属货币成为主导性货币，金币和银币成为人类社会近代的主流货币，金银双本位在欧洲存在了 1000 多年。但是金银双本位制并不是必然的选择，而是无奈的选择，其改革存在着必然性。

（一）金银双本位的尴尬

金币文明主要发展成熟于欧洲，当欧洲殖民者 16 世纪到达美洲抢掠土著人的黄金时，土著人还没有黄金货币的概念，所以提不上使用黄金货币，而在欧洲千年以前就有了发行和使用黄金货币的历史，并且一直没有走出黄金短缺的窘境。公元 700 年英格兰发行了一次金币，但很快便被疯抢一空，社会流通货币陷于捉襟见肘，为此只能增加白银铸币以应急需，因为当时英格兰的白银的储备量比较多，所以只能施行以白银货币为主币、铜币为辅币的货币搭配模式。

欧洲使用银币是为解决黄金供应不足的应对之策，白银在地球上的蕴藏量是黄金的 30 多倍，但价值不及黄金的十分之一，如用白银代替金币支付，可以想象将会造成多大的货币数量（比金币增加十倍），完成一个大额支付是十分困难的。英国理查德一世在公元1192年十字军东征返回时被奥地利公爵俘获，很快又被转卖给了神圣罗马帝国，其赎金15万马克是用银币支付的。15万马克金币相当于2400万银便士，这需4万技师劳作一年。1529年法国国王法兰西斯一世为挽救其两个儿子的生命向西班牙查尔斯五世支付1200万埃斯库多银币赎金，仅清点验资就用了4个月。显然支付规模的扩张已使银币难以完成大批量支付。白银货币的这一内在的弊端为金银双本位制破局，白银退出人类货币领域埋下了伏笔。

金银双本位制的更大麻烦是如何实现金银比价的稳定，这是金银双本位货币体系稳定的关键，但是这个问题成了欧洲的难题。16世纪金融家兼商人托马斯·格雷欣发现，在面值相同而实际价值不同的金属货币同时流通时，人们会把足值的金属币收藏起来，而使用价值不足的货币，久而久之流通的货币都是低值的货币，人们称之为“劣币驱逐良币法则”。

劣币驱逐良币的影响首先是人们将高值货币作为财富储存起来，大量货币不再流通而减少了货币流通量，造成社会支付的困难；人们还可以将高值货币熔化，或出口换取低值货币，从中套利；更重要的是劣币流通越来越多使一个国家的货币信誉受损，而影响国家货币支付功能的发挥。因社会货币供求关系经常变化，不同的金属货币间的实际比值关系经常变化很难长期固定，所以劣币驱逐良币的现象经常出现，有时会产生十分严重的后果。

这一问题长期困扰英国。1257年英格兰亨利三世发行金币，确定金币等价于20白银便士，后提高到24白银便士。金价的价值被低估（实际价值高于法定价值），因而使用白银货币更合算（以实际的低价值获得高价值交换）。这样金币被大量储存了起来，而很少使用。只短短20多年时间，到1280年金币就难寻其踪迹了。但英国商人在进行国际贸易时必须使用金币，如果换算成英国货币而英国金币被低估，英国商人就处于不利地位。为此1343年爱德华三世发行了一种面值大于实际价值的金币，但立即被国外用户所拒绝，故其国家货币长期处于不稳定状态。

同样长期受影响的还有美国。1742年美国实行金银双本位制，法定金银铸币比价为1∶15，而1795～1833年的33年中，实际金银比价已经变为了1∶15.6，因而1803年法国将铸造比定为1∶15.5。由于美国的黄金价格高于法国，美国大量黄金输往法国，而大量的白银流入美国，至使美国的银币使用越来越多，实际上形成了单一的银本位制。

白银外流一直成为欧洲货币稳定的老大难问题，虽然从17世纪上半叶美洲大量的白银流入了欧洲，但欧洲仍存在白银短缺，在金银双本位的制度下，白银的短缺势必会抬高银价，使黄金相对贬值，就可以抑制白银外流。这从理论上讲没有问题，但白银外流是一个国际性现象，国内的金银比价在一个什么水平上才能使白银不再外流？这不仅是一个国内货币的供给问题，还是一个东西方货币体系的平衡问题，不要说在那时，即使在今天有大规模计算能力支撑的情况下，也是一个世界性的难题。因为国际货币体系的平衡不仅是一个货币问题，更充满各国利益间的政治博弈，实际上是无解的。这样就使双贵金属本位制处于不稳定状态，而给了投机者极大的制度性的无风险套利机会，这是金银双本位制造成的一个有体制性缺陷的市场。因而金银双本位制被扬弃，建立单一贵金属本位制是一种历史的必然。

当时东方的主要经济体中国和印度是单一的贵金属本位，即银本位，在国际贸易中占有优势，呈顺差；而西方欧美是劣势一方，呈逆差。东方的银本位制对西方的金银双本位制产生挤压而使之不稳。因此，欧美金银双本位必须要向单一贵金属本位转变，但并没有与东方银本位制并轨，而是选择了金本位制，从此全球出现了东方银本位制与西方金本位制并列的双轨制。这是因为欧洲货币制度转轨时恰逢19世纪中叶黄金生产力的大突破，使一直为黄金短缺而苦恼的欧洲变得富裕了起来，欧洲有了实行金本位制的物质基础。

19世纪后半个世纪的黄金产量超过了之前的5000年，年均产量从个位数提高到了三位数。而19世纪中叶黄金生产力突破的成果绝大部分为英国所收获，这是金本位制首发于英国的重要原因。如果说英国金本位制的建立归于16世纪美洲黄金的发现之功，而金本位制由英国扩展到全球成为国际货币制度，当应有19世纪中叶黄金生产大突破之力。

金本位制由一国货币制发展到区域性货币制，再到国际货币制，结束了白银本位与黄金本位并存的双轨制，黄金成为世界货币。19世纪是金本位制高歌猛进的世纪，除黄金生产力突破提供了金本位的物质基础外，另一个重要原因是银本位国家的衰落逐渐失去了与金本位制竞争的强势。银本位制在20世纪初基本结束，货币双金属本位制也走到了历史的终结。20世纪是一个一元货币体系的世纪，但是，20世纪也不是金本位的世纪，纸币从辅币逐步发展成为主币，取代了金币。金本位制在20世纪70年代因黄金非货化推进而中止，人类进入了信用纸币时代。

（二）大科学家牛顿的努力

在改革金银双本位时并不是从一开始就决定并轨金本位制，银本位制仍拥有众多拥趸。1698年9月英国贸易委员会的一份特别报告主张："采用一种以上的金属作为商业标准是不可行的。世界普遍赞成白银作为商业价值的测度，并视之为一种较为便利的手段。黄金以及其他金属，将被视为一种商品……它的价格是始终变化的。"这表明在东西方白银存在价差而使白银套利活动已无法容忍的情况下，银本位仍具有坚实的社会根基。所以人们千方百计寻找金银正确兑换比率，抑制白银套利外流是为了巩固银本位，而不是扬弃银本位。或许使人有些意外的是，这场变革使以发现了万有引力理论而闻名的大科学家牛顿登上了金融历史舞台的中央。

牛顿19岁入牛津大学就读；27岁因学术成果丰硕而晋升正教授；43岁时出版《自然科学的数学原理》，成为世界著名科学家，登上了科学之巅；54岁时却离开了牛津大学转任伦敦铸币厂总监，这一年是1696年3月。在他进入伦敦铸币厂前的1695年末英国刚刚开始了铸币改革，这是由于锉币成风而导致金属币严重贬值而做的一个重新铸币的改革，要把铸币的重量恢复到150年前的水平。但改革并不顺利，主要是东方银贵，所以新铸银币又都被熔成银锭出口了。而当时英国的基础货币是银币，所以白银外流造成了货币紧缺而影响了支付。因此如何解决这个问题成为牛顿关注的重点，因为这已经是属于他的本职工作了。

3年后，1699年牛顿接任了伦敦铸币厂厂长之职后，针对白银外流问题进行研究，并先后于1701年和1702年提交了两个专题报告，建议将英国金几尼币价格下降到21先令，但是也并没有完全杜绝白银外流。1717年东印度公司又出口300万盎司白银之后，英国政府又向牛顿提出请求。牛顿经过对多种货币研究后，指出英国出口白银的价格比银币高2～3便士，所以白银套利出口久禁不止，解决的办法是几尼金币减值10～12便士，以达到与欧洲贸易金银比价的平衡。他为此向上议院提出了专题报告，名字叫《向上议院财税委员会阁下的陈述》这是一篇重要的文献，成为金本位制形成的一个里程碑。在报告中他指出：

“窃以为，金衡制下1磅黄金含11盎司纯金与1盎司合金，折合44.5几尼金币；1磅白银含11盎司又2英钱纯银以及18英钱合金，折合62先令。据此比率，1磅纯金等值于15磅6盎司17英钱5格令纯银。由此推之，1几尼金币等值于1先令6便士纯银。”

以牛顿的建议为基础，英国财政部发布公告确定几尼金币价格为21先令，任何人都不得以与21先令不同的价格收购几尼金币。按照几尼金币21先令价格计标每盎司黄金的价格为3英镑17先令十又二分之一便士。但与牛顿随着黄金供给的增加金价会下跌的预计不同，在此后的200年的时间里金价始终稳定在这一水平上，一直到1931年。此举为金本位制的稳定性赢得了声誉，而此时白银价格却剧烈波动。

或许是一种巧合，黄金的供求在此期间达到了完美的平衡，但黄金价格稳定的声誉与银币的不稳定形成了鲜明的对照，而使人们普遍接受金币，征税者也欢迎用金币纳税，这样无意间金币成了主要的流通支付手段。

1558年至1694年的136年间，伦敦铸币厂发行了1500万英镑金币，年均11万英镑，而1695年至1740年的45年内生产了1700万英镑，年均近38万英镑，增长了2.45倍。白银币早期发行量达2000万英镑，后期只有100万英镑，而到1747年基本上退出了流通领域。这时白银的走私也基本停止了，因为此时欧洲已无白银可走私了。人们把英国财政部确定几尼金币价格为21先令的1717年视为英国已成为金本位制国家的开始。

牛顿为金本位做出了努力，书写了黄金史上的特殊的一页，但他对几尼金币价格的建议是高估的，白银的走私又持续了30年，金价在此后也没有下降。几尼金币在流行了100年以后的1821年为乔治四世时代发行的沙弗林金币所取代。牛顿还是炼金术的热衷者，虽然最终并没有获得黄金，但在化学领域产生了深远影响，做出了贡献。

牛顿认为通过市场供求法则可以解决金银的比价问题，金币供应的增多会使价格下降从而拉开银币的价格。但是，实际的情况是欧洲金价并没有下降而是进入了一个持续稳定的时期。正是因为金价的稳定使民众更愿意使用金币作为支付和储备工具，银币受到冷遇，就使扬弃金银双本制、建立单一的金本位制变得水到渠成了，也就是说金价的稳定是英国进入金本位的重要条件，从这个意义上讲，金本位制是民众选择的结果，而不是官方法规的产物。所以英国在1717年就已是金本位制国家，而百年后1818年英国议会才通过相关决议成为正式的金本位制国家。然而欧洲稳定的金价又是如何实现的呢？

（三）美洲金银与东西方贸易格局

金本位制的建立与欧洲、美洲、亚洲的贸易格局变化是分不开的。

1. 欧洲黄金源于掠夺

欧洲并不是全球金银的主产区，旺盛的黄金需求在19世纪以前是以对其他国家黄金的强取豪夺满足的，为黄金而发生的战争频繁，但战争也是充满风险和需支付巨大成本的一种方式，因而短缺是欧洲黄金供给长期的基本形态。欧洲强权帝王沿黄金方向的拓展开始是从陆路展开，所以那时欧洲的黄金主要是从古埃及以及阿拉伯进口或通过战争抢掠而来，但千年后这一渠道由于阿拉伯强权的兴起而被阻隔，于是就有了从 11 世纪到 13 世纪 300 年间的九次十字军远征，但从陆路打开与亚洲的联系基本上是无功而返，所以就有了 15 世纪航海冒险以通过打开海上通道实现与亚洲的联系。

欧洲人以寻找黄金为目的远航冒险是按教皇亚历山大六世的裁决，以佛德群岛以西 2190 米处为界，葡萄牙往西，西班牙往东各自寻找航向东方的航线。葡萄牙人在亨利王子的带领下率先一步，虽然很快有了回报，但他的最终目的是沿非洲西海岸而下去发现“金河”。在 15 世纪中期他们到达了西非海岸，那是几内亚境内，但并没有发现黄金源头的秘密，而是以商品交换回黄金。到 16 世纪早期葡萄牙每年从非洲获得的黄金达到了 700 公斤。

1497 年葡萄牙人瓦斯科・达・伽马成为第一个到达印度的欧洲人，建立了葡萄牙人在亚洲海岸的据点。另一个葡萄牙人巴特洛梅乌・迪亚斯 1487 年 8 月从里斯本出发，6 个月后到达非洲南海岸，虽最终目的是印度，但因船员反对而返回，1488 年 12 月回到里斯本。在聆听他航海报告的听众中有一个叫克里斯托・哥伦布的水手，他深信向西直航比现在向东航行更为有效。他决定开始自己的海上探险，为此他向葡萄牙王室寻找帮助，但遭拒绝。而西班牙为了从葡萄牙手中夺回在印度的主动权而最终答应了哥伦布提出的条件。哥伦布于 1492 年 4 月拔锚起航。哥伦布最终也没有到达印度，而是发现了美洲，但发现的黄金并不多。而淘得美洲第一桶金的是西班牙人巴尔博亚，就是他发现了秘鲁的金银矿。进入美洲的欧洲人一方面以土著人为奴隶为殖民者开采金银，另一方面是用武力抢掠土著民族的黄金，因此许多美洲古文明被毁之一炬，或夷为平地，土著人被大量杀害。从 16 世纪以后美洲成为欧洲黄金的主要来源地。

从 16 世纪至 18 世纪全球 80% 的白银产自拉丁美洲，而其中只有 25% 是殖民者地理大发现之前生产的，在这 300 年间仅西班牙就从拉丁美洲掠走了黄金 250 万公斤，白银 1 亿公斤。16 世纪末全球 83% 的金银开采量由西班牙控制。西班牙成为欧洲人 15 世纪远航冒险的第一大收获人，但西班牙只是南美黄金和白银的漏斗，黄银很快就被消费掉了，而没有成为实现转向工业化的资本，正如一项权威研究所指出：

“在西班牙，黄金、白银仅仅获得了国际化的地位，但与西班牙的经济毫无瓜葛……西班牙有着丰富的贵金属，但与社会发展毫无助益，币制没有发生任何变革。总之，16 世纪西班牙的货币与商业旗帜鲜明地分道扬镳了。”

西班牙这个金银漏斗成就了英国经济转型的大业，金本位制的建立使英国的黄金转化为了资本，为 18 世纪中叶发生的工业革命提供了资金，工业革命创造了社会化大生产模式而极大地提高了社会生产力，故从 19 世纪中叶开始欧洲成为全球生产与贸易的领导者。南美的金银为欧洲金本位制提供了物质基础，而金本位制又是欧洲工业革命的金融基础，但金本位制的建立的前提是东西方全球贸易的失衡。

2. 美洲黄金与白银的分流及影响

欧洲人远航冒险最终打通了与亚洲联系的海上通道，在这里没有发现他们梦寐以求的金银，但是发现了他们喜欢的商品。在 19 世纪中叶以前亚洲是全球的财富中心：全球 66% 的人口居住在这里，创造了全球 80% 的经济总产值。而在亚洲我国又是全球第一大经济国，占有那时全球经济 30% 的份额，生产的大宗出口商品丝绸、茶叶、瓷器成为当时欧洲王室孜孜追求的宠物。因而我国是 18 世纪欧亚贸易中的主角，但我国还是一个以自给自足为特征的自然经济社会，对欧洲的商品需求很少，所以欧洲对中国贸易产生了大量逆差。如：

1765 年、1766 年两年间我国的出口与进口额之比为 3.02∶1；1700 ～ 1776 年的 76 年间平均为 2.56∶1，也就是欧洲年均逆差高达 60% ～ 70%。如此巨大的逆差下欧洲用白银结算平衡，因为中国实行的是银本位制。我国的银价还高于欧洲，因而诱发了大量白银套利走私。由于上述原因我国成了全球最大的白银接受国，致使美洲运往欧洲白银的 40% 以上又运往了中国。

英国史学家彼得·弗兰科潘在其名著《丝绸之路》中写道：“白银之路像一根丝带一般环绕世界，贵金属最后流向了一个地方：中国。”据统计，从 16 世纪中叶到 18 世纪的 250 年的历史中，我国从欧洲和日本总计获得了 4.8 万吨白银，欧洲商人直接贸易而转手到我国的白银 1 万吨，其他途径有 2000 吨，总计 6 万吨。可见套利走私是白银进入中国的主渠道，占总量的 80%，并不是贸易结算形成白银进口，而是以盈利为目的的白银直接进口。

16 世纪之后的 300 年间美洲一直是全球金银的主产区，由于东西方贸易的失衡，欧洲殖民者所掠取的美洲金银却发生了分流：白银流向了亚洲（特别是中国），成为中国实行银本位的物质基础；黄金沉淀在了欧洲，成为欧洲取消金银双本位，转向金本位制的物质基础。但金银分流的影响对于欧洲和中国并不完全相同。

对于欧洲而言，美洲黄金的流入使持续千年的黄金短缺得以缓解，并且黄金的沉淀也使欧洲施行金本位制有了物质底气。但是，据权威统计，16 世纪末欧洲的金银储存量是 15 世纪末 1492 年的 5 倍。而金属货币的增加带来的问题是物价的上涨，16 世纪出现了所谓的价格革命，金融业也出现了频繁的波动，欧洲经济整体仍没有走出低迷。而 1717 年英国进入了金本位时代标志着欧洲对双金属货币本位的扬弃，单一金本位制的建立。单一金本位制的建立使欧洲金融业进入了一个超稳定的历史期，这就为 18 世纪中叶开始的工业革命创造了必要的社会金融环境。经过百年工业革命在英国的引领下，欧洲完成了从农耕社会向大工业生产的转变，到 19 世纪中叶欧洲率先完成了工业革命将人类社会生产力推上了历史巅峰，因而欧洲由世界经济列车上的乘客变为司机，实现了对亚洲的超越，因而可以说美洲的黄金为欧洲提供了振兴腾飞的基石。

对于中国而言，美洲白银的流入使中国货币制度从贱金属（铜）本位转变为银本位，这是以 1552 年明朝嘉靖四年官员俸禄由白银发放为标志的，并一直延续到 20 世纪 30 年代。但银本位的建立并没有使中国走向强势。《丝绸之路》对美洲白银流入对当时中国的影响做了如下评述：

"流向中国的大多数白银用于一系列改革，尤其是完善经济货币化，鼓励自由劳工市场的繁荣以及刺激对外贸易等项目。颇具讽刺意味的是，中国对白银的偏爱和重视最后竟成为它的'阿喀琉斯之踵'。如此大量的白银经马尼拉流入中国，不可避免地导致白银价格的下降，时间一长自然会引起物价上涨。最终白银的价格，尤其是白银与黄金的价格比例，被迫降到与其他地区同等的水平。向世界开放为印度人带来一座奇迹，却将给中国造成一场严重的经济危机和政治危机。"

16 世纪的 1552 年明王朝最终由铜本位全面转到银本位，但银本位制的建立并没有解决明王朝经济的深层次的问题，最终出现的是一次王朝更替的社会大动荡，这就是 17 世纪在中叶发生的李自成农民起义。

17 世纪是清王朝的世纪。王朝变了，但清王朝没有走与前王朝彻底决裂之路而是全面继承之路，包括了文化和宫殿。银本位也依然如故。历史又翻开了新的一页，但这新的一页仍未改写中国进一步衰落的命运，对此后人不应仅是悲哀，更应深思。

3. 历史的命运应能改写

17 世纪全球贸易网络已经形成，支撑这个贸易网络的是来自两个方向的力量：欧洲殖民者加强了对美洲金银的掠夺，有持续的金银流入欧洲，使欧洲在与亚洲贸易存在巨大贸易落差的情况下仍有货币的支付能力。另一个方向是中国供应能力的巨大，《丝绸之路》中写道：

"中国有能力满足巨大的出口市场需求，而且还能相应地提高产量。比如福建的德化县，就成为专门满足欧洲人需求的瓷器之都，丝绸业同样得到大笔投资，以迎合西方人的口味。"

有关学者研究认为，宋朝 1600 ～ 1643 年已将外贸收入提高了四倍以上。1655 年以后宋王朝灭亡，清王朝登上了中国历史舞台，在 17 世纪 80 年代站稳脚跟后，清王朝解除了对外贸的限制，使茶叶、瓷器、丝绸、糖的出口猛增。为了增加瓷器、丝绸的花色品种并提高质量，清王朝宫廷向瓷器生产之都江西景德镇和丝绸生产之都苏州派有专门的督办，每年皇帝都要对这两地生产的新产品进行选评，并论功行赏。虽然这是为了满足自己奢侈消费而为，但是客观上推动了我国丝绸和瓷器生产技术的进步，使中国的瓷器和丝绸产品保持了很强的国际竞争力，中国成为当时全球的商品生产中心。这个情景当今又现，历史总有惊人的相似。

重商主义者认为国家要富强就要多出口，形成贸易顺差积累更多的金银。中国一度成为全球最大的商品生产国和最大的外贸顺差国，沉淀了巨额的白银，但并没有走向富强而是陷入了衰败，19 世纪成了半殖民地半封建的国家。当 19 世纪中叶欧洲完成了工业革命，金本位制成为国际货币制度之时，中国却陷入了丧权辱国、割地赔款的悲惨境地。从 1840 年第一次鸦片战争开始到 1906 年中英《藏英条约》的签订的 60 年间先后 8 次向西方列强赔款总额达 13.75 亿两白银，折合海关银（即西方支付的贸易结算货币）8.83 亿两，据说这笔巨额的赔款相当于清王朝 20 年的财政收入。当清王朝灭亡后，中华民国急需钱时打开清朝国库发现空空如也，账面上只有十个银圆了。

从 16 世纪中叶到 18 世纪，中国创造的财富的绝大部分并没有转化为人民的福祉和发展的资本，反而在 19 世纪被西方列强掠夺一空。陷入悲惨境地的原因主要是清王朝统治者的保守愚昧造成了中国经济的发展停顿。亚当·斯密在《国富论》中写道："中国历来就是世界上最富有的国家，也是土地最肥沃、耕耘最精细、国民最勤奋、人口最多的国家。然而，长久以来，这似乎处于停顿状态。"停顿就要落后，到 1900 年中国国民总收入占全球比重已由 1800 年的 32%，下降到 6%；而欧洲由 23.6% 上升到了 52%，如果将美国计算在内则达到了75.6%，西方欧美国家已全面超越中国成为世界经济发展火车头。这一事实告诉我们，货币并不能自然地转化为经济发展的优势。

在这里揭示了欧洲崛起的一个奥秘，美洲金银为欧洲工业化提供了廉价的资本，而中国为欧洲提供了廉价的商品，前者主要是通过暴力殖民掠夺的，而后者主要的通过贸易，当然贸易也不乏强权，用强权把中国的货币结存以赔款的方式一掠而空。因而欧洲率先实现工业化不仅是欧洲人的劳动成果，也有美洲土著人和中国人的贡献。

21世纪中国又成为全球商品生产中心、第一大商品出口国，并成为全球贸易的第一大顺差国、第一大外汇储备国，但结算已不是白银，而变成了纸张印刷的美元，总额达到了3万亿美元。面对中国改革开放40年积累的巨大货币财富西方列强是否有重蹈19世纪一幕的野心呢？答案是肯定的。但当今已是积极进取的中国共产党领导的政府，对19世纪中国命运的警惕而建立了自己的、西方列强不能小觑的国防力量，让中国签城下之盟已是妄想。现在以美国为首的西方列强已日益显示的是“软”进攻：一是政治上的侵入，发动色彩革命；二是使用金融手段，通过货币汇率和利率的操纵“剪羊毛”，我们正面临一场财富保卫战，对此我们必须要高度认识。

21世纪已不同于19世纪，中国已走向了民族振兴之路，觉醒了的中国人民能够改写历史命运，避免19世纪历史的重演。

（四）从英国走向全球的金本位制

英国是金本位制成长的摇篮，金本位制在这里诞生，又从这里走向全球成为国际货币体系的核心，到20世纪70年代存在了百年，但英国人开始更钟情的是银本位，而东西方贸易格局的不平衡造成的白银走私久禁不绝，促使金银双本位蜕变为了单一的黄金本位制。

1717年是英国金本位元年，但并不是英国金本位制元年，因为还缺国家法律层面的认可，而把金本位确认为一种国家制度法规已经是一百年以后的事了。

1818年英国的国会通过了《金本位制度法案》，以法律的形式承认了以黄金为货币发行本位来发行纸币。1821年英国政府正式启用金本位制，以英镑为标准单位，每英镑含纯金7.32238克。但是，金本位制的坚持并非风平浪静，而是充满曲折，但幸运的是风云会际使金本位制不仅在英国没有中途夭折，而且从英国的货币制度发展成为一项覆盖全球的国际货币制度。

1. 金本位制走向全球

1717年确立了金本位制，货币的稳定促进了英国经济的发展，增加了英国的经济实力，但是持续的对法战争，虽夺取了法国在北美和印度的殖民地，也造成了黄金的外流，几乎使英格兰银行的黄金储备消耗殆尽，于1792年不得不停止兑换而引起金价高涨，再加上纸币的超发导致了通胀。这次通胀引起了持续十多年的争论，一种意见认为是农业歉收，出口下降出现收支逆差，引起的通胀，英镑必然贬值。另一种意见是认为主要是超发货币造成的。争论的实质是对纸币发行准备金的不同认识。前者是希望切断纸币与黄金的联系，以增加发行货币的方法解决财政困难。而后者主张货币发行应和黄金相连，不能超发货币。英国政府接受了后一种意见，但与黄金相连，还是与金银相连，是有分歧的。16世纪白银增产导致了欧洲的“价格革命”，也就是通胀，让人记忆犹新，所以议会选择了黄金。但黄金的稀缺又引起了通货紧缩，引起了1825年的英国经济危机，1837年又爆发了世界性经济危机。1847年“铁路投机”破灭，产生了连锁反应，仅英国就有6000多家企业破产。1848年欧洲出现革命潮，这一年《共产党宣言》发表。正当资本主义危机日益加深时，1848年美国、1850年澳大利亚相继发现了大金矿，黄金货币供应大幅增长，货币供应紧缩的可能性减小，不仅挽救了金本位制，也使资本主义进入了新的繁荣期。

18世纪英国已经是世界上最重要的经济国家，因而其货币制度具有世界影响力，在并非出于完全自愿的情况下，有越来越多的国家转向了金本位制。首先发生在美国，虽然是在1900年美国才正式宣布实行金本位制，但在1834年美国就成了实际上的金本位制国家。

美国建国之后实行的是金银双本位制，1791 年确定黄金价格为 19.3939 美元，白银为 1.2929 美元，金银交换比为 1∶15。但这个时代巴西黄金供应减少，而拿破仑坚持以贵金属作为法国货币的基础，而英国也在尝试英镑与黄金的可兑换性，所以出现了黄金供应减少，需求增加的局面，因而市场上的金银比价很快超过了 1∶15，而引起美国市场上的套利活动：人们按汇率用 15 盎司白银从官方换 1 盎司黄金，然后又用 1 盎司黄金在市场上换取更多的白银，银币流通量增加，这样周而复始的套利活动，使美国金币退出了流通，而成为事实上的银本位制国家。

美国金银比失衡长达 40 余年，到 1834 年国会终于承认 1∶15 的金银比率应调整，但调整并没有按当时 1∶15.625 的比率进行，而是确定新的比价是 1∶16。情况出现了逆转，不是白银而是黄金被高估，于是套利行为变为了将黄金送铸币厂换取法定比例的白银，用白银到市场上换取黄金获利，周而复始银币流通减少，支付使用的主要是金币，从这时起美国实际上已成为金本位制国家。每盎司黄金 20.67 美元的价格，从 1834 年到 1933 年一直保持了 99 年。

接着有所行动的是欧洲国家，首先是德国。德国之所以希望实行金本位制是因为要解决从英属殖民地进口原材料而导致的对英镑需求的增长，同时也希望世界将德国视为与英国一样的世界强国。于是德国抓住 1871 年战胜法国的机会开始建立金本位制，因此准备开始出售白银而购入黄金，并希望法国给予支持。但法国不仅拒绝合作，并且在 1873 年 9 月 5 日支付了最后一笔赔款后，便将银币的流通量限制到 28 万法郎，到 11 月更压低到 15 万法郎。

法国的行为立即在市场上产生了影响，白银需求的减少对银价产生了压力，并且很快出现了白银抛售潮，银价不断走低。18 世纪 70 年代金银比为 1∶18，而到世纪末达到 1∶30。因而人们纷纷购买不断贬值的白银到铸币厂兑换黄金，从中套利。巨大而现实的风险使欧洲国家纷纷加快向单一金本位制的转变，因为只有隔断白银与货币体系的法定比价，才能避开白银贬值风险。

1871 年德国和日本利用法国的部分赔偿，实行了金本位制。1873 年法国、意大利、比利时、瑞士及斯堪的纳维亚国家，相继实行了金本位制。1881 年阿根廷、1893 年印度制币厂也停止了银币铸造，1990 年是美国，至此已有 59 个国家实行了金本位制，在经济大国中只有中国除外，银圆的使用维持到 20 世纪 30 年代。

至此一个国际金本位体系的雏形已经形成，并于 1867 年在法国巴黎召开的一次国际会议上通过决议，承认黄金是世界货币唯一形式，黄金完成了神秘物质—财富—货币—国际通用货币的蜕变。从此，金本位制成为国际货币制度。因此人们一般把这个历史年份作为国际金本位制的元年，从而黄金从一国货币变为世界通用货币，成为名副其实的货币之王。

2. 金本位制的文化价值

随着金本位制成为全球的主导性货币制度，黄金的社会权势也达到了顶峰，继神权、王权之后，金权成为一种新兴的社会权力中心。因此拥有金权的金融家便拥有了呼风唤雨的能力，拥有了金权的国家便拥有了强权。因而法国路易十八的首辅大臣黎赛留公爵 1818 年感叹："在欧洲有六大强权：英格兰、法兰西、普鲁士、奥地利、沙皇俄国以及巴林兄弟银行。"将金融家与强权国家并列，而且那时强势王权也要仰金融家之鼻息，黄金也就成为人类趋之若鹜的追求。以至于如英国著名作家杰明·迪斯雷利所写："人们的情绪被黄金左右，更甚于爱情的困扰。"

金本位制的诞生与发展具有内在的必然性，这就是多金属货币之间的比价波动而导致货币体系内的混乱的解决之道，所以货币体系内已具有从多元金属货币向单元货币发展的需求；也有其偶然性，这就是政治与经济事件的巧合机缘，但更为重要的是欧洲数百年黄金文化的沉淀。黄金在欧洲人心目中已树立了崇高的信誉，以至于黄金取代白银成为基础货币成了水到渠成，而在不经意间完成了。白银本位也有许多支持者，并进行过殊死的保卫战。但金本位制胜出之后便建立了自己的权威性。1717 年确定的金币价格一直保持到 1914 年，前后长达 197 年，没有任何一种货币制度可以做到这一点，因而即使金本位制结束以后仍能唤起对其的种种怀念。

在经过了数百年的文化沉淀，在体验了不断的社会动荡之后，黄金作为绝对财富和终极货币的观念在欧洲人的心目中确立了牢固而崇高的地位。16 世纪重商主义的出现是崇尚黄金文化的代表，重商主义认为一个国家富足的标志就是拥有更多的黄金，重商主义一时成为 17 世纪欧洲君主们的信条，并付诸实践。这种文化氛围自然使得实行金本位制更为顺理成章。

人类社会货币制度从多元金属本位向单元金属本位转变最终出现了两种不同的选择，即欧洲的金本位制和亚洲的银本位制。虽然中国的银本位制一直坚持到 20 世纪初，印度到 19 世纪末。但第二次世界大战后布雷顿森林货币体系的建立标志着银本位制的彻底消亡，全球货币体系已完全建立在单一的金本位制基础之上。这个变化深刻地反映了百年来全球经济版图的变化和实力的增长。欧美从一个后进者变为了领跑者，其也必然成为货币制度的制定者，货币话语权是经济实力的标志。

国际金本位制的建立使黄金的社会权势达到了一个空前的历史高度，其原因不仅是由于黄金成为人类货币体系中占有了凌驾于一般货币之上地位的中心货币，成为可以超越国家主权的硬通货，具有了高于其他货币的社会权势，而且是由于货币在当代人类社会中地位的上升。正如马克思在资本论中所指出的：随着商品流通的扩展，货币——财富随时可用的绝对社会形式的权力也与日俱增。因而黄金也成为凌驾于一般财富之上的绝对财富，必然会对人类充满现实的诱惑力，对于黄金崇拜行为就可以理解了。难怪人类会对黄金发出那么多溢美之词，而又有人会咒骂黄金是万恶之源。

至此，黄金文化中增加了更多的科学判据和系统判据，并得到了进一步丰富，其中因国际金本位制的建立而形成的硬通货的文化指令，即使在今天黄金非货币的环境中仍在发挥作用。此后一切经济学理论体系都与金本位有着千丝万缕的联系。金本位制影响深远，因而也是人类重要的思想成果。

金本位制从牛顿确定金几尼价格，1717 年英国实行金本位制到今天已超过了 300 年，但如从英国国会 1818 年通过法案，金本位制成为国家法规只有 200 年，而从 1867 年金本位制成为国际货币制度，黄金成为世界货币唯一形式算起距今已 150 年，但不论从哪个时间算起都只是一个人类历史上的短促瞬间。而传统金本位制到 1914 年第一次世界大战之前便停止了，也就是说严格的金本位制作为国际货币制度只存在了 47 年，更是一个短暂时间，但金本位制作为人类的文化指令至今仍对人类行为产生着影响。故作为一种文化，金本位制并未消亡，这也就是本书下面的一个主题，讨论金本位制对人类未来的影响。

四、金本位制的黄昏进行曲

1867 年确认了黄金是唯一的世界货币、国际硬通货，黄金成为货币之王，但 47 年后的 1914 年第一次世界大战爆发，各国为了保护自己利益而纷纷宣布实行黄金管制，黄金不能再自由进出口，这就从根本上废止了金本位制适行的基础，金本位制进入了暂停状态。战后虽付出了多方努力也未再恢复传统金本位制，而是开始走上一步步对金本位的扬弃之路，最根本的挑战是人类经济发展已扬弃了重商主义，对经济发展的目标选择发生了调整，再构了发展的文化指令，这就是以凯恩斯为代表的新古典经济学。

（一）第一次世界大战后金本位制的命运

金本位制作为一种用黄金作支付和储备工具的货币制度，进一步发展为国际货币制度，出现国际贸易逆差时可用黄金平衡。如果该国国际贸易出现逆差，为了平衡逆差而支付本国的黄金，该国的黄金储备减少，影响到该国的货币流通量，货币量少而价高，使相对的商品价格下降，商品价格下降则有利于商品出口，商品出口创汇增加而实现收支平衡；反之，黄金因顺差而流入，货币供应增加，进而相对价低的商品价格上升，价高影响出口而使出口下降，出口下降收入减少外贸顺差消失。因而金本位制本身具有纠正外贸失衡和调节货币供应的能力。这是传统的金本位。

金本位制的好处是带来了社会经济的稳定，而稳定性是社会发展所需要的。从 1867 年国际金本位制后的 40 多年里世界经济在稳定的基础上获得了发展，从而为金本位树立了口碑。在金本位制中货币与黄金相对应，拥有多少黄金才能有多少货币。这一制度规范抑制了政府超发货币的欲望，不能搞赤字财政，避免了大幅的货币贬值，从而实现了币值与汇率的稳定。

金本位制不是存在于人类社会之外的天外之物，所以，金本位制的诞生是人类社会多重经济与政治因素作用的结果。但 20 世纪发生了许多新情况，这些情况将决定金本位的命运，主要有以下方面：

1. 战争破坏了国际合作的环境

金本位制作为一个国际货币制度，产生于国际共识，维护于国际共遵，运行于国际协同，可以说国际合作是金本位制的生命之源。然而第一次世界大战的爆发对战后的国际合作造成很大的伤害和障碍。

从 1914 年至 1918 年第一次世界大战整整打了 5 年，有 33 个国家 15 亿人以上被卷入了战火之中。一方是以英、法、俄为首的协约国，另一方是以德、奥、匈为首的同盟国。最终以协约国胜利结束。战争结束了，但因彼此的不信任，战后余波不断，虽然战后对稳定国际金融达成了共识，但对如何稳定，何时出手又各有各的盘算，甚至是相互拆台。第一次世界大战也改变了世界的经济与政治格局，德国是战败国，即使战胜国英国的国力也受到了极大的削弱，而美国兴起，成为世界新的金融中心。国际金融主导权重构是战后国际金融稳定的核心挑战。

第一次世界大战后的金融市场的重建和稳定不再是以英国为核心而成为美英“二人转”，而美国又成为主要的贷款人。另一个重要的国家是法国。当时任何国际合作取得成效首先就需要这三个国家的通力合作。不是说这三个国家没有合作成果，而是这三个国家的合作差强人意，特别是当国内政策与国际需要发生冲突时，总是以国内第一为原则而缺乏国际大局意识。国际合作难度的增加为金本位制的实施增加了困难。一系列的问题接踵而来。所以第一次世界大战后金本位制进入了一个调整探索期，也就是一个暂时的过渡期，在这个过渡期中只有强权的调整而没有金本位的雄风再现。

2. 黄金有了替代物

欧洲是吕底亚古国金币的继承者，英国成为人类金币文化之大成者，诞生了金本位，最终覆盖全球，使黄金成为全球流通的硬通货。但是，到 20 世纪传统的金位制已有了变通发展，出现了黄金凭证。黄金凭证虽然不是黄金但代表了黄金的真实价值，所以可以交易流转，而国家官方发行的黄金凭证就是纸币，所以美元、英镑等纸币都有法定的含金量。部分强权国家发行的纸币可跨国使用，被别的国家所接受成为一种外汇，对黄金具有使用的替代性。纸币的出现提高了货币使用的便捷性，而外汇的出现又扩大了外贸结算能力，促进了外贸的交易规模。

那时德国马克、英国英镑、法国法郎、美国美元四种纸币已有了外汇功能而成了每个国家外汇储备的一部分，使原来的国家黄金储备由单一的黄金变为了黄金和外汇并存。开始只允许外汇占一小部分，后来扩大到可以是全部。产生的这个变化使黄金对货币发行的保证作用不断降低。即使美国在第一次世界大战期间获得了大量的黄金，但 1920 年其黄金对纸币的发行仅能提供 40% 的保证。

现在与黄金挂钩的纸币表现抢眼，开始成为黄金替代品占据了更多的货币领域。这对金本位而言并不是一个吉兆。而对于人类来说，纸币的天下即将到来，而产生的问题并不会少。告别了金本位的黄金又将开始一个新黄金文化的故事。

3. 政治结构发生了重大变化

如果说 20 世纪是一个翻天覆地的变化的世纪，可能会被斥之为言过其实，而如果说 20 世纪是人类社会政治结构发生了深刻变化的世纪则不会有什么异议。在这个世纪最大的变化是王权在没落，人权在苏醒，而在争取人权斗争中走在前列的是19世纪人类工业革命造就的工人阶级。20世纪一个前所未有的社会力量走上了人类历史舞台。一个又一个工人阶级的政治组织诞生了，各国纷纷扩大选举权，议会也不得不向工人阶级开放。政府的构成发生了变化，被工人阶级推举出来的政治家也开始发出工人阶级的诉求呼声了。工人阶段成为影响或左右政府施政方向和目标的力量。

特别是20世纪上半叶先后发生了两次世界大战。生灵涂炭，亿万民众饱受战火的蹂躏，大量社会财富毁于一旦。记忆是深刻的，教训是惨痛的，也使人类战后文化的创建发生了极大的变化。这就是人类对强权产生了极大的警惕，因为战争都是由强权国家挑起的，避免战争就必须抑制强权，对强权说不。人权是强权的对立物，因而接受和支持人权就成了人类的选择，因而人权日益取代强权成为人类社会共识性权力中心，这是人类人权事业的一大突破性的进步。人权的兴起是金本位制运行面对的最大的环境因素的变化，这一变化成为金本位制终止的根本原因。

20世纪的多因素的变化使人类扬弃金本位的条件日渐成熟，但这是一个发展过程，而在第一次世界大战后还不成熟，所以面对战后全球金融动荡各国是为恢复金本制而不是终止金本位制而努力。1919年召开的布鲁塞尔会议以失败告终，于是1922年又召开了热那亚会议。

（二）短命的金汇兑本位制

1919年布鲁塞尔会议的组织者是将专家提出的三个关键性的国际经济问题作为会议主要讨论的内容的，它们是：一通货膨胀的威胁，二汇率波动下的稳定，三资本短缺。这些问题的解决都需要国际合作，而恰恰是国际合作难以达成，所以最终1920年布鲁塞尔会议无功而返。有了这个前车之鉴后，热那亚1922年召开会议时只是集中讨论恢复金本位制解决战后金融稳定的问题，这个问题相对专业化一些。

金本位建立以来一直是汇率稳定和收支平衡的代名词，有很好的声誉和口碑，当时人们对金本位是投信任票的。但第一次世界大战已打破了原有的平衡，各国拥有的黄金多寡悬殊，一些国家甚至没有了黄金没有恢复金本位制的条件。而且相对于当时经济规模而言那时拥有黄金的国家也都是捉襟见肘的。另外，英国曾是世界第一大贸易国和最大的黄金储藏和交易国，其英格兰银行曾发挥着世界银行的功能，是维持金本位制的重要力量，然而第一次世界大战已使英国的国力打了一个大大的折扣。因而热那亚会议虽决定恢复金本位，但与传统的金本位已有了很大不同：

只是保留在外汇平衡中使用黄金，而在国内支付中不再使用黄金而是纸币，但纸币与黄金挂钩具有法定的含金量。为此要求各国要建立黄金储备，但黄金储备由黄金和外汇（纸币）组成，甚至可以全部是外汇。美国的规定是外汇不低于35%，黄金至少40%。这已经不是传统的金本位，而是所谓的金汇兑本位制了。之所以当时建立金汇兑本位是基于可能出现黄金短缺而必须节约使用黄金的判断，因为经济扩张会使黄金需求增加，而实际后来遇到的问题主要是黄金持有量的不均，而不是黄金供应量的不足。

各国对金本位恢复达成了共识但行动并不一致。英国这个领头国家拖到1925年4月才实行金本位制，而一些国家早已急不可待地实行了金本位制，到1925年底有30多个国家宣布实行金本位制，之后法国于1926年，意大利于1927年也跟了上来。至此金本位制重建完成，更严格地讲是金汇兑制的基本建成，在这个货币制度中纸币已崭露头角，黄金替代物地位得到强化。

到1931年实行金汇兑本位制的国家已达47个，金汇兑本位制的建立稳定了金融，但是并没有使经济得到发展，反而从1929年开始进入了全球经济衰退之中，这是至今仍让人刻骨铭心的一场全球大萧条。

这场经济大萧条起始于1929年8月英国工业下降，接着是自华尔街的大崩盘，很快传染到中欧、拉美及亚洲，成为一场全球大灾难。1930～1931年达到高峰，1931 年美国工业失业率达 25%，德国更达 34%，英国为 21%，哀鸿遍野。危机一直延续到 1933 年，持续近 5 年，社会生产力严重衰退，出口贸易 1929 ～ 1930 年缩水 20%，1930 ～ 1931 年再下降了 25%。随着华尔街的崩盘，金融也出现了衰退，外贸信贷紧缩支付困难。

英国虽然拖延到 1925 年才通过了金本位法案，但在经济危机发生时首当其冲，到 1931 年 9 月库存黄金仅能应对数天的兑付，只得终止金本位制，也就是说英国战后的金汇兑制仅存在了 6 年多的时间。瑞典和加拿大、丹麦、挪威等 9 个国家也停止了黄金可兑换之后，又有芬兰、葡萄牙、保加利亚以及日本等国加入到这一队伍中来了，到 1932 年 47 个施行金本位制的国家中只有美国、法国、比利时、意大利、荷兰、波兰、瑞士 7 个国家还在施行金本位制。然而 1933 年美国大选，罗斯福总统上台与前任胡佛总统施行不同的金融政策也宣布停止黄金出口，外贸不再使用黄金结算。而其他金本位制的国家也没走多远，到 1936 年金汇兑本位制已彻底崩溃荡然无存。金汇兑本位制从诞生到消亡仅存在了 15 年。

金汇兑本位的短命历史表明金本位已成国际货币制度的过渡性制度。一种新的货币制度即信用本位制已崭露头角，虽然 35 年后才成为现实。主要的原因是在经济发展与金融稳定的选择中，人类已将前者置于了首位，货币供给要求宽松，以供给平衡为特征的金本位制便成了束缚而逐步被扬弃。但是，第二次世界大战的爆发使人类无力顾及货币制度改革，金本位并未立即走出历史舞台。

（三）金本位制最后的闪光瞬间

战争是政治的继续，是阶级斗争的最高形式，在第一次世界大战结束 21 年后第二次世界大战接踵而来，1939 年至 1945 年 60 多个国家，20 多亿人口又陷入了一场人类空前的拼杀之中。战争再一次调整了全球人类财富的格局和各国力量的消长。第二次世界大战结束前的 1944 年为了安排战后重建，在美国举行了布雷顿森林国际货币会议，这是决定战后国际金融秩序、确定国际金融主导权的一次重要会议。

布雷顿森林公园是美国的一个避暑胜地，被选作了这次重要的货币会议的举办地。20世纪30年代的经济危机使人类生产力遭受了极大损失，由于缺乏有力的国际合作而迟迟陷于泥潭不能自拔。这个教训使政治家们认识到面对全球性危机不能独善其身，必须团结统一行动。然而统一行动原则需要制定，国际货币体系架构需要建立，管理的机制需要形成。以上便构成了布雷顿森林国际货币会议的主旨内容。

参加会议的国家有45个，代表700多人，几乎包括了反法西斯同盟的所有国家。第二次世界大战反法西斯同盟胜利在望，因而也是胜利者们利益分配博弈的提前演习。中国虽派出了庞大的代表团，但无奈力不如人，最多是作为看客而无实质的议价权。真正的会议主角无疑是英国和美国：一个是老的全球领袖，一个是新兴俊才，所以一个是传统利益的守护者，一个是利益重新分配的推动者，于是在这次国际货币会议上演出了一场英美攻防大战。

代表英国利益上台表演的主角是名声赫赫的新古典经济学代表人物凯恩斯，那年他61岁。凯恩斯出身于英国上层社会的家庭，毕业于剑桥大学。使他声名鹊起的是1936年出版的《就业、利息和货币通论》。这部学术著作的核心观点是：经济发展不会自动趋向充分就业，如果政府不强势介入，高失业率就会长期存在。刺激经济的发展仅靠中央银行提供廉价贷款是不够的，政府应实行赤字财政，加大公共投资，也就是政府要为社会经济直接提供发展的现实空间。因而这是对认为市场可以自动纠偏实现平衡的古典经济学的批判。指出市场这只“无形之手”存在着缺陷而需要政府这只“有形之手”的介入纠正，这又是对政府社会功能的再定位。新古典经济学这些学术观点对于古典经济学而言是具有革命性意义的，从而奠定了其在人类宏观经济学上的崇高地位。

金本位制是古典经济学的产物，金本位制也正是依靠市场供求关系实现平衡的一种货币制度。因而作为新古典经济学的领袖对金本位制持否定态度是一个必然的逻辑，可能正是因为如此英国政府才把凯恩斯推上了会议博弈的第一线。经过两次世界大战，英国的黄金财富已丧失殆尽，在这种情况下，英国只能提出一个排除黄金本位的战后金融重建方案。所以凯恩斯就是这一方案最佳设计者和辩护人了。

代表美国利益上台的主角是哈里·怀特，是一个比凯恩斯小 9 岁的美国财政部的技术官员，当时任美国财政部部长助理。怀特出身于一个贫困的工人阶级家庭，32 岁才从斯坦福大学毕业，41 岁博士论文才成书出版。他在 1935 年进入美国财政部，开始参与美国的货币政策制定和谈判，而逐步得到赏识被委以重任。但是，怀特后来被指控 1935 年进入美国财政部时就开始作为一个间谍为苏联服务，而最终被清算，这也是一个传奇吧！

怀特是凯恩斯《通论》的赞同者，并且曾与凯恩斯共事而志同道合，但这并不影响他们在这次国际货币会议上针锋相对。其实怀特也主张政府对经济的干预，也都是基于对 20 世纪 30 年代经济大萧条反思而进行“二战”后金融稳定的方案设计。但在这些相同认知的后面是国家利益的分歧，根据不同的利益诉求提出了不同的战后金融稳定方案。美国的最大的利益诉求就是把英镑赶下王位，让美元取而代之，战后建立一个以美元为中心的国际货币体系。

从 1900 年开始美国就成了全球经济的老大，但是美元却不是国际主要的交易手段和储备货币，甚至在很长的时间里还是一个弱势货币。第一次世界大战以后美国已成为国际贷款的主要提供者，起着保持国际金融稳定的决定性作用，但英镑仍是国际中心货币，英国仍居全球金融中心，因而美国人看来这次国际货币会议为美元名正言顺地上位提供了机遇，因此志在必得。

现在建立国际货币体系的一个关键的问题是确定国际货币。黄金是传统的国际货币，但经过两次大战的浩劫英国已无黄金，而两次世界大战使大量黄金流入美国。美国十分清楚英国的处境，故大打黄金牌以赢得优势，但美国只是将黄金作为支持美元上位的工具，美元霸权才是其核心利益所在。所以黄金既然是工具那么随时可换、可弃。美国从高举金本位之帜到推进黄金非货币这一过程仅仅经历了27年。故第二次世界大战后建立的与美元挂钩的金本位仍是短命的，仅比第一次世界大战后短命的金汇兑本制延长了12年。

为了争取支持，早在会议召开前的1941年，美国和英国就各自提出了自己的方案，即美国的《怀特计划》和英国的《凯恩斯计划》。

英国这个金本位制的发源地和国际金本位制的运营中心，也是国际金融的领导者，经过两次大战后已雄风不再，但饿死的骆驼比马大，此时还有一定的国际话语权，但已十分清楚自己的黄金财富已丧失殆尽。因而战后要恢复金本位制一定是以美元为中心的金本位制，而不是以英镑为中心货币的金本位制，这并不符合英国的国家利益。因而英国提出的是一个排除黄金在战后国际货币体系中发挥作用的方案。

这个方案是建立一个名为"国际清算联盟"的国际银行。由该银行进行各国的外贸结算及外汇平衡，以收支平衡为原则，为此时贸易顺差国施以处罚。既然不用黄金做国际货币就创立了一个叫"班克"的虚拟超主权货币。这也就是后来国际货币基金组织的特别提款权。"班克"超主权货币是在英国没有黄金而设计的一种黄金替代品。方案没有成功，但超主权货币这个概念的影响力并没消失，直到2010年我国央行行长周小川作为金融创新再次提了出来。战后重建的另一个难题是缺乏资金，因而凯恩斯的解决之道是让"国际清算联盟"这个世界银行以透支的方法为各国提供一笔建设基金以用于各国战后的重建。

在这个方案中，英国的如意算盘是，在使英国战后剩余的资产得以尽量多的保留的同时还能获得一笔严重短缺的重建基金。又因摆脱了金本位的束缚，可用财政赤字的方法筹集公共项目投资基金。推出超主权货币还有一个重要的目的就是在英镑已无力承担国际硬通货的情况下创造一个硬通货，以抵抗美元可能的上位。

美国一定了解英国的如意算盘，为了美元上位在会前美国已加紧了对英国的黄金财富和在美的有效资产的挤压，最大限度地削弱英国的金融实力。美国的方案是一个拼实力而不是拼计谋的方案。实现战后国际金融稳定的美国方案是建立“国际稳定基金”，该基金由各国货币按不同比重存入组成，美国认交最大比重的资金。当国际收支出现失衡后由该基金提供贷款稳定汇率，保持平衡。而将货币体系的价值稳定建立在黄金的基础上，美元为中心货币并与黄金建立固定的比价。美国的方案的吸引力一是实际承诺了美国提供战后重建资金的义务，二是凭借其拥有的庞大黄金储备，可以为战后国际金融稳定提供最后的物质保证，这一机制具有高度的可信性。

不从理论分辨两者的高低，仅从现实的需要看，美国方案更为“解渴”，既解决了战后重建资金的提供来源，也提供了金融稳定的保证，故美国方案的胜出是必然的，因此战后黄金在国际货币体系中稳定之锚的地位得到官方法律上的确认。

战后建立的金本制，既不同于传统的金本位制，也不同于演变形成的金汇兑本位制，而是美国国内货币制度向国际的延伸，即形成了所谓的金块汇兑本位制。与之前相比，这是黄金货币功能被进一步压缩的金本位制。

第一次世界大战后建立了金汇兑本位制，但只存在了 15 年的时间，而美国是唯一的例外。1933 年，美国总统罗斯福在宣布停止金汇兑本位制的同时又在国内宣布了严格的禁止民众拥有黄金的政策，把民众的黄金全部集中到了财政部。但一年后美国又恢复黄金窗口，允许在外贸结算中使用黄金。这样美国的货币制度是国内支付使用有法定含金量的美元纸币，但禁止黄金自由流动和禁止民众拥有黄金，而外贸支付可以使用黄金，开放了对外的黄金窗口。美国是第二次世界大战中军火和战略物资的主要输出国，因而有大量的黄金流入，开放对外黄金窗口就是为了保持这个黄金流入通道，结果使当时全球 75% 的官方黄金储备都流入了美国，数量达 2.2 万吨。

战后的金本位制就是美国国内金本位制的翻版：日常支付使用的是美元，外贸结算可用黄金平衡。各国货币不再与黄金挂钩而与美元挂钩，美元与黄金挂钩，并以一盎司 35 美元固定比率形成各货币间的固定汇率，以实现国际金融的稳定，为此美国承诺以官价兑换黄金的国际义务。在这里不仅黄金已不是日常流通支付的手段，也不是所有货币价值的尺度只是美元价值的尺度，故是一个以美元为中心的国际货币体系。

（四）金本位制的“最后一公里”

1944 年布雷顿森林国际货币会议最终是美国方案主导了战后国际货币体系重建，因而被称为“金本位制的胜利”。但此时的金本位制已是强弩之末，实际上已是美元纸币成了主角：社会交易流通结算的工具是美元，黄金已被边缘化；全球各国货币不再以黄金为价值尺度，而以美元形成固定汇率，黄金只是美元的尺度；多数国家外汇储备主体已是美元而非黄金；在外贸结算中主要使用的是美元，只是在结算平衡中使用黄金。所以，在战后建立的以美元为中心的货币体系中虽然黄金仍被保留国际货币的地位，但其功能多数为美元纸币所取代。这已为黄金非货币化奠定了基础。即使如此，也仅仅运行了 27 年。

1971 年夏天在数次黄金挤兑后美国仅剩下了 102 亿美元（约为 9063 吨），而短期外债已达 520 亿美元，是其黄金储备的 5.1 倍。美国立即就要破产，但凭借美国霸权于 9 月 15 日悍然宣布美元与黄金脱钩，这实际等于美国对世界失信，对各国赖账。在当时印度这个世界大国的 GDP 也仅为 600 亿美元左右，所以在当时美国 520 亿美元的赖账是一个很大的数字。但是，美国为什么能有惊无险地赖账？其中的一个重要的原因就是美元在战后对黄金具有了很强的替代性，而成为国际硬通货。

美元的崛起是金本位终结的一个条件。1971 年金本位制走到了终点，黄金不再承担全球硬通货的角色，但国际货币体系没有出现空档而是美元自然上位。货币国际体系近二百多年在经历了传统金本位制—金汇兑本位制—金块汇兑本位制之后，1971 年美国宣布停止以 35 美元兑黄金的国际义务，割断了美元与黄金的联系，人类进入了纯纸币时代。美元是一种自身没有什么价值的纸币，由其作为交易的尺度使人类货币体系进入了一个试错过程，其后果在数十年后才能显现。但当下只能沿着这个方向推进了，美国之后，国际货币基金组织登场了，走完了金本位终结的“最后一公里”。

1971 年美国宣布不再履行 35 美元官价兑换黄金的义务，布雷顿森林货币体系宣布瓦解。因此，国际货币基金组织开始推进货币体系改革。

1976 年国际货币基金组织在牙买加首都金斯敦召开会议讨论国际货币体系改革，通过了《牙买加协议》，主要内容是：

1. 实行浮动汇率；

2. 黄金非货币化；

3. 确定以特别提款权取代黄金为国际储备资产；

4. 扩大对于发展中国家的资金融通；

5. 增加会员基金份额。

1978 年国际货币基金组织的黄金非货币化方案完成，并以多数票通过，内容如下：

1. 黄金不再是货币定值的标准；

2. 废除黄金官价，国际货币基金组织不再保护市场，实行浮动价；

3. 取消必须用黄金同基金进行往来结算的规定；

4. 出售国际货币基金组织六分之一的黄金储备，用所得利润建立帮助低收入国家的优惠贷款基金；

5. 设立特别提款权代替黄金用于会员之间和会员与国际货币基金组织之间的某些支付。

这个特别提款取代黄金成为超越国家主权的货币。这一概念是凯恩斯在 1944 年布雷顿森林国际会议提出的，从此人类货币体系建立在完全的信用纸币之上。但这并不意味人类货币问题的彻底解决，更大的问题正在出现，而问题的解决又要依赖于货币黄金价值的实现，但是货币黄金价值的表现形式将会与之前的历史表现有所不同，人类货币历史新的一页正在掀开。

第七章

平等：以人权为基的黄金文化

金本位制是人类黄金文明的重要成果，诞生于18世纪，发展于19世纪，终止于20世纪70年代，这是基于对20世纪30年代全球经济大萧条反思而清算金本位的最终结果。这个结果，对于黄金而言，从此离开了人类货币中心的地位，进入了一个黄金文明的再造期；对于世界而言，从此人类第一次进入了纯信用货币时代，同时开启了美元霸权时代。然而摆脱了黄金羁绊的货币表现并不尽如人意，不平等交易矛盾日益加深，磕磕绊绊走了不到半个世纪在21世纪第一个十年一场超20世纪30年代大萧条的全球性经济危机由美国引爆，因而引起了一个已持续十年至今仍未结束的历史反思。反思中出现了黄金再货币化思潮，这标志着经过近50年黄金非货币化洗礼又在一个新的历史节点上的黄金文明完成了一个靓丽的转身，与人权携手成为人类平等诉求的护卫者，从而又一次丰富了人类黄金文明的内涵。

一、黄金短缺只是一个想当然的推论

金本位制从诞生到终止大约历经了300年，在人类文明史上留下深刻的印记，其终止但没有死亡，因为直到今天金本位仍然是信用本位的对标而发挥着重要的影响力。从本质上讲金本位是人类对市场这只左右人类生活的“无形之手”投出的赞成票，而信用本位是对政府这只“有形之手”投出的赞成票。前者的理论的集大成者是亚当·斯密，代表作《国富论》主张限制政治权力，以保护个人自由和财产权；后者的理论集大成者是约翰·凯恩斯，代表作《就业、利息和货币通论》主张政府介入经济，实行扩张性政策。20世纪30年代经济大萧条反思为凯恩斯新古典经济学的传播和发展提供了机遇，而金本位的终止可以视为是新古典经济学的一次胜利。全球从金本位转向了信用本位，一个普遍性的观点是把这种转变原因归结为黄金供给的短缺。

金本位实行过程中确有黄金供给问题发生：

第一次世界大战后恢复金本位，为了节约黄金的使用而出现了金汇兑本位制；

第二次世界大战后因为英国没有黄金而建立了以美元为中心货币的国际金本位制；

1971年因黄金挤兑美国无力兑付而割断了美元与黄金联系，故战后布雷顿森林国际货币体系瓦解，金本位制终止。

20世纪金本位制变迁的每一个环节都有黄金供给的困惑，因而黄金短缺是使金本位制终结的原因，成为几十年来的一个定论而广泛地见诸专论与专著之中。果真如此吗？

供给短缺与宽裕是经过比较产生的一个相对的概念，那么20世纪人类社会的黄金供给比19世纪是短缺了还是宽裕了呢？

19世纪是金本位制成熟发展的世纪，到1900年金本位制已覆盖了除中国以外的全球主要经济国家，而19世纪黄金生产力实现突破，为金本制的实施提供了物质保证。19世纪百年内黄金产量超过了万吨，达到了1.187万吨，年均产量由两位数达到了三位数。但进入20世纪黄金产量又有了更大幅地增长，黄金总产量达到11.2697万吨，是19世纪的9.49倍。20世纪年均产量达到了4位数为1127吨。美国割断美元与黄金联系的1971年全球黄金产量已达到了1464.65吨，是19世纪年均产量的12.34倍。而20世纪70年代的年均产量已达1308.3吨，并且百年中一直保持在一个高水平上。另外，人类5000多年生产的黄金中的97%

以上至今仍有案可稽存留于世，可作为供应量进入市场，所以人类社会的存量黄金日益增多，到20世纪70年代末已近10万吨，实为9.41万吨，而19世纪末仅为2.08万吨，增长了3.51倍（具体数据变化如图7-1、图7-2所示）。

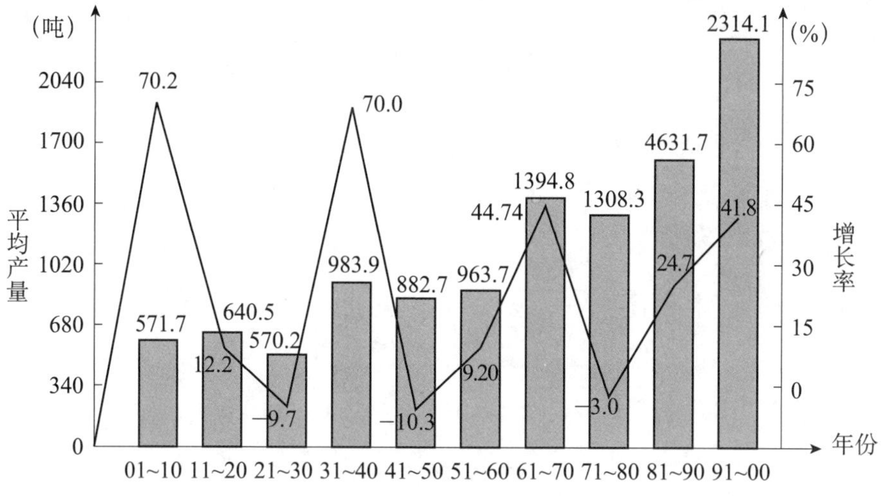

图7-1　20世纪年均黄金产量及增长率变化

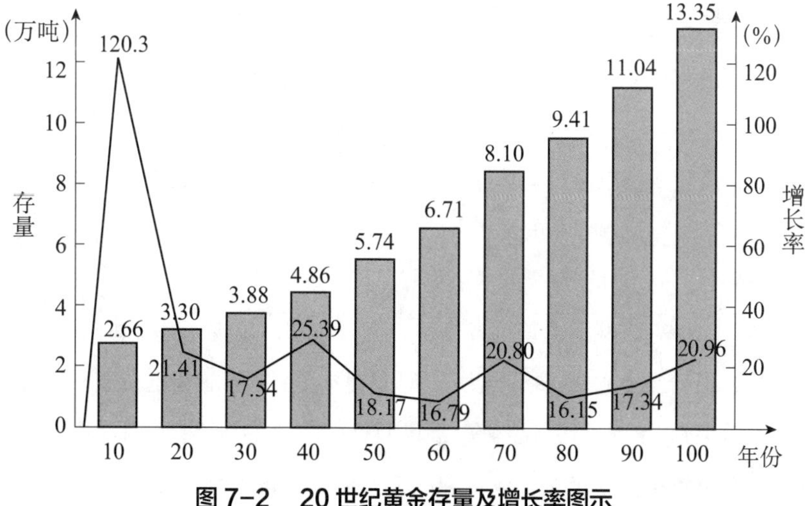

图7-2　20世纪黄金存量及增长率图示

以上数据表明无论是增量，还是存量，20 世纪比 19 世纪黄金供给能力都有数倍，乃至十余倍的增长，黄金供给是更宽裕了，而不是更紧缺了。因而将金本位制的终结归结于黄金的供给就不尽合理了。黄金供给或许只是表面现象，我们再来分析布雷顿森林国际会议建立的所谓金本位制。

1944 布雷顿森林国际会议建立的所谓金本位制既不是 19 世纪传统的金本位制，也不是第一次世界大战后建立的金汇兑本位制，而是一个以美元为中心货币的金本位制。在这个货币体系中并不是所有的货币都和黄金挂钩，只有美元和黄金挂钩，而各国货币与美元挂钩，形成固定汇率。这实际上是以美国一个国家的黄金储备为全球货币体系背书，所以这个货币体系本身就是一个难以稳定持久的货币体系，因为一国之力难以满足全球的需求是必然的。如果战后布雷顿森林国际货币体系的瓦解是因黄金短缺的话，也仅是美国黄金短缺。而一个国际货币体系的维护资源的配置应是全球性的，而不应是局部一个国家的资源配置。因而这一货币体系出现危机的原因首先是制度的设计问题，而不是黄金供给问题。

另外，在这个货币体系中，美元具有法定含金量，黄金为美元价值支撑，是这个货币体系稳定的基础，但美元纸币已是这个国际货币体系运行的主导力量，是流通支付和储备及外贸结算的手段，而黄金在这个货币体系中主要的功能是国际贸易平衡的手段，即使在这个方面也还有作为黄金的替代物的特别提款权存在。所以，黄金虽是布雷顿森林国际货币体系中的存在，但已被边缘化了。如果说布雷顿森林国际货币体系的瓦解是一个危机的话，造成这个危机的主因也是美元而不是黄金，板子打在黄金的身上那就是代人受过了。

在第一次世界大战后也曾因各国黄金拥有不均而出现了黄金供给短缺问题，但是仍坚持沿着金本位的方向努力，所以建立了改良版的金本位制——金汇兑本位制。而 1968 年因美国黄金供应不足而难以应对挤兑潮时，不是全力挽救金本位制，而是借机推动了黄金双轨制，扩大了黄金非货币化成分，为 1971 完全割断美元与黄金的联系埋下了伏笔。人类在两次货币危机面前应对行为的选择并不相同，这种行为的变化从本质上讲首先是人类行为指令即文化的变化，所以金本位终结的根本原因是文化，而不是黄金供给，或许黄金供给只能是一个表面浅层次的原因。那么20世纪人类文化发生的最大变化是什么呢？这就是人权取代王权成为社会共识性权力中心。

二、人权主张与人权实践

20世纪神权远去，王权式微，随着金本位的终止，持续了300年的黄金货币文明也由高峰走低，黄金的非货币化的推进无疑使金权光芒失色，人类社会进入了纯信用货币时代，但这是一个试错过程。在经历了近50年的实践之后人类发现信用货币时代经济的波动日益频繁，金融强权极大地扩大了社会贫富的两极分化，与人类对人权的诉求产生了日益增加的矛盾，因而有越来越多的人对当前存在的国际货币体系的合理性和正义性提出了质疑。

人权是一个非常现代的概念，主张每一个人都有自由平等的生存权，这是对国家强权的质疑与反抗，又因国家强权的肆虐而使人权有了日益增多的信仰者，形成了强大的争取人权的社会运动。人权主张的先驱是18世纪法国大革命时期的思想家、启蒙运动的最卓越的代表人物让·雅克·卢梭，他的代表作《社会契约论》对人权主张进行了全面论述。

社会性是人类不同于一般动物的特征之一，人类社会是由许许多多不同个性的人组成，社会的维系是行动的统一，要形成统一的行动就需形成一个超越人类个体权力的社会权力，这就是人类社会共识性权力。人类社会共识权力开始是由下而上授权产生的，但很快变为了由上而下的强权。因而卢梭认为“人生而自由，但却无所不在枷锁之中”，他认为这并不是一个社会完美状态。一个完美的社会是为人民的“公共意志”（公意）所控制的，而公共意志是通过讨论产生的，所以，人民应积极参与国家治理。他认为政府应由三部分构成：

代表公共意志的主权者，主权者授权实现这一意志的官员，形成这一意志的公民群体。国家机构应保持较小规模，把更多的权力留给人民。人民应该在政府中承担积极参与的角色。并且他还明确了人民反抗的正义性，他认为人民有权决定和变更政府的形式和执政者的权力，包括用起义的手段推翻违反契约的统治者。

追求天赋人权、社会平等的《社会契约论》是对封建专制和贵族特权的声讨檄文，为法国大革命吹响了号角，从而奠定了民主政治的理论基础，因而《社会契约论》是人类政治法律学史的重要经典之一，具有普世价值。它既是新兴资产阶级讨伐封建王朝的理论武器，也是在工业革命中成长起来的工人阶级向资产阶级争取权利的旗帜，具有极大的革命性，而成为之后重大民主革命运动的指导理论。而人权理论在争取人权的运动实践中又不断地丰富发展了：沿着《社会契约论》指示方向诞生了美国的《独立宣言》和法国的《人权宣言》，这两个是18世纪重要的人权历史文献，而19世纪中叶《共产党宣言》的发表又把人权诉求提升到了一个新高度。

18世纪人类开启了工业革命，标志人类生产力发展进入新阶段，而此时人权诉求的提出是人类文明进入了新阶段的标志。至今不到三百年的时间里人类的人权事业取得巨大进步，虽然还不尽如人意，但民主政治已成全球政体的主流，人权已是人类共识性权力的中心，因而黄金与人权携手开始了一次黄金文明再造，即一次黄金文明吐故纳新的过程。

将人权主张付诸现实的是美国《独立宣言》的发表。1775年美国独立战争爆发，1776年7月4日美国宣布立国并发布了《独立宣言》。该宣言谴责英国对北美殖民地的压迫和掠夺，宣布解除与英国政治上的依附关系，建立与英国平等的美利坚合众国。美利坚合众国确认其人民拥有不可侵犯的“天赋人权”，置于神圣地位的人权维护是国家施政的原则。在这个原则的基础上拟定了国家的政治纲领，建立了立法、行政、司法三权分立的政体。这种三权分立的政体被视为民主国家的模板，至今仍被模仿遵循，因而人们把美国《独立宣言》视为人权主张付诸实践的先驱。

《人权宣言》的问世是人权事业发展又一标志性事件。1789 年 7 月 14 日巴黎人民起义攻陷了法国封建专政象征、囚禁政治犯的巴士底监狱，拉开了法国大革命的帷幕。这年 8 月法国发表了《人权宣言》，这是法国资产阶级反对封建专制，建立资产阶级政权的纲领性文件，通篇贯穿了人性论的诉求，确立人权的权威性，提出了人权天赋论，为了保证人权肯定了三权 (即立法、行政、司法权) 分立的必要性，形成权力的制衡。《人权宣言》不仅是人权事业的一篇重要文献，而且对于今天的国家政体的建设而言仍是具有宪法意义的文件。

18 世纪是工业革命兴起的世纪。新兴的资产阶级登上了历史舞台，高举人权的旗帜与封建阶级展开了争取平等的斗争，而工业革命中成长起来的工人阶级又成为 19 世纪人权斗争的主力，工人阶级对人权的诉求又有了升华。在 1846 年问世的《共产党宣言》主张通过建立无产阶级专政，建立一个没有阶级，按劳分配的大同社会，这个大同社会是一个人权得到充分尊重的社会。为了这一理想各国纷纷建立了共产党及左派工人政党，并且还有了建立无产阶级专政国家的实践。

1871 年法国爆发的巴黎起义是无产阶级争取人权建立国家政权的第一次实践，推翻了资产阶级政权建立了巴黎公社，废除了国家的常备军队建立了人民武装，废除了旧的官僚机构，建立了社会推选的各种立法与行政合一的委员会，试图用专政的手段实现无产者对国家权力的平等享有，虽然最终以失败告终，但仍在人类历史上留下了浓重的一笔。进入 20 世纪更出现了一个以共产主义社会为诉求的由 13 个国家组成的社会主义国家集团，开始了工人阶级执政的实践，这一实践在遭遇重大挫折的情况下仍在推进之中，表现了人类对人权的坚韧追求。

人类追求人权诉求的历程充满曲折，但300年的历史风雨洗礼使人权之树根深叶茂，已深刻地改变了人类社会政体的形态和人类行为，平等原则已渗透到了人类社会的各个层面，更推动了人类文明的发展，使黄金文明的内涵也有了新变化。

三、人类人权文明与人类黄金文明

20世纪在改良与革命双重力量的推动下，专制变为了宪政，世袭变为民选，帝国变为了共和，人权取代王权成为当代人类社会共识性权力中心，因而人权诉求成为普世价值渗透到了人类社会的方方面面，执政者的执政理念和执政行为也都为之变化，所以对金本位产生了根本性影响，这是金本位制终结的根本原因。归根结底金本位的终结是人类的一个文化的创建与扬弃问题，这是黄金文化理论界很少关注的被忽视的一个深层次问题。

人权的兴起使社会共识性权力的执行代表由世袭变为了民选，民众拥有了选举权和罢免权，遵从人权诉求成为执政者的一个行为原则。而最基本的人权诉求是生存权，生存权的核心是就业权，因而保证就业就成了执政者的优先目标，今天全球各国的执政者都将就业率列入重要的施政指标，无一例外。扩大就业就要发展经济，而20世纪是一个商品经济的时代，所以发展经济必须要有充足的货币供应做保障。金本位制曾是普遍实行的货币制度，但之后发生的20世纪30年代全球经济大萧条迟迟无法改善，以凯恩斯为代表的新古典经济学派认为其原因是第一次世界大战已使各国经济的状况发生了重大变化，因而影响了各国货币的价值，全球的汇率调整成为必然，这也是当时金本位制运行的必要条件，但建立新的统一汇率缺乏有力的国际合作，国际货币体系呈分裂状态，履行金本位制义务被打了一个大大的折扣，因而新古典经济学派认为金本位制是“野蛮的遗迹”应被扬弃。市场这只“无形之手”并不万能，而需政府这只

“有形之手”的介入。新古典经济学派成为20世纪中叶以后的主流经济学派，其主张成为各国政府执政的准则。

货币和财政是政府发展经济的两大工具，一是扩大货币发行量，用宽松的货币供应保障和刺激经济的发展；二是扩大财政开支，以增加财政赤字为代价，为经济扩充更大的发展空间。政府介入经济行为与金本位制量入为出、收支平衡的原则相悖，两者并不互容，是要以货币供给平衡为原则，还是在失衡原则下发展经济呢？这又是人类的一次行为选择。现在看来人类是选择了后者，而做出这个选择的原因又是什么呢？这又是一个由利益驱使，进行利害比较后创建的行为指令，是执政者阶层利益维护的选择。

打破收支平衡，实行赤字财政充满了风险，为什么政治家们要铤而走险呢？很简单他们来自民选，必须满足选民最基本的生存需求，在这种情况下政治家必须把发展经济、保证就业置于关注的首位，而收支平衡、消灭财政赤字便成了第二个层次的目标，甚至扩大财政赤字也成为政治家们延长政治生命的手段。对此，原美国美联储主席格林斯潘就曾有过深入地分析，在20世纪60年代其《论黄金与经济自由》一文中指出：

“如果他们希望得到选民的认可，希望得到政治权力，仅增税一途径不可行，于是唯有诉诸大规模的财政赤字这一条路可走，通过举债，通过发行政府债券才能支持大规模的政府福利支出。”

政治家们扬弃金本位的谜底就是他们要获得和维持政治权力就必须取悦于选民，给予选民福利，因此政治家们在征税受阻之后就必须不断地扩大财政赤字以维持国家日益增长的福利支出，然而政府的长期财政赤字与金本位制并不兼容，只有废止了金本位制才能使政治家们利用银行系统进行信用货币的无限扩张，以用新债还旧债的办法解决财政赤字问题。但这样做的结果是没有真正解决财政赤字问题，反而不断地增加了财政赤字，甚至会因赤字巨大无力偿还而宣布国家破产，这样的情况已经发生。政治家们为了避免这种情况的发生，使用的另一个手段就是货币贬值，把赤字负担由政府转移到民众身上，让前人替后人还账。政治家们基本上是财政赤字和货币贬值两手并用，但后者可以给政治家更大的行权空间。

政治家们自从获得了货币自由发行权以后无一例外地走上了货币超发之路，货币贬值日积月累成为一个重大的社会问题：民众财富在无声无息中便化为乌有，这一切都是在国家法律的保护之下发生的，这种公然的对民众财富的掠夺是对人权“个人财产神圣而不可侵犯”原则的冒犯与违背，从而又一次对国家权威的正当性提出了挑战，对于这一问题的严重性格林斯潘在同一篇文章中指出：

“供求关系永远正确，当货币的供应超出了有形资产的供应，物价就一定会上涨。于是社会生产力的成员所积累的财富的价值就会在无形中蒸发。当人们终于算清了这笔经济账，就会发现蒸发的财富结果都掉到了政府口袋里去了，被政府用于福利或各种其他目的。而政府采用的手段就是发行国债加银行的信用扩张。”

国家解决财政赤字的办法就发债和扩大银行信用供给，用新账还旧账使货币进一步增加而使通胀更加严重，因而格林斯潘指出：

“没有了金本位，人民就失去保护自己的财富免遭通货膨胀掠夺的手段。”

为此人们希望金本位制恢复，特别是在21世纪初的这次全球经济危机之后，这种呼声更加强烈，已有多种推进方案的问世。但在当今人类行为指令并没有发生变化，金本位制的恢复无望，因而又有一种倾向产生，即黄金无用论，即将金本位制与黄金价值等同，金本位制终结被视为黄金价值的丧失而使黄金无用论泛起。黄金的价值自身固有，而金本位制是人类所赋予以黄金为载体的货币制度设计，故两者有别，金本位制的终结并不是黄金价值的丧失，不过黄金价值在金本位制终止以后又以一种什么样的社会定位表现，是需要黄金文化的再构解决的问题。

人权的兴起改变了人类的行为指令，所以人类扬弃了金本位制。但是，这并不代表黄金价值丧失，经历了数千年人类文化的锤炼塑造，黄金财富的社会功能具有永恒性，因而在人权社会共识性权力中心的社会结构中，在黄金非货币化的条件下，黄金文明的再造核心是黄金财富文明的再造，而不是黄金货币文明的再造，特别是信用货币财富危机频发的今天，黄金财富文明创建了更为现实而紧迫的需求。黄金财富文明再构的主题是在非货币化环境中的黄金社会功能的再定位，也就是对非货币化的黄金价值的再认识。

货币黄金是流动的黄金财富，黄金财富是停滞的黄金货币，在近两千年来两者的这个逻辑关系就已存在，远远早于金本位制的历史，但金本位制的终结是否使这种逻辑关系不复存在了呢？按照一般的推理：黄金本位制终结，国际货币基金组织推进黄金非货币化，黄金属性回归于一般商品，因而黄金与货币存在的逻辑关系自然就不复存在。但事实是黄金非货币化近 40 年后，黄金不是实现黄金的商品属性的回归，而是黄金财富属性的回归，并且黄金财富属性在信用财富不断贬值的背景下，得到强化，成为跨金融与商品两个市场的人类绝对财富。这在很大程度上是信用财富价值的不稳定而使人类趋利选择的结果，也是人类文化指令形成的过程。

四、黄金从财富到绝对财富

人类的财富呈多元化，不同的财富可以满足人类不同的生存发展需求，在当今商品经济的社会里，交换已是人类的一种生活方式，因而用于交换中介物的货币财富是具有通用性的而高于一般财富的高端财富，所以，当今人类财富的绝大部分都是以货币财富的形态存在，而高于货币财富的人类财富是绝对财富，黄金便是人类的一种绝对财富。黄金财富文化指令形成于 3000 多年前的王权时代，而黄金绝对财富文化指令的形成是近半个世纪的事，是黄金文明的新内涵和新发展。

20世纪70年代，黄金非货币化推进的最终预期是黄金会步白银后尘，成为一般金属，成为纯工业原料。但黄金并没有步白银后尘，而一直是金融市场中的重要存在，是国家外汇储备的组成部分，充当着国家金融风险卫兵的角色。在黄金非货币化十年后的1982年，全球各国的黄金储备仍高达3.569万吨，为当时全球黄金存量8.804万吨的40.54%，是人类黄金的最大使用领域，黄金虽然不再是货币，但金融财富的表现依然令人瞩目。黄金财富文化指令的形成早于黄金货币文化指令的形成，黄金货币文化指令是在黄金财富文化指令的基础上出现的，而金本位制又是在黄金货币文化指令的基础上产生的，历史更晚，所以，黄金财富、黄金货币、金本位制这三者之间存在密切的关联性，但又有区别，不能混为一谈。因而1971年美国割断了美元与黄金的联系，宣告了金本位的终结，但黄金还是外贸结算的工具。而1978年国际货币基金组织完成黄金非货币化法律程序以后，黄金货币文化指令终结，但并不是黄金财富指令的终结，相反黄金财富指令得到了强化。

（一）价值极不稳定的货币财富

人类财富的货币化给人类财富的流转和储藏带来了莫大的便利性，但现在出现的问题是货币价值的不稳定，使民众货币财富的流转和储备出现了极大贬值风险，交易不能平等进行。之所以出现这样的问题，主要的原因是全球各国无一例外地把大量印钞作为刺激经济发展和应对日益增长的社会福利开支的手段，而陷入了滥发货币的泥潭不能自拔，结果是货币财富持续贬值。给我们每一个人切身感受的一个案例是，20世纪80年代提倡一部分人先富起来，标准是家庭收入达到万元，而万元户到十年后的90年代只能是温饱户，而到20世纪末万元户已经是困难户了。同样是1万元人民币在30年间购买力的萎缩是十分惊人的，其贬值率可高达90%。人民币贬值正是货币超发稀释的结果。

贬值并不是人民币的特质，如果把世界主要货币列表则会使我们看到更触目的一幕。解放黑奴为美国南北战争北方胜利奠定了基础的美国总统林肯指出：

“你可以在所有的时间欺骗一部分人，也可以在一段时间欺骗所有的人，但你永远不可能在所有的时间欺骗所有的人。”信用货币贬值在一个短期中并非不可承受，但如果从一个较长的时期看，才知道它是如此之可怕。1971 年世界货币体系与黄金脱钩以后，各国货币相对于黄金而言，购买力在 35 年间都下降了八成以上，具体为[①]：

意大利里拉下降了 98.2%（1999 年以后折算为欧元）。

瑞典克朗的购买力下降了 96%。

英镑的购买力下降了 95.7%。

法国法郎的购买力下降了 95.3%（1999 年以后折算为欧元）。

加拿大加元的购买力下降了 95.1%。

德国马克的购买力下降了 89.7%（1999 年以后折算为欧元）。

日本日元购买力下降了 83.3%。

瑞士法郎下降了 81.5%。

民众财富面对严重贬值的威胁时，在现在所有的经济和货币体制中，即使将货币财富置于保险柜里，存入银行的金库，其价值也会荡然无存。正如格林斯潘指出：“于是，社会有生产力成员所积累的财富的价值就会在无形中蒸发。”个人财富神圣不可侵犯，这是人权的基本法条，而当揭开面纱之后才发现，在当今信用货币体系的背后还有如此严重的对人权的亵渎和冒犯。但这并不是问题的全部，蒸发的财富到哪里去了？格林斯潘进一步指出：“当人们终于算清了这本经济账后就会发现，蒸发的财富就掉到了政府的口袋里去了……”但是，这并不是蒸发财富的最终归宿。

政府的口袋是一个大漏斗，流进来又流了出去，以支付财政支出的形式流到有关人士的口袋而完成了一次社会财富的再分配过程，但这不是一个平均分配过程，对每一个人来说，得失并不一样，有的是贡献者而财富减少，有的是

① 数据摘自：宋鸿兵：《货币战争》，北京：中信出版社 2016 年版。

收获者而财富增加，从而增加了财富分配两极化趋势。对此，经济学大家凯恩斯指出："通过连续的通货膨胀，政府可以秘密地不为人知地剥夺人民的财富，在使多数人贫穷的过程中，却使少数人暴富。"

这些经济学家们的论述告诉我们，所谓通货膨胀也是政府进行财富再分配的工具，而结果是极大地扩大了社会贫富的两极分化。所以，一方面是当代人类社会生产力在技术进步的推动下有了巨大的进步，社会物质财富极大地丰富，但是，社会贫富差距不是缩小了，而是扩大了。1% 的人拥有 30% 的社会财富，90% 的人只有 10% 的财富。这种不平等的两极严重分化的财富分配格局是对人权理想的莫大讽刺。

这个财富再分配过程之所以成了扩大贫富差距的过程，就是信用纸币的价值是发行者人为赋予的，是可以被操控调整的，因而拥有货币调控权或接近货币调控权的人群就可以迅速积累财富而致富，而广大的劳动者辛勤工作创造的财富却被转移给他人而穷困。另外，由于地位、机会、时间的差异，一些已经富裕的人群在这种财富转移的过程中也可能成为一个失意者而返贫。所以，这又是一个缺乏公平性的货币体系。

信用纸币肆意贬值使今天财富保值成了一个大问题，对于个人、家庭、国家都是如此。

（二）黄金成为人类财富保值的希望

货币财富持续大幅贬值的现实已经成为一个极大的社会问题，关系人类社会的稳定与发展。所以，货币财富的保值问题和货币财富风险的规避问题成为一个十分重大的金融课题。在滥发货币不能从源头上得到解决的情况下，任何的解决方案都是力图规避和减少财富贬值风险，而不是彻底解决之。

不把货币财富放在一个篮子里是一个主要的方案，也就是持有多样化财富。东方不亮西方亮，以防止信用财富贬值风险的过度集中。而更为主动的方案就是进行所谓的投资理财，利用信用财富的价值波动进行财富运作，以实现低买高卖，投机盈利跑赢通胀，实现财富增长。从理论上讲，这是一种可行的选择，但实际是一个充满风险的选择。

所谓投资理财都不是创造财富，而使财富增加，从本质上讲都是货币游戏，虽有不同的包装、不同的故事、不同的规则，但最终都是赢者吃、输者吐，并不会制造财富，而是使财富转移的所谓零合游戏。但是，参与者有很大的风险，因为这些产品的设计者从一开始就是以自己风险最小化设计的，方案本身就并非是真正的风险公平。另外，每一个产品的推出都有特定的目的，有着特定的受益人，参与者受益机遇并不平等。所以，在投资理财市场上就有“二八律”之说，即两个人赢、八个人赔。但投资理财市场是民众广泛参与的市场，有大量财富在这个市场中流转，已成为社会民众财富转移再分配的重要路径。因而，我们看到在迅速地制造出少数亿万富翁的同时也看到了一批又一批开着宝马进去，骑着自行车出来的落魄民众，其中不少是返贫又回到原点。这是拉大贫富差距的强大机器，它大马力地开动起来，不仅可以毁灭一个家庭，也可以毁灭一个国家。实际上我们从总体看，所谓投资理财并不能规避信用财富贬值风险。而且这些信用财富的产品需要有较高的专业能力进行市场操作，所以，投资理财不仅高风险，而且有高度专业化要求，并不是所有一般民众都适宜参与的。

货币财富是虚拟财富，而实体财富相对稳定，故利用财富的这一特性，另一个人类可选择的常规办法就是资产的多元化，即通过增加非货币财富的比重，减少信用财富的比重，从而提高持有财富总体的安全性。尤其在21世纪初这次全球经济危机之后资产的多元化持有更受到了普遍性重视，那么非信用资产的选择就成了一个问题。

非信用财富就是拥有自身价值的实体财富，有多个种类，而且每种非信用财富各有不同的特性：

1. 生产设备

这类非信用财富最大的特征是专用性，是企业家们使用和拥有的财富，对于一般大众不宜持有。

2. 古玩收藏

由于这类非信用财富是一种文化财富，是极少数有较高文化素养人群的持有，对一般大众也不宜持有。

3. 房屋住宅

房产是住的而不是炒的长期持有的财富，有较好的保值性，问题是流动性差，远没有信用财富的便捷性。

4. 黄金

黄金是一种具有悠久历史的人类财富，具有内在价值并与货币有千丝万缕的联系，因而是当今具有最好流动性的非信用财富。

黄金财富具有人类最广泛的认知度。这是人类数千年文化浸润的结果，远远胜于信用财富，信用财富只有数百年、数十年的历史。黄金财富的认知度已可以穿越历史，成为当代人和古人的共识；已可以穿越国界，成为不同国家民众的共识；已可以穿越种族，成为不同种族人类的共识；已可以穿越阶级，成为社会不同阶层人群的共识。因此，黄金财富为最大的人类群体所拥有、所选择。黄金财富拥有比信用财富更好的保值性，而在非信用财富中又拥有最好的流动性和广泛性而成为规避信用财富贬值风险的最佳选择。黄金财富在实现民众财富保值的表现不仅胜于信用财富，也优于其他非信用财富而成为人类的绝对财富。

黄金人类财富文化的确立使黄金非货币化以后，成为当今信用货币体系功能的重要补充。各国央行已纷纷调整政策，黄金又一次成为各国金融官方机构的宠儿，20 世纪 70 年代形成黄金非货币化的社会氛围为之一变，又出现了一个新局面。

（三）黄金绝对财富的社会认可

黄金非货币化的推进没有如人们的预期实现黄金的商品化，而是实现了黄金财富属性的回归。基于货币财富持续贬值的现实，社会财富保值的需求日益迫切，已成为一个防止贫富两极化、实现社会稳定的大问题，这已不再是一个单纯的经济问题，已上升到政治局面。人类的人权诉求已日益转变为对当代金融家们的声讨，金融成为引发社会革命的燃火点。占领华尔街运动的出现表明这一社会矛盾已由隐形转为公开，这是资本主义标榜获得终极胜利后的深层矛盾的爆发和人民的公开反抗。现实让人类反思，在反思中人类对黄金价值有了再认识，在比较中非货币化的黄金实现了由财富到绝对财富的蜕变，从而也完成了黄金文明的一次再构。黄金绝对财富文化指令的确立立即影响到了当今人类行为。20 世纪 70 年代推进的黄金非货币化运动戛然而止，已悄然开始了黄金再货币化，当然并不是恢复金本位制，而是为信用货币体系打造一只黄金金融稳定之锚。

《巴塞尔协议（三）》是对 2009 年金融危机反思产生的重要成果，主要内容是全面提升了对国际金融机构的监管，以增加金融机构的安全性。该协议逆国际货币基金组织去黄金货币化而极大地强化了黄金的金融价值，将黄金从三等金融资产提升为一等金融资产，在一等金融资产中列现金之后国债之前的第二位。从法规的层面承认了黄金是商业金融机构的准备金的构成和贷款的抵押品。这是黄金财富金融属性的深度复活。

受黄金非货币化的影响，各国央行纷纷减持黄金储备，在长达 20 多年的时间里，央行一直是黄金市场的纯卖家。但从 2010 年开始，央行由黄金市场的卖家变为买家，而且这个角色的转变已持续了 8 年，这一转变是央行政策转向的明确宣示。到 2016 年各国央行黄金储备总量达 3.3 万吨，约为人类千年黄金生产总量的 18%。这是一笔可观的黄金财富，其作用就是作为金融稳定之锚而存在。

各国央行对黄金价值再认识还表现在欧洲多国央行的“黄金回家”行动。欧洲是金本位制的诞生地和全球黄金储备的富集区，但也是央行抛售黄金储备的领头羊，而今天欧洲各国央行纷纷转向看紧了自己的“黄金钱包”。德国是全球第二大黄金储备国，总储量达 3378 吨，为其总外汇储备的 68%。但这些黄金过去是分散存放在英格兰银行、法兰西银行和美联储银行的。德国从 2013

年开始陆续将存在国外的2000吨黄金储备运回国集中管理，以应对可能出现的欧元危机。随后荷兰、法国、比利时、奥地利等国也开始了“黄金回家”行动，这是黄金价值突显的标志性事件。

印度、土耳其这两个新兴国家是当今全球重要的黄金消费国，长期将黄金作为商品，而近年来出现了黄金货币化的改革潮流。2015年，印度莫迪政府提出要让印度民间高达2万吨的黄金进入金融市场，使这些黄金作为金融资产流动起来，并可以生息，为此在银行内设立黄金储蓄账户，最低开户标准为30克黄金，还要发行印有甘地头像的金币。而土耳其是允许银行以黄金作为准备金，以符合其央行对商业银行进行土耳其里拉信贷安全性的要求。

黄金再货币化推进的最前沿还是美国。已有地方州政府立法恢复了金本位制，虽然这并不是美国中央政府的行为，但起码可说明对美元的挑战已在美元的核心区发生。其实，美国政府对于黄金的价值是心知肚明的，在黄金非货币化叫嚣尘上之时也不为所动，始终保持着黄金储备量和所占外汇储备比重的全球之冠就是佐证。首先是美国犹他州承认黄金是州的法定货币，2016年又有亚利桑那州州长签署了“2014法案”，允许州居民使用黄金代替美联储发行的纸币，在该州金银和其他贵金属已被定义为法定货币。

由于以美元为中心货币的国际货币体系危机的集中爆发而使人类对信用货币体系的稳定性和安全性产生了反思，在这个大背景下人类由推进黄金非货币化转而追求黄金再货币化，打造一只黄金金融稳定之锚，从而使黄金财富在有高度价值稳定性的同时也具有了良好的变现性和流动性，具有了信用货币财富和实体财富的双重优势，而成为唯一的人类的绝对财富，这是黄金的社会功能的新定位。

五、当代国家博弈中的黄金因素

第二次世界大战后美元成为国际中心货币，20世纪70年代美元霸权形成，成为当今国际货币体系主要支撑力，而美元霸权的肆虐所造成的矛盾积累使人类社会出现了一场延续至今仍在深化的21世纪反思：对以美元为中心货币的国际货币体系的公平性和正义性的质疑。这种质疑已促成当今全球各国家与美国在经济与政治层面上的博弈与角力。

（一）有恃无恐的美元霸权

美元国际中心货币的地位，早在1944年布雷顿森林国际会议之后就已获得，但受黄金的约束，美元还没有自由发行权，故美国国内的金融风险也不能无限地向外转移，必须自律以实现美元经济的稳定。割断了美元与黄金联系以后，美元的发行失去了约束，美国拥有自由发行美元的权力，从而也就有了基于自己利益的需要，操纵美元价值和汇率变化的权力。

人类获取财富的方法有四种：

一是通过劳动创造财富。劳动是人类财富之源，是人类财富增长的唯一道路，其他方法都不是创造财富，只是财富的转移。

二是武力掠夺。这是一种非文明的暴力行为，为人类所唾弃，但受私欲的驱使，掠夺时而发生，从古至今绵绵不绝。

三是贸易交换。在商品交换中实现交换利润。这是一种文明的获得财富的方法，因而从15世纪以来人类全球贸易规模持续增长。

四是金融获取。在财富货币化的今天，货币的流通过程就是财富的流转过程，在这个过程中，就可以进行财富的再分配，使强者财富增长。

通过金融的方法获得财富是在贸易交换获得财富的基础上发展起来的。货币是须臾不离的人类财富，货币的社会权势有了极大的提升，于是就有了谁控制世界货币的发行权，谁就拥有了世界之说。而恰恰美国就拥有当今国际货币的发行权，而美国货币发行权的获得是以摆脱黄金的羁绊为前提的：第一次世界大战后新古典经济学兴起，美国赞同其对金本位制的否定，但为了挤压英镑，美国对第二次世界大战后的国际金融体系的建立仍坚持高举金本位制的大旗，但目的达到后，为了建立美元霸权而随时准备“砍旗”。于是，1968年美国以应对黄金挤兑为名推出了黄金双轨制，走出了“砍旗”的第一步，到1971年以同样的理由割断了黄金与美元的联系走出了第二步。1978年，国际货币基金组织完成了《国际货币基金协定》修改的法律程序，黄金对美元自由发行权的束缚被解除，这是第三步，从此全球进入了美元霸权时代。

美元霸权是货币霸权的新阶段，之所以说是新阶段，是因为美国依靠货币发行权找到了一条可以让美国以最低成本、最文明的方式对他国进行殖民统治之路。美国可以用一张印刷的纸片获得所需的他国的“真金白银”，并且占据了当代金融学的最高端，拥有压倒性的话语权，将美元霸权塑造成了一种全球准则、行为对错的判断标准，将美元强权变为了人类真理。

美元霸权将全球人类统统地纳入到美国金融体系之内，美元不仅仅是进行国际贸易的结算工具，美元的垄断权也成为美国获取额外收益的工具，对因此而产生的铸币税，世界银行做了以下评估：

“自20世纪90年代初以来，铸币税每年收入150亿美元，降低利率带来的收益为800亿美元，对储备货币地位导致的利率降幅的估计从50～90个基点不等。这些估计显示，美国在正常年份从美元的主导储备货币地位中获得年收益为400亿～1500亿美元。在发生区域危机或全球危机时，由于美国面值的资产经常给外国资金充当‘安全港’，此类净收入的规模可能更大。用外国超额收益法可算出，超额收益约为330个基点；2010年美国国外净资产价值为–2.5万亿美元，以上述‘节余’标准计算相当于每年820亿美元的收益。”①

美元作为国际货币而拥有了特权，即美国通过印刷一张本身没有什么价值的绿纸就可以通行全球，换取所需要的任何东西。所以，美国可以靠印钞生活，因而美国经济开始脱实就虚，产业空心化。目前，美国国民经济总产值已达18万亿美元，而实体经济创造的国民经济总产值不到5万亿美元，虚拟经济已占七成以上。美国又通过美元输出而将由此造成的通胀转移出去，由全球承担。

① 林毅夫：《从西潮到东风》，北京：中信出版社2012年版。

因此，美国成了全球唯一一个可以靠发钞和借债保持高水准生活的国家。也就是说，美元霸权使美国拥有了以最低成本获得最大利益的能力。

利用美元霸权可按照美国自身利益的需要进行美元汇率的调整，从而剪全球的“羊毛”，美元霸权形成的近40年，就是一段不断剪全球“羊毛”的历史。使人称奇的是无论美元汇率挺还是贬，美国都是最大的赢家，奥秘就是美元的挺与贬都是为美国经济发展的需要所做的调整。

1971年美元与黄金脱钩以后，美国开始大量印钞，美元指数走低，美元供给增多，产生的溢出大部分流向了拉丁美洲。在投资的拉动下，20世纪70年代拉丁美洲出现了空前经济繁荣，但到1979年美国关掉了美元闸门，美元指数走强，这意味美元供给减少，拉丁美洲经济发展的资金链条断裂，经济发展遇到麻烦，又加之马岛战争爆发，为规避风险投资者纷纷撤离。这时美联储又宣布加息，更加快了拉丁美洲资金流回美国的速度，美元指数从60多点上升了一倍，达到120多点，美国的债市、期市、股市迎来了美元与黄金脱钩后的第一次大牛市。美国又将牛市上赚到的钱投资到拉丁美洲去收购那时已降到地板价的优质资产，从此拉丁美洲经济一蹶不振。

到1986年美元又一次呈现弱势，美国又开始放水，美元又一次向全球倾泻。当时亚洲以所谓“四小龙”为代表经济发展风头正劲，其中一个重要的原因就是美元流入，资金较充沛。养羊十年又可剪毛，于是1997年美元指数反转走强，美元供量减少，亚洲多数国家遭遇流动性不足的影响。此时索罗斯攻击泰铢得手。泰铢危机迅速传导到马来西亚、新加坡、印度尼西亚、菲律宾，然后是日本、韩国以及我国台湾、香港地区，一直传导到了俄罗斯。此时美联储又不失时机地宣布加息，吸引美元回流，亚洲金融危机爆发，而美国迎来了又一次大牛市。因资金链断裂，亚洲经济受金融危机冲击而受阻，“四小龙”风光不再，只有中国内地因金融尚未全面开放而躲过了一劫。

1985年1月美国已通过广场协议迫使日元升值。美元兑日元下跌

10% ～ 12%，日元的升值极大地影响了日本的出口，这对于高度依赖出口的日本经济是致命的，而到 1987 年日元已升值 50%，致使日本这个第二大经济体从此进入了长达 20 年的经济低迷期。而这对于美国来说，一方面削弱了日本的经济竞争力，另一方面美国作为债务国也减轻了还债负担。

美国通过对美元价值的涨跌操纵，使全球财富向美国转移。富了美国，穷了世界，这是一种不平等交易的货币体系。国家间的博弈日益尖锐，矛盾日益加深。

（二）与美元抗争的货币创新潮

美元霸权的肆虐造成了极大的不平等，成为当今国际货币体系的最大弊端，而被世人诟病，特别是经历了数十年的矛盾积累，随着 21 世纪初在美国引爆的全球经济危机的发生，改革国际货币体系的呼声终于变为了人类的实际行动，出现了一个寻找美元替代物的新货币创新潮。

1. 基于主权货币的创新

对抗美元霸权、捍卫自身利益的方法基本上有两个：一是在国际贸易中减少以美元结算的交易，双方使用本国货币直接结算，这就是两国之间的货币互换协议。我国在石油交易中已与俄罗斯、伊朗、沙特阿拉伯等国签订货币互换协议，使用人民币进行双方贸易结算。逐步扩大货币互换协议规模是人民币国际化的重要途径。二是创立商品为支撑的新的主权货币代替美元用于国际贸易支付结算，这方面的代表是委内瑞拉发行的石油货币。2017 年，委内瑞拉为了回击美国经济制裁和金融封锁而以其部分石油资源为支撑，由国家背书发行了一种数字加密货币——委内瑞拉石油货币，在国际上引起很大的反响。先后有俄罗斯、伊朗、马来西亚、泰国、安格拉、巴基斯坦等国表示有相同的意愿。

在主权货币基础上的货币创新目前并没改变美元在国际结算与储备中的主导地位，但对美元霸权已产生了挤压，在全球贸易结算与储备中减少了美元的使用，压缩了美元的市场空间，对美元霸权提出了现实的挑战。最后的结果可能会导致更多区域性货币联盟的出现，从而会使美元一统天下的格局破局。

2. 基于去中心化的创新

2008 年，因美元危机而引发的全球经济危机的影响广泛而深刻，也引起了一批技术“牛人”们的反思。于是，他们设想能否通过技术的手段解决目前以美元为中心货币的国际货币体系的病端，这就是区块链技术出现并得到应用的时代背景。

区块链技术就是要通过技术的手段实现用户间信息的真实和不可篡改，从而可以取消中间环节，解决用户间诚信的问题，实现价值直接交换。按照这样的思维，只要有了区块链技术，作为交换的中介物货币就可以被剔除，美元霸权也就迎刃而解了。从技术层面看，区块链基本上是 IT 技术平台上的延伸发展，并无革命性，而追求的最终目的是实现直接交换。但是，关键的问题是依靠技术手段是否能真正解决人类的诚信和信息不对称的问题。

诚信是人类的一种行为，而人类的行为源是行为指令，人的行为指令的本质是文化，即趋利避害的选择，故诚信与不诚信的目的都是为了获利。所以人类有不诚信的基因，而不诚信获利会因违反人类的道德要求而被谴责，故社会诚信需要管理，而管理需要支付成本，并不是无偿的，也需要给予利益回报。诚信管理应由交易双方之外的第三方承担，以保证公平和公正，但第三方也可能为了趋利而不诚信，因为信息不对称是获取利益之径。所以又需要有一个更权威的力量对第三方进行监管，以保证社会诚信体系的稳定。因此人类社会诚信管理成本是很高的。

可以说，诚信问题是人类的基因问题，所以用区块链这种“算法”来解决人类基因的改造问题显然是力不从心的。区块链技术在局部小范围作为一种管理工具的应用可能具有价值，但要解决社会诚信问题近似于空想了。人类解决诚信管理问题的思路一直是减少交易节点，以降低诚信社会管理成本，而区块链技术是直接交易使交易节点无限扩大，一定会极大地扩大成本。而区块链技术不仅不能从根本上解决人类的诚信问题，而且自身的诚信就是一个问题。因为区块链技术也是由人类发现和操纵的，账本不可能 100% 不被篡改。

另一个是成本问题。比特币是区块链技术第一个问世的产品，并在比特币基础上还有新数字加密货币推出。在这个场景中，每一笔交易都需要全网所有用户认证通过才会记账成立，每一个用户都分布式储存了不可修改的公共账本。这个场景是公平和透明的，每笔交易都不必经过中介，但也有一个很大的问题，也就是实现这个场景所需的成本问题。

2017 年，全球有 500 万人参与比特币交易，交易了大约 3000 万笔，用去了 300 亿度电，占全球总用电量的 0.13%。如果有更多用户参与交易，交易量达到 30 亿笔，那么就要消耗 3 万亿度电，这将是数十个国家的总用电量。而要达到支付宝目前的日处理能力，这个系统大致要用掉全球总用电量的五分之一，而支付宝的耗电几乎不被关注。用如此高的成本维持一个所谓诚信交易环境，以趋利为行为原则的人类会在审慎观察后才得出自己的结论。

当前以创立去中心的造币潮中以电子加密货币创新最为亮眼，但颇具神秘色彩的数字加密货币的诚信却屡遭质疑，比特币的创建人中本聪传出了诈骗丑闻，比特币价格的大涨大落成因也存疑。用技术的手段解决人类的诚信问题还没有一个让人有普遍共识的成功案例，或者技术只是解决这一问题的辅助性工具，并不是从根本上解决这一问题的钥匙。看来文化的问题还需要用文化的方法予以解决。

3. 基于黄金再货币化的创新

在与美元霸权抗争、寻找美元替代品的创新造币潮中，黄金也被人类从非货币化中唤醒，出现了黄金再货币化的思潮与呼声。这首先是历史悠久且稳定的金本位与信用货币出现的严重贬值形成了明显的反差，而唤起了人类的怀旧情怀，开始重新认识黄金。所以，近年来央行纷纷改弦易张增加外汇储备中的黄金储备；在商业银行资产构成中，黄金已从三等资产提升到一等，与现金并驾齐驱；在银行业务中的黄金业务已成为一个独立的部门，黄金质押、黄金借贷、黄金账户业务的开展已使黄金日益具有了现金的特性；而且在国际货币体系危机爆发之际，稳定性极好的黄金又成为各国与美国利益博弈的选择，黄金的金融属性得以显现。以上种种在20世纪90年代是没有的，或是罕见的。黄金再货币化是这次创新造币潮的一个重要方面。虽然在美国已有个别州承认了金本位制，黄金在当地已是和纸币一样的流通支付手段，但从全局看，黄金再货币化还没有走到这一步，而最终的结果也有待观察。21世纪黄金再货币化并不意味着传统金本位制的回归，如果不是传统金本位制的回归，那么未来的国际货币体系改革的方向在哪里呢？

21世纪第一个10年金融海啸发生于美国，引起众怒，美元为千夫所指。人们指责美国以己之私而滥发美元，美元的滥发使美元的价值受到严重侵蚀而祸及全球，而美元滥发是美元失去黄金的羁绊所致，所以，黄金再货币化的目的就是要抑制美元的滥发，这里就有了一个如何实现这一目的的问题。

思维首先要恢复到1971年以前的状态，美元与黄金挂钩，形成固定汇率。我们要看到，从1971年美国割断美元与黄金固定汇率联系已过去了近半个世纪，世界的政治与经济形势已发生了极大变化。美国在战后经济与政治的压倒性优势已不复存在，让美国再独力支撑全球货币的稳定已无可能，无论美国的自身愿望和客观现实条件都是如此，但是目前也没有可以完全替代美元地位的主权货币承担此大任。

另一个选择是建立形成全球多元国际储备货币体系，使人类除美元之外还可以有其他选择。现在可以成为多元储备货币的可能的选择是欧元、日元和人民币。因为这三种货币都有庞大的经济总量做支撑，这是成为国际储备货币的前提条件。哪一种储备货币价值稳定就有更多的使用者，从而对美元的自律形成巨大的压力，使美国超发美元的冲动产生抑制力。从目前的动向看，出现多元国际储备货币的格局的可能性很大。现在的问题是欧元、日元、人民币自身还有许多问题，仍不够强大，对美元尚没有足够大的校正力。

另一个思路是创建一个超主权的国际储备货币——纸黄金。这个建议是我国著名的经济学家林毅夫提出的，其要点如下：

（1）建立一个全球中央银行，经各国同意，由该机构发行纸黄金，用于产品、服务、大宗商品及证券的国际结算，是国际贸易的价值储备、交易中介和会计标准。这是一种真正货真价实的国际货币。

（2）纸黄金发行量由国际协议设立的独立委员会，根据全球经济发展的交易预测确定，而预测要建立在有关规则的基础之上。

（3）各国主权货币可以保留，与纸黄金形成固定汇率。只有在国际收支出现严重失衡的情况下，得到国际货币机构允许，才能对外汇平价进行调整。

（4）全球银行的资本金来自储备货币发行国，根据自己的需要交纳一定数量由外汇、黄金、特别提款权和本国货币组成的组合，以换取自己存款账户中的相应的纸黄金储备，各国可用这些纸黄金冲销支付外贸逆差。

纸黄金由超越国家主权的世界中央银行发行，所以是真正的国际货币，其发行是由专业委员会根据全球经济发展，按照有关规定确定进行，这就避免了美国根据本国需要进行汇率调整而损害他国利益。但即使已漏洞百出的国际货币基金组织也是第二次世界大战后百废待兴的情况下的产物，现在要建立一个世界央行更是难于上青天。

（三）人民币国际化与黄金

人民币国际化是21世纪创新造币潮中的一个重要的组成部分。人民币从1948年12月1日发行以来，一直是国内流通的主权纸币。人民币国际化的推进是进入21世纪才发生的，发生的原因有内在与外在两个方面：

内在原因是经过40年的改革开放，中国发生了天翻地覆的变化，已由一个为温饱而挣扎的落后国家，变为了仅次于美国的世界第二大经济强国，全球250多种商品中220多种产量第一，是全球最大的工业生产国；国际贸易先后超过日本、德国、美国成为全球最大的贸易国；外汇储备从不足2亿美元，到总量超过了3万亿美元，成为全球最大的外汇储备国。到新世纪贫穷落后的中国已成为全球经济发展的引领者，特别是2001年中国加入WTO以后，与世界经济融合的程度已达到中国历史上空前的高度。

外贸规模的扩大，国际交往的深度融合是推进人民币国际化的内在原因，但还有一个重要的外部原因，这就是中国与美国关系微妙而深刻地变化。

美国作为当今第一大经济与军事强国，在全球拥有绝对的话语权（虽然话语权在弱化，也是一个不争的事实）。所以，中美关系对于中国的发展来说，是头等大事。中国融入世界经济是美国的诉求，因而中国加入WTO为美国所欢迎（虽然提出了苛刻的入关条件）。所以，中国在大跨步地融入世界经济的初期，美国认为这是自己取得的一次胜利。但是，随着中国经济崛起，在平等竞争中日益强势，对美国霸权构成了挑战，美国不再把中国视为伙伴而变为了对手。即使没有主观要挑战美国的意图，中国也必须做出应对，其中货币的独立性维护是一个重要的方面，并且成为中国维护自身利益、与美国政治和经济博弈的重要手段。这是人民币国际化推进的外在原因。

内在和外在原因都使人民币国际化成为中华民族振兴、保持中国崛起趋势的一个现实课题，不仅对于中国重要，对于全球去美元霸权化也十分重要。

人民币国际化既需要解决实现国际化的路径问题，也需要解决国际化规律认识即理论问题，只有解决了理论，问题才能找到正确的实现路径。人民币国际化就是把凭借国家信用发行的人民币扩大到境外去使用。纸币本身没有价值，其价值是人为赋予的，是国家强权支撑的。国家强权就是对本国居民和非本国居民的影响，没有影响力，就没有使用者，也就没有所谓的国际化。所以，国家强权是货币国际化的前提，没有国家强权，或国家强权力度不够，货币国际化就不能推进，而且国家强权衰退，国际化的货币的地位也会随之衰退。

中国在宋代就发明了纸币，但由于国家强权的崩塌而最终在明朝又进入到白银货币时代，由白银自身的价值支撑货币的价值，这种情况一直延续到近代。在近代，先后有英镑和美元两种纸币实现了国际化，其成功的奥秘就是其拥有强大的国家强权。

国家货币强权的构成：一是国家经济强权，这是真实的货币价值存在的基础，拥有国际化货币的国家一定是全球经济的引领者。二是国家军事强权，这是维护国际化货币地位的能力，无论是英国还是美国都是当时全球军事老大，这是国家强权的威慑力。三是与实体商品挂钩，让实体商品为纸币提供价值支撑。纸币在流通的初期都是以商品凭证的形式存在的，在发展的过程中纸币曾与多种商品挂钩，但最成功、持续时间最长的是与黄金挂钩，英镑和美元都是因和黄金挂钩而成为国际货币的。

英镑诞生于黄金凭证，是黄金的替身，随金本位制而走向全球。第二次大战后，英国无力提供对英镑的黄金支撑力，其国际中心货币的地位被美元取代，而美元有黄金做支撑。美国大发战争财，拥有了那时75%以上的官方黄金储备，总量达2.2万吨，因而可以给世界一个承诺：35美元兑1盎司黄金。这一承诺，实际上就是对美元价值明确的保证，因而人们选择美元而抛弃了英镑。黄金因素成为1944年布雷顿森林国际货币会议中美元胜出的关键。

美元的价值从何而来？现在金融教科书上的流行说法是美国政府的诚信。这只是美国人说给别人听的，自己最知自己的诚信几何，用实体商品为美元价值背书一直是美国的秘而不宣的战略。所以，在20世纪70年代，美元与黄金脱钩以后，立即又与石油挂钩，变成了石油美元。石油是一种全球性的大宗商品，每一个国家、每一个家庭每天都要使用石油，因而也就都要使用美元。美元不仅具有使用的广泛性，而且成为人类广泛储藏的货币财富，从而极大地提高了美元的权威，巩固了美元国际中心货币的地位。这是信用纸币与实体商品挂钩获得价值支撑的又一成功案例。

美元与石油挂钩形成石油美元的奥秘，已逐渐被认识，被揭示。但是，美元还有一个秘密没有被认识，这就是美元与黄金的联系。1971 年，美国失信于世界宣布美元与黄金脱钩，但实际情况又是如何呢？

美国人深知黄金对于美元价值的重要性，因而在 1971 年割断了美元与黄金的联系、喋喋不休地宣传黄金无用的时候，却保留了占外汇储备 74%、总量 8134 吨的黄金，占比和总量皆为全球第一。并且美国还要与其有经贸往来的国家将自己的黄金储备中的一部分抵压在美国，这部分黄金大约已超过了 7000 吨。所以，美国官方控制的黄金达 1.5 万多吨，几乎是全球官方储备的一半。这就是美国货币的保险，即使美元真的崩溃，美国破产保护，也可以将债务一笔勾销，还可以以巨量黄金为基础发行新货币。原来美国已对美元滥发最坏的后果做好了准备，这就是战略，美国人深藏不露的隐私。

货币国际化需要黄金，它是信用纸币价值的真实的最终支撑力，这对于人民币国际化具有莫大的启示与借鉴价值。人民币国际化需要三要素全面推进，黄金要素也是重要的，不容忽视。黄金要素的解决要有战略眼光，超前分步推动。所谓超前就是利用全球黄金自由流动的和平时期，在有大量贸易顺差、外汇充裕的环境中，加大国际黄金市场采购量，增加国家黄金储备量，在三五年内达到 4000 吨以上，超过德国居美国之后的全球第二。

大力推动藏金于民，扩大中国黄金市场的交易规模，为民众藏金制造良好的政策环境和交易环境。粗略统计，从 1982 年国家恢复金首饰供应的不到 40 年的时间里，民众沉淀了大约 1.5 万吨黄金。但是，这对于具有深厚黄金情节，创造扫光大陆和香港市场奇迹，让“中国大妈”成为世人瞩目的黄金客的中国民众来说，需求还远未满足。在三五年有望民众存金再增加 5000 吨到 8000 吨。

进一步发展完善黄金市场机制。2002 年上海黄金交易所开业以来，中国黄金市场发展令世人瞩目，但 17 年的发展又出现新情况，其中的一个就是存量黄金日益增多，存量黄金的流动性就成了一个问题。黄金的流动会产生货币流，这就打破了物与钱的界线，而黄金流动产生了物与钱的迅速切换，这种切换也可用于某些不正当的目的，如何管理，甚至是一个世界性的难题。因此可以说，中国黄金市场管理进入了深水区。但是，中国黄金市场管理进一步深化是必要的，可以为中国民众开拓一个新的投资市场，为国家和民众储备财富的品种结构的调整构筑一个更为便捷的通道。这是中国黄金市场发展的需要，而且具有国家战略的价值。特别是在以美元为中心货币的国际金融市场面对质疑、去美元化思潮激荡的现实中，中国黄金市场的发展会为人民币国际化产生极大的推动力，中国全球黄金财富聚集地的形成将成为人民币价值的强大支撑力。

与实体商品挂钩获得价值支撑是信用纸币国际化的规律之一，所以人民币国际化要做好黄金这篇文章。如果我们把黄金财富聚集量全球第一作为目标，在不太长的时间内让储藏量达3万吨以上，达到全人类黄金总产量的15%左右，那将会成为人民币国际化的重要砝码，也会对中国金融安全产生长远作用。

六、没有结束的结束语

21世纪初发生的这场全球性经济危机，不仅影响到人类的经济生活，也影响了人类的文明创建。人类对近半个世纪以美元为中心的国际金融的反思产生了去美元思潮，因而产生了寻找和创立美元替代物的运动。这个运动刚刚开始，还没有结论，未来还有许多不确定性。美元替代物还没有出现，人们还在寻找，在这种思潮澎湃的时代，黄金又一次被认识。

面对极其不稳定的信用纸币疯狂贬值、人类财富极度不安全的现实，人类又一次发现了黄金的价值。黄金的价值是自身固有，并且经数千年风雨之后为最大多数人类所共识。黄金是人类的诚实财富，以黄金为价值尺度的交易是平等公正的社会契约，黄金因而成为追求平等公正的人权的捍卫者。黄金又一次成为人类共识性权力的标识，这个黄金文化的新定位，使因非货币化而产生的黄金无用论一扫而空。

黄金是一种人类诚实的财富意味着，你拥有了黄金在多年之后仍能交换到你所需的商品和服务，而使你的财富免遭被通胀吞噬。因此，黄金是人类财产权的保护者。对于国家而言，黄金价值是固有的，就不会被货币强权用货币操控的手段转移其财富，所以，拥有黄金财富可以增加国家财富的安全性，是对抗美元霸权的选择。

在这次金融反思潮中，人类还在寻找和创建诚实的货币，努力之后才发现，诚信是人类所渴望的，但也是稀缺的，虽然人类信誓旦旦地表示将遵守诚信，但仍变数难料。人类又把关注转到黄金这个诚实的财富上，提出黄金再货币化。传统金本位回归还不太可能，而黄金将在货币体系中承担更大责任，则有很大的可能性。

21 世纪初，人类的这场金融反思使黄金文化开始了一次再构，从黄金货币文化进入了黄金财富文化时代。这一时代刚刚开始，远未结束，但本书已到终篇，所以写下了这个没有结束的结束语，作为本书的结束。